Katrin Göring-Eckardt

Deutschland, lass uns reden

KATRIN GÖRING-ECKARDT

DEUTSCHLAND, LASS UNS REDEN

Eine Reise
durch die Seele
der Republik

Ullstein

Die diesem Buch zugrunde liegende Recherche und
textliche Dokumentation stammt von Waleska Niermann.

ISBN 978-3-550-20410-4

Bei Fragen zur Produktsicherheit wenden Sie sich bitte an
produktsicherheit@ullstein.de
Lektorat: Ludger Ikas
Gesetzt aus Adobe Aldine und Brandon Grotesque
Satz: Savage Types Media GbR, Berlin
Druck und Bindearbeiten: GGP Media GmbH, Pößneck

Den Unverzagten

INHALT

DESSAU

EINE EINLEITUNG

In Dessau, direkt an der Elbe, stehe ich vor etwa hundert Menschen, die mich anschreien. Ich habe noch nie in so böse Gesichter blicken müssen, höchstens wenn ich im Kino einen Thriller gesehen habe. Diese Wut sucht nach Schuldigen, und in diesem Fall trifft es mich.

Jemand anderem die Schuld geben zu können, entlastet zuweilen die Seele und überdeckt nicht selten den eigenen Anteil an einer Misere. Einen plausiblen Zusammenhang zwischen Schuld und Schuldigen muss es gar nicht immer geben: Schuld sind, wenn genug Wut im Spiel ist, grundsätzlich andere, etwa »die da oben« oder »die Ausländer« oder – wie hier in Dessau, in dieser Zeit – eben »die Grünen«.

Den Megafonen, Rasseln und Tröten habe ich per Zeichensprache signalisiert, dass wir auch reden können. Das war das zweite Mal, dass die Menge erstaunt war. Das erste Mal war, als ich auf dem Platz stehen blieb und nicht unter Polizeischutz die Flucht ergriffen habe. Der Versuch, miteinander zu reden, erweist sich allerdings nach etwa neunzig Sekunden als zwecklos. Mein Satz »Wir stehen hier an der Elbe«, mit dem ich den Dialog beginnen wollte, in der festen Annahme, dass dieser Heimatfluss positive Gefühle auslösen würde, hat aber offenbar irgendetwas getriggert. Und so geht das bösgesichtige Geschrei weiter, mit allen erdenklichen Fäkalausdrücken und nur gegen Frauen benutzten Beschimpfungen.

Ich habe schon einiges erlebt, bin aber nun doch fassungslos. Was ist los mit uns und unserem Land? Was habe ich denen getan? Entsprechen Wut und Geschrei heute der dominierenden Seelenlage unseres Landes? In den sozialen Medien kann man diesen Eindruck ja längst gewinnen, aber gilt das auch in der direkten Begegnung? So wirkt es auf mich in diesem Moment.

In der Hoffnung, dass dem nicht so ist und es außer Wut und Geschrei nach wie vor noch etwas anderes gibt in unserem Land, nehme ich mir vor, unser Land und seine Leute in Gesprächen zu erkunden. An ganz verschiedenen Orten mit ganz unterschiedlichen Menschen reden – davon verspreche ich mir neue und, im besten Fall, hoffnungmachende Eindrücke und Erkenntnisse.

Klar stellt sich die Frage, ob denn die Leute auch ihrerseits bereit sind, mit mir zu reden. Das Erlebnis von Dessau lässt mich zweifeln. Natürlich: Ich gehöre zu »denen da oben«, dieser Polit-Schicht, die zwar gewählt ist, der aber unterstellt wird, dass sie ohnehin nicht darauf höre, was die Bürgerinnen und Bürger – das »Wahlvolk« – wirklich umtreibe. Andererseits bin ich eben auch selbst Bürgerin dieses Landes.

Ich bin von Natur aus ein neugieriger Mensch und stelle gern, das gebe ich zu, eher eine Frage mehr als weniger. Ich empfand es stets als Privileg, als Politikerin immer wieder Menschen treffen zu dürfen, die mir etwas von sich erzählen: von der Arbeit, aus dem Leben, darüber, was sie bewegt. Genau das will ich nach dem Erlebnis von Dessau und angesichts des Gefühls, dass die Menschen im Land immer schlechter mit Meinungsverschiedenheiten umgehen können, wirklich wissen. Ich möchte mit Menschen reden – echt reden, selbst dann, wenn man erst einmal denkt, man habe einander nichts zu sagen. Ich will zuhören, hinterfragen, wenn es sein soll, auch diskutieren – und dabei grundsätzlich davon ausgehen, dass der oder die andere auch recht haben könnte … Ich will versuchen, auch mit Menschen ins Gespräch zu kommen, die eigentlich nur ihre Ruhe wollen. Die keine Lust haben auf Veränderung, die es als Last oder Zumutung empfinden, sich auf Neues einstellen zu müssen, oder die – um eine Floskel zu verwenden – nur wollen, dass es wieder so wird, wie es nie war.

Werde ich das schaffen? Wird es mir gelingen, auf politische Phrasen zu verzichten oder in einem Gespräch auch einfach mal nichts zu sagen? Ich möchte zumindest versuchen, ohne »Das nehme ich mal mit«, »Dafür sind die anderen zuständig« oder »Da braucht man einen ganzen Handwerkskasten« und ähnliche Phrasen auszukommen.

Ich möchte denen zuhören, die erschöpft sind und sich ohnmächtig fühlen, aber auch denen, die sich aufmachen und Neues wagen, die tapfer bleiben und – wichtig – den Humor bei alldem nicht verlieren. Lachen können – auch über sich selbst – ist ja eine Grundvoraussetzung für ein gedeihliches Miteinander.

Was ich mir von meinen Besuchen erhoffe? Mehr als nur eine Ahnung von der vielfältigen Seelenlage unseres Landes zu bekommen. Und mir ist klar, dass ich dabei gelegentlich auch der Wut eines Gegenübers Raum geben muss, von der immer wieder die Rede ist und die ich ja auch selbst schon auf die Haut bekommen habe.

Ich kann hier vorwegnehmen: Es stellt sich sehr bald heraus, dass die allermeisten Gesprächspartnerinnen und -partner gar nicht zuerst ihrer Wut frönen, sondern sagen: »Klar können wir reden! Wenn Sie hören wollen, was los ist, kommen Sie vorbei.« Nahezu alle stimmen im Übrigen auch zu, dass sie zwischen den Buchdeckeln mit Namen und Zitaten auftauchen. Aus all den Treffen entstand mit diesem Buch eine Tour d'horizon durch unsere Republik. Und nicht nur über unser Land, sondern auch über mich selbst habe ich dabei einiges Neues erfahren.

1
WUT

Stefan Mankel ist Chef eines alteingesessenen Heizungs- und Sanitärbetriebs in Eisenach in meiner Heimat Thüringen und Vorstandsmitglied der dortigen Handwerkskammer. Der 59-Jährige hat zwei Gesellen und einen Lehrling und über Jahre hinweg immer wieder dieselben Kundinnen und Kunden. »Wiederholungstäter« nennt er sie. Das, was ich vor unserem Treffen über ihn weiß, ist, dass er Demos mitorganisiert hat: gegen die Bundesregierung, gegen das Heizungsgesetz, gegen das »Bürokratiemonster«, gegen »die da oben«. Also nehme ich vorsorglich an, dass er extrem wütend ist. Schließlich hat er jeden Tag mit Leuten zu tun, die sich fragen, ob sie die alte Heizung rausreißen müssen. Muss er die Unsicherheit und den Ärger seiner Kundschaft ausbaden? Oder schürt er sogar seinerseits deren Zorn über die Politik?

Der Vater von zwei Kindern begrüßt mich freundlich. Schnell stellen wir fest, dass wir gemeinsame protestantische Wurzeln haben; auch das, was es in der DDR bedeutet hat, in der Kirche zu sein, verbindet uns. Es ist völlig unangemessen, aber ich denke: Den Mann muss ich ja mögen. Wir kommen schließlich aus demselben Milieu: DDR, Kirche, seine Eltern waren, wie auch meine, beruflich selbstständig.

In unserem Gespräch kommt dann alles auf den Tisch: die Bürokratie, das Chaos, die unfertigen Regelungen, die Wut der Leute, auch seine eigene. Er will jetzt sagen, was Sache ist, und er will Einfluss nehmen mit seiner praktischen Erfahrung. Er wird mir gegenüber durchaus konstruktiv, macht eigene Vorschläge, zwar nichts Fertiges, aber auch nichts, was er nur wiederkäut.

Anstatt der Antworten, Entgegnungen, Einwände und Hinweise auf Unzuständigkeiten, die ich normalerweise in Diskussionen parat habe, schlage ich in diesem Gespräch – und in den meisten anderen, die ich noch führen werde – mein inneres Notizbuch auf. Darin landen meine Gedanken während des Treffens. Jede Menge ungesagte Floskeln, gut gemeinte Vorschläge und durchaus wahrheitsgemäße Belehrungen darüber, wie die Sachlage in Wirklichkeit aussieht. Fakten, Belehrungen und Rechthaberei bringen nämlich nichts, das merke ich früh schon bei dieser Begegnung. Die Liste mit dem, was ich sagen könnte, ohne dass es aber im konkreten Moment etwas bringen würde, wird anfangs mit jedem Termin länger. Doch irgendwann höre ich auf, sie weiter zu füllen, weil in den Gesprächen etwas Ungewöhnliches geschieht: Da, wo ich normalerweise anfangen würde zu reden, frage ich jetzt nur nach oder schweige einfach, gebe Raum, höre weiter zu. Und siehe da: Die Wut wütet weniger, auch meine Wut auf die Wütenden wird kleiner.

Während ich im Gespräch mit Stefan Mankel also in mein inneres Notizbuch schreibe: Nein, die Strompreise sind schon wieder unten, und außerdem ist nun wirklich Putin schuld, und alle können doch froh sein, dass es weiter warm ist zu Hause, höre ich von ihm plötzlich, die Wärmepumpe sei grundsätzlich »'ne gute Sache«. Vielleicht könnte man überlegen, ob man einfach einen Stromtarif für die Wärmepumpe einführt. Ich im Stillen: Gibt es doch schon. Aber ich sehe, es gibt da ein Interesse an echten, nicht nur einfachen Lösungen.

Gut also, dass wir reden. Und gut, dass ich einfach nur zuhöre und nicht gegen etwas argumentieren muss. Auch ich bin sonst schnell einmal bei Belehrungen, die sich als Informationsvorsprung tarnen, und der andere bekommt dadurch vorgeführt, was er alles nicht richtig sieht, was er noch nicht wahrgenommen hat und was die Politikerin besser weiß. Das führt schnell zu dem Eindruck: Die hört mich ja gar nicht!

—

Kalle, der eigentlich Pascal Höhn heißt, kennt die Wut in allen Formen und von Anfang an. Ich besuche ihn in der Arche-WG in Berlin-Hellersdorf. Hier findet betreutes Wohnen für junge Menschen statt. Wir dürfen den Gruppenraum der WG für das Gespräch nutzen.

Kalle macht eine Ausbildung zum Betreuer. An dem Tag unseres Treffens ist er ziemlich erschöpft. Er hat kaum geschlafen. Das merkt man ihm an. Kalle gähnt. Er und seine Freundin haben sich erst vor Kurzem getrennt. Jemanden, mit dem er darüber reden kann, hat er nicht, seit er den Kontakt zu seinem besten Freund Kevin abgebrochen hat. Den Begriff »Freundschaft« gibt es für Kalle nicht mehr, sagt er; zu oft sei er enttäuscht worden. Statt zu reden, hört er Rap bis tief in die Nacht. »Rap oder Depri-Zeug, Gangster-Zeug, alles Mögliche. Dann wird's besser, ja. Ich komm dann besser raus und kann mich besser kontrollieren.«

Kalle ist bei unserem Treffen 24 Jahre alt. Er ist mit der Arche und den Mitarbeitenden dort groß geworden. »Die Arche« ist ein christliches Kinder- und Jugendwerk und wurde von einem Pfarrer gegründet. Halt im Glauben findet Kalle aber nicht. Mit Religion generell könne er nichts anfangen, erklärt er.

Als er noch ein Kind war, wurde ein Fernsehteam auf ihn aufmerksam. Das Team begleitete ihn zehn Jahre lang. Der Film wurde 2022 auf der Berlinale gezeigt: *Kalle Kosmonaut*, weil Kalle eine Zeit lang in der Allee der Kosmonauten wohnte.

Kalles Vater spielt keine Rolle in seinem Leben. »Ich versuch's immer wieder, aber irgendwie scheint der echt keinen Bock zu haben.« Kalles Mutter trinkt regelmäßig zu viel Alkohol, bis heute. Kalle und sie sehen sich so gut wie nie. Sie fange bereits morgens mit dem Zeug an. »Ist mir aber auch egal, was mit ihr ist, ehrlich gesagt«, gibt er zu.

Kalles Großeltern fangen viel auf, aber auch mit ihnen ist es nicht nur leicht. Kalles Opa wünscht sich die DDR zurück, und die Oma trank ebenfalls, bevor sie irgendwann doch einen Weg raus aus der Sucht fand. Er sieht die beiden heute nur noch selten. »Es liegt alles an mir, aber ich bin halt nicht der Typ, der sich irgendwo meldet.« Die Kraft dazu habe er schon lange nicht mehr.

Kalle trank mit vierzehn sein erstes Bier. Irgendwann nahm er harte Drogen. Unter dem Einfluss von Ecstasy ging er mit einem Dönermesser auf einen Mann los und landete dafür im Gefängnis. Wir sprechen lange über die Zeit dort. Kalle beschreibt sie so: »Einsam. Gewaltvoll. Gewaltbereit. Langsam.« Mit Musik lenkte er sich in der Zelle ab. Das Radio, das er im Gefängnis kaufte, drehte er meist voll auf. »Es haben sich viele beschwert. Aber es war mir damals egal. Bis ich dann echt Schläge dafür bekommen habe.« Das Essen im Gefängnis habe furchtbar geschmeckt, vor allem die Suppen seien übel gewesen. Immerhin: Kalle konnte während der Haft seinen Schulabschluss machen. Als er rauskam, fühlte er sich so einsam wie noch nie. Kurz habe er noch mal »Scheiße gebaut«, sich aber nicht dabei erwischen lassen.

Es gibt selten Menschen, bei denen soziale Ungleichheit und ihre Folgen so augenfällig sind wie bei Kalle. Das bestimmt sein Leben, von Anfang an. Er ist um so vieles klüger und talentierter und hätte viel mehr Möglichkeiten, als das Leben, die Gesellschaft, unser Land ihm geben. Er fühlt sich nicht nur abgehängt, er ist es auch. Er ist einfach raus aus vielen Bezügen und Beziehungen, die andere haben, die so klug sind wie er. Niemand konnte ihm zu Hause bei den Hausaufgaben helfen, und hilfreiche Kontakte hatte er vor allem über die Arche.

Mit Politik kann er nichts anfangen. »Das ist alles Bullshit, was da oben passiert, finde ich persönlich. Weil die Worte, die groß angepriesen werden, vor dem Volk, die werden meistens gar nicht gehalten, und das finde ich superschade.« Dass ich ein Teil des erwähnten »da oben« bin, ist für ihn egal, was guttut. Wir reden aber nicht weiter über politische Enttäuschungen und Versprechen, die nicht gehalten werden, darauf hat er keine Lust.

—

Ich unterhalte mich mit einem Jugendrichter, der seit fast dreißig Jahren im Amt ist. Er ist nach seinen eigenen Worten für »die harten Jungs« zuständig, die bereits Jugendstrafe verbüßen. Aber auch für junge Frauen, die ins Gefängnis müssen. Mit ihnen sei es besonders herausfordernd. »Die jungen Frauen, die eine Jugendstrafe erhalten, sind zumeist psychisch massiv auffällig«, erzählt er.

Es wird ein langes Gespräch: über die sozialen Umstände, über Bürokratie, die abgebaut werden müsste, und über drastische Einsparungen, die laut dem Richter insbesondere den eigentlich erzieherisch gestalteten Jugendvollzug empfindlich treffen. Über Gesetzesinitiativen, die mit so kurzen Fristen bei den Gerichten eingingen, dass diese gar nicht in der Lage seien, eine fachlich fundierte Stellungnahme dazu abzugeben. Sein Ärger darüber ist groß, er fühlt sich nicht ernst genommen und sagt, seinen Kolleginnen und Kollegen gehe es genauso.

Immer wieder erwähnt er als Beispiel das Cannabis-Gesetz, das seiner Meinung nach eine Katastrophe sei. »Selbst die Inhaftierten machen sich darüber lustig. Das ist komplett irre. Ich kenne niemanden im Jugendvollzug, der auch nur ein gutes Haar an dieser Regelung lässt – weder Anstaltspsychologen beziehungsweise -psychiater noch Sozialarbeiter noch Justizbediensteté.« Er selbst begründet seine Ablehnung damit, dass Cannabis in fast jedem Lebenslauf seiner Insassen eine bedeutende Rolle spiele und dass drogeninduzierte Psychosen massiv zugenommen hätten. Natürlich sei auch Alkohol hochproblematisch und vielleicht sogar »die« Einstiegsdroge – aber warum müsse diese Problematik nun noch durch eine weitere verschärft werden?

Ich versuche es in diesem Fall doch mit Gegenargumenten: Manche Leute konsumierten nur Cannabis und nichts anderes, und für die solle es einen legalen Weg der Beschaffung geben. Wir wollten weg davon, dass man zu einem Dealer gehen muss, der dann noch alles Mögliche vertickt. Weg vom kriminellen Milieu. Aber das ist für den Richter mit Blick auf junge Menschen bis 25 Jahre inakzeptabel, denn das Gehirn entwickle sich noch bis zu diesem Alter und sei besonders vulnerabel.

Ich gehe davon aus, dass diese Argumente auch politische Gegner des Gesetzes erreicht haben. Natürlich gibt es diejenigen, die da nur ideologisch draufschauen, nach dem Motto: Cannabis gleich Hippiedroge gleich links oder grün – muss also weg. Über diese kulturkämpferische Auseinandersetzung ist womöglich das Sachliche verloren gegangen.

Wir reden über den Rechtsstaat, der für mich, die ich in einer Diktatur erwachsen geworden bin, eine riesige Errungenschaft ist, und darüber, dass ich daran glaube, mich auf ihn verlassen zu können. Was der Richter über die Zustände erzählt, überholt so ungefähr alles, was ich mir bisher bei dem Thema vorstellen wollte. Er will nicht, dass dies hier konkret aufgeschrieben wird, weil er Sorge hat, man könne dann Rückschlüsse auf seine Person ziehen. Seine Erfahrungen stehen im Widerspruch zu dem, woran ich bislang glaubte: dass Menschen sich ändern können; dass sie nur die richtige Unterstützung bräuchten. Er nennt den Gesetzgeber in Teilen völlig praxisfremd. Es gebe Vorschriften, die niemand mehr verstehen würde und die in seinen Augen unsinnig seien. Vieles sei früher einfach besser gewesen, weil man nicht versucht habe, alles bis ins Detail zu regeln. Damit meint er die alte Bundesrepublik West. »Ich fühle mich da jedes Mal an meinen Vater erinnert, weil es mich immer wahnsinnig aufgeregt hat, wenn er meinte: ›Früher, da war alles noch besser und schöner.‹ Und jetzt merkt man irgendwie, dass man selbst in eine Situation kommt, wo man sagt: ›Ja, so ein bisschen stimmt das.‹«

Heute kümmert der Richter sich vorrangig um diejenigen, die lange Jugendhilfekarrieren hinter sich haben und weitgehend auf der Straße sozialisiert worden sind. Oft, sagt er, seien die Bemühungen der Beteiligten völlig erfolglos. Ich frage weiter nach und erfahre etwas über Vergeblichkeit und darüber, dass all die gut gemeinten Vorstellungen von mehr Sozialarbeit und mehr Betreuung bei manchen, vielleicht vielen oder den meisten, die so einen Weg hinter sich haben, nicht weiterführen. Viel Gewissheit, viel wider besseres Wissen Gehoffte zerrinnt zwischen meinen Fingern.

Gegen Ende unseres Gesprächs erzählt der Richter von seiner achtjährigen Tochter, die Autistin ist. Seine Frau und er mussten über zwei Instanzen klagen, ehe das Oberverwaltungsgericht entschied, dass das Mädchen zu bekommen hatte, was ihm rechtlich zusteht: eine Schulassistenz. Weil Inklusion der Behindertenrechtskonvention und dem geltenden Teilhaberecht entspricht. Die Assistenz ist wichtig, damit das Schulleben für seine Tochter funktionieren kann. »Das muss man sich auf der Zunge zergehen lassen: Das Verfahren hat fast ein Dreivierteljahr gedauert, und in der Zeit war meine Tochter ohne eine Schulbegleitung. Das hat uns viel Kraft und Nerven gekostet, und ich habe mich die ganze Zeit gefragt: Was macht eigentlich die alleinerziehende und rechtlich nicht vorgebildete Mutter mit so einem Kind? Die hat schlicht keine Chance.«

Ich verstehe, dass der Richter wütend ist, dass er sich Sorgen macht und fragt: Was wird aus meinem Kind, wenn es groß ist? Ich verstehe, dass er will, dass der Rechtsstaat funktioniert. Ich sehe, dass er alles dafür tut und dass jeder Moment, in dem er sieht, was nicht geht, für ihn eine Herausforderung ist, es dennoch ein weiteres Mal zu versuchen. Denn natürlich arbeitet er weiter mit den Jugendlichen, gibt sie nicht auf. Und natürlich weist er an der richtigen Stelle auf Unklarheiten, Kompliziertheit, Versäumnisse hin, um Dinge zu ändern, die ihn stören. Und natürlich hoffe ich, dass die Klage für seine Tochter es anderen leichter macht. Er wirkt wie eine unermüdliche Seele, die aber auch desillusioniert ist.

Der Richter kennt sich aus mit Gesetzen und Fristen, er weiß, wie man berechtigte Ansprüche umsetzen kann. Doch er hat die Frage zu Recht gestellt: Wie geht es eigentlich anderen Menschen, die sich damit nicht so gut auskennen? Wo können sie ihre Wut über Ungerechtigkeiten lassen? Wohin gehen sie mit jener Ohnmachtserfahrung, bei der man sich im Gestrüpp einer überverwalteten Welt verheddert hat?

—

Stephan Märki ist, während wir sprechen, Intendant des Theaters in Cottbus und einer, der stets weit über die Kunst hinaus denkt. Anfang der 2000er-Jahre hat der 1955 Geborene im Theater in Weimar ziemlich viel auf den Kopf gestellt. Aus der Zeit kennen wir uns. Und während ich mich in Debatten über die

Agenda 2010 quälte, hat er seine eigene Agenda im Theater umgesetzt. Unsere Überlegungen waren, trotz ganz unterschiedlicher Zusammenhänge, durchaus ähnlich: Wie schafft man Sicherheit durch Erneuerung? Kann man die unbequemen Reformen, die notwendig sind am Theater, im Land so organisieren, dass sie langfristig Stabilität bringen? Wenn es nicht mehr nur darum geht, was die Musiker, Schauspielerinnen und die Leute aus der Technik jeweils für sich herausholen, sondern darum, eine gemeinsame Perspektive zu organisieren, die allen etwas mehr Gewissheit gibt, für längere Zeit. So war es auch in der Bundespolitik – jedenfalls war das die Idee: unterhaken, alle im Blick halten, nicht Stärkere gegen Schwächere ausspielen.

Märki ist ein Wanderer zwischen den Welten. In Berlin hatte er immer ein Standbein, gearbeitet hat er in München, Potsdam, Weimar und Bern.

Dann Cottbus. Bei den letzten Landtagswahlen hatte die AfD hier 31,5 Prozent.[1] Märki ist sich sicher, dass unter ihren Wählerinnen und Wählern auch Menschen sind, mit denen er im Theater zusammenarbeitet. Wut, Frustration, Angst, das Gefühl von Entwurzelung – all diese Seelenzustände seien Ursachen dafür, dass Menschen diese Partei wählten, meint er. Menschen, die frustriert seien, fühlten sich eben einer Partei verbunden, die genau solch ein Frustrationsgefühl besetze. »Wen sollen wir sonst wählen?«, ist eine Frage, die Stephan Märki immer wieder hört. »Das Gefühl von ›Wir werden nicht gesehen!‹ ist spürbar im Raum Cottbus«, erzählt er.

Wer wählt welche Partei? Lebendige Diskussionen darüber gibt es auch an seinem Theater, hinter dem Vorhang und in der Pause, im Foyer und in der Kantine. Er will über unterschiedliche Beweggründe, Sorgen und Hoffnungen für die Zukunft im Gespräch bleiben. Schweigen ist, so sagt er, die größte Gefahr für eine Gesellschaft. Das Theater als Ort der Gemeinschaft und der Begegnungen sei auch dafür da, miteinander zu reden und einander zuzuhören.

»Aber ist das Theater nicht eher eine Eliteveranstaltung für das Bildungsbürgertum?«, frage ich, ein Klischee bedienend. »Mag sein«, antwortet Märki, »aber immerhin besuchen in Deutschland jährlich mehr Menschen ein Theater als Spiele der 1. Bundesliga im Stadion. Und was genau ist schlecht daran, wenn sich das gebildete Bürgertum trifft, austauscht, streitet? Theater ist einer der wenigen Multiplikationsorte, die noch funktionieren.«

Und er hat natürlich recht: Nichts ist schlecht daran. Unsinn ist jedenfalls der Vorwurf, dass die »echte« Welt irgendwo anders stattfinde, nur nicht da, wo Menschen Kultur erleben, kluge Debatten führen und über den Tag hinaus streiten.

Stephan Märki hat Sorge, dass eine gestärkte AfD das Theater beeinflussen könnte, so wie sie es auch beim öffentlich-rechtlichen Rundfunk versucht. Er ist fest davon überzeugt, dass Kultur frei sein muss, und sieht ebendiese Freiheit in Gefahr.

»Wie politisch darf Theater sein?«, frage ich. Märkis Haltung ist klar: »Den Leuten sagen, was sie denken sollen, führt genau ins Gegenteil.« Auch von politischen Symbolen auf dem Dach des Theaters hält er nichts. Nur als die Montagsdemos immer wieder vor seinem Theater vorbeizogen und wüteten, hing er irgendwann Fahnen an die Fassade mit der Botschaft: »Hier arbeiten 36 Nationen.« Stücke, die in der Sprache heute nicht politisch korrekt erscheinen, wird er weiter aufführen. *Othello* etwa. Natürlich male man heute niemanden mehr schwarz an. Aber darum gehe es ja auch gar nicht. Der Othello in Shakespeares Drama war einfach eine Person am Rande der Gesellschaft (in dem Fall von Venedig). So einen könne man gut anders darstellen. Aber Texte umzuschreiben würde die Menschen eher provozieren. Das Publikum dürfe nicht entmündigt werden.

»Es gibt zum Teil eklatante Unterschiede zwischen Ost und West, im Gesellschaftsverständnis und natürlich ökonomisch«, so Märki. »Vielleicht sollten wir anfangen, positiver über die Unterschiede zu sprechen, statt immer bloß auf Defizite zu verweisen.« Seiner Meinung nach zementieren solche Defizitverweise eine Trennung zwischen Ost und West weiter. Sie ist und bleibt damit in den Köpfen, heute vielleicht sogar mehr als noch vor ein paar Jahren. Unzufriedenheit wird medial schnell zu einem ostdeutschen Phänomen gemacht. Ihm, Märki, erscheint das zu einfach.

Da sind wir uns wohl grundsätzlich einig. Das Bild vom verbitterten Jammerossi ist jedenfalls bestimmt nicht zur Verallgemeinerung geeignet. Unzufriedenheit ist kein rein ostdeutsches Phänomen, aber der Osten ist auch keine westdeutsche Erfindung, wie es Dirk Oschmann in seinem Buch behauptet. Die Debatte, die er damit angestoßen hat, mag einen Punkt treffen, den manche gern als Wunde pflegen. Aber in Wahrheit macht sie »den Osten« und die »Ostdeutschen« kleiner und vor allem unzuständiger an der eigenen Lage, als sie es sind.

In meiner Heimat Thüringen kenne ich jedenfalls Menschen, die zufrieden sind. Menschen, die sich gegenseitig helfen oder einfach mal anrufen und fragen, wie es einem geht. Menschen, die mir fehlen, wenn ich in der Anonymität der Großstadt abtauche. Stephan Märki stellt für Cottbus und Umgebung ganz ähnlich fest, es gehe dort weniger ums »Ich«, insgesamt herrsche eine größere Solidarität, und damit meint er: größer als in Westdeutschland.

Die deutsche Teilung spielt natürlich immer noch eine Rolle, in vielen Gesprächen und im Land überhaupt. In der Liebe auch:

35 Jahre nach dem Mauerfall sind nur fünf Prozent aller Paare im Land Ost-West-Lieben.[2] Wie weit wären wir wohl, wenn keine »romantische Mauer« durchs Land verliefe? Mein Mann kommt aus Hamburg. Ich gestehe, dass ich dank unserer Partnerschaft zwar einiges an den »Besserwessis« leichter verstehe, anderes aber bleibt mir ein Rätsel. Er stammt aus einem Milieu der alten Bundesrepublik, in dem man echte existenzielle Sorgen kaum kennt. Wer eine gute Ausbildung hat, kommt meist auch gut voran, andernfalls fängt einen die Familie auf, und irgendwann wird geerbt. Probleme gibt es natürlich auch in diesem Milieu genug, und das Klischee, dass wohlhabendere Leute automatisch auch glücklicher sind, ist eh Quatsch. Dennoch gilt: Wer in besserem Umfeld lebt, kann sich fast immer sicher sein, dass es für ihn am Ende irgendwie passabel ausgeht.

Mein Mann und ich reden zu Hause oft über Identität. Was uns unterscheidet, ist nicht bloß das Wissen über *Pittiplatsch* und Mosaikhefte (Ost) und *Micky Maus* und *Asterix* (West), sondern es sind beispielsweise auch unsere Protesterfahrungen: In der Diktatur mit Kerzen in der Hand an einer Demo teilzunehmen, ist immer noch etwas anderes, als in einem Rechtsstaat – selbst in Anwesenheit von Wasserwerfern – in Gorleben oder am Bonner Hofgarten zu demonstrieren. Die »Freiheitsrevolution« (der Begriff, den Ilko-Sascha Kowalczuk prägte[3]) ist mir am nächsten; sie ist und bleibt für mich prägend. Es ist die Erfahrung, dass Menschen alles ändern können, wenn sie es unbedingt wollen und zudem bereit sind, Rückschläge hinzunehmen und – vor allem – sich zusammenzutun.

Schon vor und erst recht nach der friedlichen Revolution habe ich die alte Bundesrepublik aber gewissermaßen auswendig gelernt. Ich konnte über die Castor-Proteste der 1980er-Jahre mitreden, als wäre ich dabei gewesen. Ich hatte Böll gelesen und wusste, wer Rainer Barschel war. Ich kannte die Debatten der Feministinnen und hatte sogar ein paar in den Osten geschmuggelte *Micky Maus*-Hefte gelesen. Mein Mann hingegen hat eigentlich erst später damit begonnen, sich für den Osten Deutschlands und insgesamt für Osteuropa zu interessieren. Wahrscheinlich fällt ihm gar nicht auf, dass unser gesamtes Geschirr aus Kahla und Marwitz kommt. Die Tatsache, dass wir ein gemeinsames Liedgut haben, weil evangelisch, ist ein großes Glück. Aber schon bei der Frage, welche Rolle Kirche spielt oder welche Funktion Pfarrerinnen ausüben, haben wir sehr unterschiedliche Erfahrungen. In der DDR waren Gläubige eher die Underdogs, die Freiheitsliebenden, die Oppositionellen. Bei der Kirche zu arbeiten, das musste man wirklich wollen. Die Gehälter waren niedriger als die einer Verkäuferin. Im Westdeutschland der 80er-Jahre gehörten Pastorinnen und Pfarrer dagegen zum Establishment und wurden eingeladen, um bei der Einweihung einer neuen Straße oder Brücke das Band mit durchzuschneiden.

Ob es wirklich stimmt, dass Ostdeutsche solidarischer sind? Ich denke, nein. Es war zu DDR-Zeiten ja vor allem eine Art Zwangsgemeinschaft, in der man eine Mangelware gegen eine andere tauschte. Aber es gibt noch einen kleinen Unterschied, der meinen Mann und mich immer wieder beschäftigt: das Nacktbaden. Klingt etwas abwegig, ich weiß. Für viele im Osten ist es keine große Sache: ausziehen, reinspringen, fertig. Bei meinem Mann löste das Peinlichkeitsgefühle aus: Du kannst doch nicht einfach hier, jetzt ... Doch, so bin ich aufgewachsen, mit künstlerischer Aktfotografie in Zeitschriften wie der *Sibylle* und FKK im Sommer. Das Nacktbaden kommt, wie wir wissen, aus den 1920er-Jahren und ist folglich gar keine Erfindung der DDR. Und natürlich habe ich Freunde im Westen, die es auch tun. Aber warum diese größere Selbstverständlichkeit bei uns im Osten? Es gibt dafür nur eine vernünftige Erklärung, und die hat nichts mit unschöner Badebekleidung zu tun, sondern mit dem Gefühl von Freiheit. Die war nämlich die eigentliche Mangelware, und deshalb galt: Wo immer man sie ausleben konnte, haben die Menschen es getan.

Aber auch der alltäglich erlebte Mangel hat geprägt, ob es um Handwerkertermine ging oder um Kuchen in den Auslagen. Also hat man eben vieles selbst gemacht und mit dem gearbeitet, was gerade verfügbar war. Kuchen wurde nicht gekauft, sondern gebacken, ebenso hat man selbst Marmelade gekocht – die man dann getauscht hat –, und wenn es gerade Spargel gab, landete der im Tiefkühlfach. Das lebt in mir und anderen fort.

Noch etwas anderes fällt mir im Unterschied zu meinem Mann immer noch schwer, obwohl ich mir den Rechtsstaat herbeirevolutioniert habe: auf meinem Recht zu bestehen. Wenn etwas schief läuft, denke ich nach wie vor oft erst mal, dass der Fehler sicher bei mir liegt. So wie ich mich in der DDR sofort gefragt habe, was man mir wohl vorhalten würde, wenn ein Polizist unvermittelt den Ausweis sehen wollte. Mein Mann würde hingegen immer zuerst fragen, worum es gehe und was der Polizist denn wolle. Für ihn ist es ein selbstverständlicher, alltäglicher Gedanke, dass man sein Recht notfalls einfordert und verteidigen kann.

Ob es stimmt, dass ostdeutsche Frauen selbstbewusster mit Sexualität umgehen, kann ich nicht beurteilen. Dass sie den Männern allerdings mehr auf Augenhöhe begegnen als ihre westdeutschen Geschlechtsgenossinnen, trifft meiner Beobachtung nach zu. Das hat vermutlich damit zu tun, dass unsere Mütter und Großmütter allesamt selbstverständlich voll berufstätig waren und Familie hatten, so wie es normal war, dass Kinder ihre Tage in Kindergarten und Schule verbrachten. Hier liegt am Ende wohl auch eine Erklärung dafür, warum es in den Nachwendejahren besonders junge ostdeutsche Frauen waren, die, statt zu warten, bis sie vielleicht doch wieder Arbeit finden, Richtung Westen abgewandert sind. Tatsache ist, dass in manchen ländlichen Regionen in den ostdeutschen Ländern deswegen mehr Männer als Frauen leben und zudem die Männer im Schnitt schlechter gebildet sind als die Frauen.

Das alles steckt in dem Begriff Transformationstrauma. Ein Begriff, der in Ostdeutschland spürbar ist und von Generation zu Generation weitergegeben wird. Auch weil diejenigen, die geblieben sind, sich zurückgelassen fühlen und dieses Gefühl an die Nachgeborenen weitergeben.

Auch Stephan Märki kommt noch einmal auf diese Wut und Frustration zu sprechen und meint, dass sie sich auch in Aggression ausdrücke, was man doch allein schon im Straßenverkehr deutlich merke: Die Menschen drängeln, hupen, fahren dicht auf, überholen riskant, beschimpfen sich. Die Kommunikation, sagt er, sei einfach in Teilen gestört. »Türenschletzend!«

—

Egal ob Ost oder West: Die Enttäuschung, die Abkehr vom Politischen und die verbreitete Überzeugung, selbst besser zu wissen, was richtig wäre, lässt sich hier wie dort feststellen. Womit wir beim »Heizungshammer« wären. Der möglichst flächendeckende Einbau klimafreundlicher Heizungen, insbesondere von Wärmepumpen, ist eine dringend notwendige Maßnahme in Zeiten des Klimawandels, aber auch schon allein deswegen, weil Öl und Gas immer teurer werden. Der Entwurf für ein entsprechendes Gesetz wurde in einem unreifen Zustand an die Presse durchgestochen, dabei hatte man noch gar nicht alles richtig zu Ende durchdacht, es gab noch Klärungsbedarf. Unter anderem hatten die Ministerialen die Menschen, die auf dem Dorf oder in einer Kleinstadt leben, noch nicht ausreichend in den Blick genommen. Und besonders die Situation im Osten nicht berücksichtigt. Nicht jeder oder jede, der oder die ein Haus hat oder eine Immobilie besitzt, war beziehungsweise ist auf diese Art von Wertsteigerung erpicht. Die meisten wollen einfach nur im Eigenheim wohnen und sich das leisten können; das Haus ist geerbt, und das Geld auf dem Konto reicht zur Not für ein paar Reparaturen, die man am besten selbst erledigt. Geld für die teure Umrüstung auf eine klimafreundliche Heizung ist jedenfalls keines da, selbst wenn das Ganze subventioniert würde.

Neben der Coronapandemie ist die Debatte über dieses Heizungsgesetz immer wieder Thema bei meinen Gesprächen. Bei manchen, weil sie tatsächlich unmittelbar betroffen sind, bei anderen offenkundig deshalb, weil sie das Thema für Beschimpfungen nutzen können. Manchmal bin ich kurz davor, laut einzuwerfen: NEIN, du musst keine Expertin für Heizungen werden! NEIN, die Wärmeplanung muss deine Kommune auf die Reihe bekommen, nicht du. Und NEIN, du musst auch nicht selbst herausfinden, wie das mit der Förderung funktioniert.

Aber das Kind war in dieser Angelegenheit früh in den Brunnen gefallen, die Verunsicherung groß, und der neue Gaskessel stand schnell neben dem alten bereit, denn man weiß ja nie ... Manchmal würde ich am liebsten gemeinsam mit meinen Gesprächspartnern ausrechnen, was es für sie bedeuten würde, in den nächsten Jahren beim Gas zu bleiben. Aber das funktioniert schon deshalb nicht, weil dafür eine entscheidende Voraussetzung fehlt: Vertrauen.

Den Einbau einer Wärmepumpe fördert der Staat mit bis zu 70 Prozent der Anschaffungskosten, und trotzdem trauen viele der Menschen, die vor Ort entscheiden müssen, der Sache nicht über den Weg. Es ist nicht Ignoranz oder Zukunftsvergessenheit, die mir in erster Linie begegnet, sondern ich stoße schlicht auf Unsicherheit und Überforderung. Die Leute fragen sich: Treffe ich auch wirklich die richtige Entscheidung? Wie soll ich mir das leisten können, erst recht, wenn alles andere auch teurer wird? Und eben: Wem kann ich trauen, welchem Ratschlag nachkommen?

Noch viel entscheidender für den schlechten Ruf des Heizungsgesetzes waren natürlich all diejenigen, die angeblich nur die miserable Kommunikation seitens der Regierung beklagten. Die sagten, das hätte man doch besser erklären müssen. Na ja, denke ich, wenn es angeblich nicht gut ist, dann hilft doch auch eine bessere Erklärung nicht, oder?

Als das Gesetz dann nach gründlicher Überarbeitung gut war (oder zumindest viel besser als zu Beginn), hatte sich in der Breite schon die Meinung festgesetzt, dass es »die da oben« eben nicht können. Keine mildernden Umstände dafür, dass der unreife Gesetzentwurf zu früh an die Öffentlichkeit gelangt war, kein Verständnis für die Notwendigkeit, die Sache zügig voranzutreiben, weil zuvor so lange zu wenig getan wurde. Oft traf ich Menschen, denen ich am liebsten sagen würde: Denkt doch bitte an eure Kinder! Welche Welt wollt ihr denen hinterlassen? Ist eure fossile Sturheit dem Ernst der Lage, der gravierenden Erderwärmung mit all ihren Folgen, wirklich angemessen? Am Ende behalte ich solche Bemerkungen dann aber lieber für mich, denn es geht ja erst einmal ums Zuhören. Und schließlich erfahre ich einfach mehr, wenn ich weniger sage, reinrufe, belehre.

Manche werfen mir im Gespräch vor, wir würden mit der Energiewende und im Umweltschutz generell viel zu viel in viel zu kurzer Zeit ändern wollen. In der Tat finde ich, dass es angesichts der vielen Umweltkatastrophen gar nicht schnell genug gehen kann mit der Klimawende. Aber wenn ich auf die Seelenlage all jener schaue, die die einzelnen Maßnahmen dann tatsächlich umsetzen und also auch mitbezahlen müssen, ist die Anspannung mit Händen zu greifen. Dann kommt das von TikTok wie *FAZ* gern verbreitete Argument, wir Deutsche seien ja nur für weniger als zwei Prozent des weltweiten CO_2-Ausstoßes verantwortlich, und das von der Politik angeschlagene Tempo sei daher wohl doch zu scharf. Zudem würden wir mit unserer Politik ja geradezu exemplarisch demonstrieren, dass verschärfte Umweltauflagen zum (wirtschafts)politischen Stillstand führten.

Es stimmt: Die Welt wird nicht durch uns gerettet. Aber ohne uns eben auch und schon gar nicht. Unseren Beitrag gar nicht erst zu leisten, weil andere ja viel schlimmere Umweltsünder seien, ist kindisch, zersetzt jede Glaubwürdigkeit und verhindert jeden ernsthaften Versuch, die Dinge noch zum Besseren zu wenden.

Natürlich gibt es auch die zynischen Ignoranten und die Lobbyisten der fossilen Industrie, aber die lassen wir für den Moment beiseite. Die entscheidende Frage lautet doch: Wie und mit welchen Mitteln könnte die Politik überhaupt wieder das Vertrauen der Menschen in die eingeschlagenen Wege gewinnen und fördern? Die populistische Blase setzt sich sofort ins gemachte Nest der realen oder unterstellten Fehler und baut es mithilfe massiver Desinformation aus, um so das demokratische Systeme selbst zumindest zu erschüttern. Die dadurch angefachte Wut entlädt sich in WhatsApp-Familiengruppen, in denen man angeblich gesicherte Informationen oder garantiert echte Videos weitergeleitet bekommt. Zu viele wollen nicht hören, dass es zum großen Teil Unsinn ist, was da zu sehen oder zu lesen ist. Der erwachsene Sohn kann vielleicht noch die vermeintlich sichere Quelle (»Die

Nachbarin, die kennst du doch, von der hab ich das«) entkräften. Die *Tagesschau* als seriöse Quelle reicht manchen schon nicht mehr, denn sie haben ja schließlich so eine Grafik direkt auf das eigene Handy geschickt bekommen. Überhaupt hat der öffentlich-rechtliche Rundfunk laut populistischer Blase ein Glaubwürdigkeitsproblem. Sehr oft finden sich die Wutausbrüche auch auf der Plattform X. Die Absender heißen beispielsweise Woldemor, Odin oder Wreckofthehesperus.

Lässt man die üblen Worte und falschen Informationen in solchen Posts mal beiseite, fällt eines auf: Immer wird nach dem einen Beispiel gesucht, bei dem es dann doch nicht hinhaut – und dieses eine Beispiel genügt, um die ganze Sache in die Tonne zu hauen. Der Onkel von dem Freund der Mutter, der hat so ein Haus, das hat nur einen ganz kleinen Garten, da passt die Wärmepumpe gar nicht rein. Und die Nachbarn wollen das auch nicht, und er hat außerdem keine Fußbodenheizung, und Sonnenenergie geht bei dem auch nicht, weil das Haus unter Denkmalschutz steht – und so weiter. Mit einer ganz speziellen, ganz individuellen und rein anekdotischen Plausibilität meint man die Sache an sich widerlegt zu haben. So geht Populismus! Es ist etwa so, als würde man wegen eines Gegentors alle Regeln eines Fußballspiels für unfair halten.

Dennoch versuche ich oft, den Überblick zu behalten und in solchen Gesprächen nach und nach jedes einzelne dieser scheinbaren Argumente zu entkräften. Und wenn ich damit durch bin, steht mein Gegenüber oft genug auf und sagt: Das ist doch alles Quatsch, das glaube ich nicht. Mir bleibt dann nur die Hoffnung, dass der Heizungsinstallateur bei der Person vorbeikommt, gut informiert ist, Spaß an der neuen Technik hat und meinem Gesprächspartner am Ende doch noch eine überzeugende Antwort liefert. Ich denke häufig an Spaziergänge durch schwedische Küstenstädte im Sommerurlaub und sehe vor jedem einzelnen Haus eine Wärmepumpe, alle aus deutscher Produktion. Und ich denke, es kann einfach nicht an der Wärmepumpe liegen oder daran, dass zu viele zu dumm wären, die Segnungen der neuen Technologien zu verstehen. Aber woran liegt es dann?

–

Es sind oft die Lauten, die sich Gehör verschaffen. Sie reden meist lange, und es geht dabei fast immer nur um sie. Sie regen sich schnell auf und steigern sich gern in etwas hinein. Sie geben sich selbst die Stichworte, um sich weiter aufregen zu können – über Nichtigkeiten oder über Geflüchtete, über zu niedrige Renten oder zu hohe Unterstützung für Sozialempfänger. Sie behaupten oft, sich einschränken zu müssen oder von irgendetwas weniger zu haben als andere. Und sie verachten jede Form von Anderssein.

Aber warum glaubt eigentlich jemand, russisches Gas sei billiger als Energie aus Wind, der über das Feld weht? Warum wird eine Verkäuferin in der Kaufhalle in Brandenburg wütend, weil eine Kellnerin in Berlin gendert? Warum regt sich ein Handwerker darüber auf, dass er keine Leute für seinen Betrieb findet, wettert aber gleichzeitig auf dem Dorffest gegen Flüchtlinge, die diese Leute sein könnten?

Es ist aber natürlich nicht alles Wut und die Lust am Sich-Aufregen, was zu politischen Verunsicherungen führt. Manche Fragen und Ärgernisse kann man auch als Nichtbetroffener gut nachvollziehen, ebenso daraus entstehende Befremdungszustände. Wie erträgt es etwa die Landärztin, in einer Familie tagsüber das Rheuma der Großmutter zu behandeln und abends zu sehen, wie deren Enkel Hakenkreuze an Häuser malt? Wie fühlt sich die junge Frau in der Großstadt abends, wenn sie in der U-Bahn Angst hat vor breitbeinig aufgepumpten Mannsbildern?

Was denkt die muslimische Fußballtrainerin, wenn sich das ganze Land in einen Abschieberausch hineinzusteigern scheint? Was muss hierzulande ein Jude fühlen, der die israelische Regierung und ihr Kriegshandeln abgründig findet, aber dennoch immer davon ausging, nach Israel fliehen zu können, sollte hier in Deutschland der Antisemitismus noch bedrohlicher werden?

Ein besonderes Beispiel, wie aus Sorge Wut werden kann, hat mit dem – natürlich stereotyp zitierten – (mittel)alten weißen Mann zu tun. Manche Männer sind offenbar extrem verunsichert, was ihren Platz in diesem Land betrifft. Mir scheint, dass sie ihre Identität und ihre Selbstbestätigung aus der Ablehnung anderer ziehen, vor allem aus der Ablehnung von Menschen, die sie gar nicht kennen, von Biografien oder Meinungen, für die sie sich keinen Deut interessieren. Ihr Horizont beschränkt sich gewissermaßen auf den eigenen Vorgarten und auf die Frage, wann die Nachbarn ihre Fenster putzen müssen. Es fällt mitunter schwer, ihnen besonnen zuzuhören oder Verständnis für sie aufzubringen, von Sympathie ganz zu schweigen. Dennoch versuche ich es.

Und so rede ich mit einem Mitbürger, dessen Problem es ist, dass Leute seine Straße benutzen, obwohl die nur für Anlieger ist und die Baustellenumfahrung da gar nicht langgeht ... Ihm ist es einfach zu laut. Damals, vor zwei Jahrzehnten, ist er in diese Straße gezogen, weil er es leise haben wollte. Und jetzt das! Soll zwar nur vorübergehend sein, aber wer weiß schon, wie lange diese Baustelle dauert. Und wer jetzt hier bei ihm langfährt, macht das ab jetzt womöglich immer so. Kümmert sich denn niemand darum? Warum steht die Polizei nicht an der Ecke und verbietet den Nichtanliegern die Durchfahrt? Bei vielen Autos sieht man doch schon am Kennzeichen, dass sie hier nichts zu suchen haben!

Der Anliegerstraßenanlieger liest regelmäßig die Regionalzeitung, schaut Nachrichten, ist in keinem Netzwerk angemeldet, das ihm Falschfakteninformationen ins Leben spült. Aber er möchte in seinen Abläufen eben nicht gestört werden von einer Baustelle, die ganz andere betrifft, eine Straße, die aufgerissen wird, weil dort Leitungen verlegt werden. Sein Haus ist schon angeschlossen, warum soll er jetzt gestört werden, nur weil andere nun erst dran sind?

Die Straße vor seiner Tür ist eine ganz normale Ortsstraße, eine öffentliche Straße. Im Prinzip könnte die Umleitung auch gleich hier durchführen, man müsste einfach nur das Anliegerstraßenschild entfernen. Dann wäre alles regelkonform. Bisher spricht der Mann immer nur davon, dass ein Staat ja nicht funktionieren könne, wenn niemand die Einhaltung der Regeln kontrolliere und er das quasi selbst machen müsse. Er hält sich schließlich immer an alle Regeln …

»Also weg mit dem Schild, und alles ist gut?«, frage ich ihn.

Kurzes Schnappen. »Was soll das? Wollen Sie mich provozieren?«

Damit könnte er recht haben. Aber ich versuche, ihn quasi wörtlich zu nehmen und eine pragmatische Lösung zu finden: Was, wenn es gar nicht um die Leute geht, die da langfahren, sondern nur prinzipiell um die Einhaltung der Regeln? Doch dem Anlieger geht es weder um das eine noch um das andere, sondern einfach darum, dass er nicht gestört werden will. Und dass sich gefälligst jemand darum kümmern soll, dass er nicht gestört wird.

So weit, so unbefriedigend. Ich frage mich, was erst passiert, wenn es um viel größere Veränderungen oder »Störungen« geht. Wenn sein Keller vollläuft, weil die Klimakrise Starkregenereignisse mit sich bringt, zum Beispiel. Die Polizei kann da nicht helfen, die kann ja den Regen nicht kontrollieren und wegschicken. Vielleicht die Versicherungen? Leider ebenfalls nicht, denn die versichern einen gegen bestimmte Schadensfälle gar nicht mehr. Mist! Vielleicht hätte man doch schon früher ... Windräder oder so, auf dem Feld vor dem Dorf. Was diese Grünen eben immer so vorschlugen ... Gegen all das hat man sich seinerzeit jedoch zusammen mit den anderen aus der Nachbarschaftsinitiative erfolgreich gewehrt.

Ich suche die Pointe, doch es gibt einfach keine. Der Mann will, dass die Situation irgendwie so bleibt, wie er es sich immer vorgestellt hat, wie er sich eingerichtet hat. Er ist schon auch an der Welt interessiert, das ja, hat einen Freundeskreis und streitet sich ansonsten auch gar nicht mit seinen Nachbarinnen und Nachbarn herum. Es gibt keinen Ausweg für seine Unzufriedenheit. Wenn man fragt, wie es ihm geht, sagt er: Gut, denn er habe sich eingerichtet. Wenn man fragt, wie es seiner Ansicht nach dem Land geht, sagt er: Ganz furchtbar, es funktioniert wirklich gar nichts. Die Bahn (benutzt er nie, aber stimmt ja), die Verwaltung (bei ihm im Ort geht es noch ohne Wartezeiten, so was haben die nur in der Stadt), überhaupt die Bürokratie. Und die Sicherheit, die Polizei, die sich nicht um die Bürgerinnen und Bürger kümmert. Und dann sind wir wieder bei der Anliegerstraße und ihm, dem Anliegerstraßenanlieger, der das Anliegen hat, nicht gestört zu werden. Und ich bin ratlos, weil die so willkürliche wie nicht zu stillende Wut offensichtlich nichts mit dem Anliegen und dem Anlieger, wohl aber mit der Seelenlage insgesamt zu tun hat.

—

Manchmal, wenn ich Seelenlagen nicht verstehe, frage ich meine Schwiegerschwester. Sie ist Psychiaterin, und ich erzähle ihr von der Wut, der ich so oft begegne, und davon, dass es mir mitunter schwerfällt, sie einzuordnen oder, noch genauer, ihre Unverhältnismäßigkeit zu verstehen. Manches adressierte Problem scheint mir einfach zu klein für diese so große Wut zu sein. Wohlgemerkt, nicht zu klein im Vergleich zur schwierigen Weltlage, sondern eher im Vergleich zu all den anderen Problemen, die dieselbe Person eigentlich auch umtreiben und belasten. Was ist schon eine Baustelle gegen, sagen wir, die Krebserkrankung einer engen Freundin?

Warum gerät ein System so sehr ins Ungleichgewicht?, frage ich also die Expertin. Sie erzählt davon, wie oft sie mit ihren Patientinnen und Patienten über das Positive in deren Leben redet. Davon, dass sie diese anhält, rauszugehen – samt Schrittzähler für Erfolgserlebnisse und zur Motivation –, oder dass sie Paare an gute Zeiten erinnert. So weit, so normal, denke ich. Aber was ist mit dieser neuen Wut? Begegnet sie ihr auch? Ist das irgendwie anders als früher? Wenn ja, wie geht sie damit um?

Klar, sagt sie, auch sie beobachtet diese Wut. Es gibt sogar einen Namen dafür: »Verbitterungsstörung«. Sie wird in Fachkreisen breit diskutiert. Bekannt ist sie in der Psychiatrie spätestens seit 1915. Damals nannte sie der Psychiater Emil Kraepelin in einem Lehrbuch »Querulantenwahn«.

In der Pandemie hat diese Verbitterung zugenommen. Rational kann man sagen: Wirtschaftlich wurden die meisten durch die Pandemie verursachten Schwierigkeiten zumindest abgefedert. Aber seelisch? Es gibt ja längst ein Einsehen, dass es beispielsweise falsch war, Menschen allein sterben zu lassen oder Kinder aus den Kindergärten und Schulen auszusperren, ja ihnen sogar den Besuch von Spielplätzen zu verbieten. Und immer, wenn ich in Diskussionen sage, dass es mir wirklich von Herzen leidtut, wir hätten die damalige Regierung gestützt, aber vieles eben auch noch nicht gewusst, und uns sei es darum gegangen, so viele verletzliche Menschen wie möglich zu schützen, gibt es allgemeines Nicken im Saal.

Das Interessante an der behandlungsbedürftigen, posttraumatischen Verbitterungsstörung ist jedoch, dass es sich dabei, anders als zum Beispiel bei der posttraumatischen Belastungsstörung, um ein »lebensübliches« Trauma handelt. Sie wird also durch Dinge oder Erfahrungen ausgelöst, die viele Menschen in ihrem privaten oder beruflichen Kontext durchmachen. Manche fühlen sich, ihr Leben und ihr Werte grundsätzlich und manchmal regelrecht plötzlich infrage gestellt. Kommen dann noch Jobverlust oder private Krisen hinzu, wird es in mehrfacher Hinsicht problematisch. Untersuchungen der Erfurter Psychologin und Gesundheitsforscherin Cornelia Betsch ergeben im Kontext der Pandemie und der Postpandemie ein ähnliches Bild: Das Verbitterungsbarometer steigt an. Falsche politische Entscheidungen haben daran gewiss ihren Anteil. Doch noch mehr scheinen zwei andere Tatsachen zu einer Verschärfung beizutragen: einerseits, dass Menschen sich während und mit der Pandemie bereichert haben und mitnichten alle davon bestraft wurden; andererseits – und noch problematischer im Hinblick auf künftige, ähnlich umfassende Krisen –, dass im Umgang mit der Pandemie die Erkenntnisse der Verhaltenswissenschaften so gut wie keine Berücksichtigung fanden. Mediziner und Modellierer fanden Gehör, Psychologinnen eher weniger. Anders übrigens als Erkenntnisse zur Ausbreitung des Virus oder zum Impfschutz, die zu dem Zeitpunkt weit weniger gesichert waren. Oft ging es Kritikern einfach nur darum, dass Maßnahmen nachvollziehbar sein sollten, dass ihre Wirksamkeit überprüft würde, dass es gerecht zuging und Rechte nicht unnötig beschnitten würden. Insofern ist es durchaus nachvollziehbar, dass sich die politische Überforderung in individueller Verbitterung widerspiegelt.

Auffallend ist, dass die ebenfalls erforschte und häufig diagnostizierte Verbitterungsstörung ostdeutscher Menschen nach der friedlichen Revolution und der Wiedervereinigung in den 1990er-Jahren kaum größer debattiert wurde. Stattdessen kamen die diktaturgewöhnten Ostdeutschen, denen der Staat immer gesagt hatte, was sie zu glauben, zu wissen und zu tun hatten, vielen Westdeutschen irgendwie komisch und vor allem undankbar vor. Schließlich hatten sie doch jetzt offene Grenzen, die D-Mark und, nicht zu vergessen, den Soli, mit dem ihre Straßen, Bahnhöfe und Plätze so schön gemacht wurden. Dass ihr Leben mehr oder weniger von einem Tag auf den anderen auf den Kopf gestellt wurde, dass Eltern ihren Kindern die Welt und deren Gefahren und Möglichkeiten nicht mehr hinreichend erklären konnten, dass in all der Verunsicherung sehr konkrete falsche und nicht zu reparierende Entscheidungen getroffen wurden, spielte in der Wahrnehmung quasi keine Rolle. Die Ostdeutschen sollten sich gefälligst freuen.

Viele taten das im Übrigen auch, nutzten ihre Chancen und blieben auch in schwierigen Zeiten davon überzeugt, dass Freiheit und Demokratie nun einmal mit das Beste sind, was Menschen und Gemeinwesen widerfahren kann. Vielleicht wäre es angesichts dieses Befundes klüger, nicht immer nur über die in der DDR erbrachte »Lebensleistung« zu reden, die man anerkennen sollte, sondern weitaus stärker die Resilienz all der vielen zu würdigen, die die Veränderungen hingenommen, mitgemacht und mitgetragen haben. Sie mussten alles im Schnelldurchgang lernen, und sie hatten in der Regel keine Erbschaft als Absicherung in Aussicht.

Natürlich ist die Verbitterungsstörung keine Volkskrankheit, und nicht jeder Missmut ist gleich behandlungsbedürftig. Und doch ist inzwischen womöglich zu viel Bitternis in unsere Gesellschaft eingesickert, als dass wir einfach im Normalmodus von Entscheidungen und Prozessen weitermachen könnten. Deswegen erscheint es mir wenig hilfreich, immer nur darauf zu verweisen, zu viele Menschen seien zu veränderungsmüde, und die vielen Krisen würden ihnen nun einmal besonders viel abverlangen.

Ich frage die Psychiaterin nach einer möglichen Therapie. Und was sie mir erklärt, scheint mir durchaus auf unser gemeinsames Problem übertragbar. So versucht man etwa, Patientinnen und Patienten mit Anpassungsstörungen und Verbitterungsreaktionen dazu anzuregen, sich in die Rolle des Gegenübers hineinzudenken. Auf die parlamentarische Demokratie angewandt, hieße das schlicht, sich immer wieder zu fragen, ob denn der oder die andere nicht auch recht haben könnte. Vielleicht würde es den Wütenden, den Verbitterten und ebenso denen, die über jene verwundert sind oder gar Angst vor ihnen haben, ja schon helfen, wenn sie so weise wären, sich für einen Moment die Schuhe oder die Jacke des jeweils anderen anzuziehen.

Das ist vielleicht keine sensationelle Erkenntnis, und trotzdem geschieht genau das nach wie vor viel zu selten. Zurückschreien oder Belehren-Wollen scheint jedenfalls eher der Normalfall zu sein. Wie aber soll man dann noch Kompromisse finden?

Ich erinnere mich an eine Veranstaltung bei Eisenach, in der es um Kultur im ländlichen Raum gehen sollte. Das Ganze konnte nur unter Polizeischutz stattfinden. Zivilisierter Protest ist okay, aber unhaltbar wird es, wenn ein Dialog schon im Keim erstickt werden soll. Wenn andere eingeschüchtert werden sollen. Außerdem: Ich kann nach Veranstaltungen den Ort wieder verlassen, meine Gesprächspartnerinnen und Gesprächspartner aber leben dort, ohne Polizeischutz.

Den Bürgermeister des Veranstaltungsortes treffe ich ein paar Monate später wieder. Er hatte sich für das Thema damals interessiert, hatte Ideen, wollte etwas beitragen. Inzwischen hat er es im Gemeinderat mit erstarkten rechten Populisten zu tun, die all das eben nicht wollen. Trotzdem macht er weiter. Ich habe großen Respekt vor ihm. Und dann danken wir uns gegenseitig dafür, dass wir nicht klein beigeben, dass wir Mut und Entschlossenheit behalten, denn wir finden beide, dass Freiheit und Demokratie keine Selbstverständlichkeit sind. Sie müssen jeden Tag aufs Neue verteidigt werden, im Parlament wie am Kaffeetisch.

—

Wann beigeben, wann weggehen, wenn es nicht mehr erträglich scheint? Diese Frage kehrt immer wieder. Kolleginnen und Kollegen haben den Bundestag verlassen, weil sie das Leben unter ständigen Anwürfen und Bedrohungen nicht mehr aushalten wollten. Schon in der DDR gab es diejenigen, die sich entschieden haben, das Land verlassen zu wollen, die sogar ins Gefängnis mussten, weil sie daran festhielten, nicht bleiben zu wollen. Es gab immer wieder Debatten, manchen Verdruss, Trauer, aber auch Bleibende, die sich ausdrücklich für die Gehenden einsetzten. Ich gehörte zu denen, die unbedingt bleiben wollten und, wenn es sein musste, »das Licht ausmachen« würden in der DDR, weil ich nicht einfach aufgeben wollte, nicht aufhören zu hoffen, dass Veränderung, wirkliche Veränderung, möglich sei. Ich denke heute wieder an die Zeit, etwa dann, wenn ich erfahre, dass Timothy Snyder und einige seiner Kolleginnen und Kollegen aus der Wissenschaft aus den Trump-geprägten USA ausgewandert sind, weggegangen sind von ihren Universitäten, anderen den Kampf überlassen. Natürlich haben sie jedes Recht dazu. Und doch ertappe ich mich bei einer Mischung aus Wunsch und Aufforderung, sie mögen doch bitte bleiben! Freilich ahne ich, dass sie von außen womöglich mehr erreichen können, um Aufmerksamkeit und Entschlusskraft zu erzeugen, so wie die Freundinnen und Freunde der Menschenrechtsorganisation Memorial mit Blick auf Russland oder seinerzeit Wolf Biermann nach seiner Ausbürgerung aus der DDR.

Der Bürgermeister jedenfalls bleibt und ich auch. Heldinnen sind wir deswegen nicht, sondern Demokratinnen, die im Weinberg der Freiheit arbeiten, auf unsere Weise. Andere tun es anders, oder sie haben gerade keine Kraft mehr dafür. Und natürlich ist das in Ordnung, zumindest für den Moment.

—

Was ist nun los in all diesen lauten oder leisen Wutseelen? Sehr unterschiedliche Menschen zeigen, sagen und erläutern mir, was sie wütend macht. Im Grunde seit Jahren. Während meiner Treffen höre ich mehr davon, intensiver, offener. Und danach erscheint es mir naiv, zu denken, die Wut wäre nur äußerlich, und dahinter verbärgen sich letztlich doch zugewandte, solidarische, verträgliche Menschen. Denn so einfach ist es leider nicht. Die Wut ist viel grundlegender, weshalb ihr nicht mit den gewöhnlichen Methoden beizukommen ist. Es gibt keinen einfachen Masterplan, mit dessen Umsetzung sich die Wut mal eben wieder (und gar dauerhaft) runterkühlen lässt. Und erst recht kann man ihr nicht mit Geld oder »Respekt« beikommen, denn dazu hat sie schon viel zu tiefe Wurzeln geschlagen.

In Gesprächen mit meinem Mann kommt ein wissenschaftlicher Blick auf diese Wut hinzu. Er befasst sich seit Jahren als Kirchenmann mit der Zukunft im Weniger. Es sei sicher kein Zufall, sagt er, dass der Soziologe Andreas Reckwitz jüngst von einer »spätmodernen Verlusteskalation« gesprochen hat,[4] in der die moderne Fortschrittsverheißung von immer mehr Freiheit und Gerechtigkeit schwächelt. Ob man bei diesen Verlusten an die zunehmend prekäre Situation der einfachen Dienstleister denkt oder an die immer bedrohlicheren Folgen des Klimawandels,[5] an den Aufschwung von autoritär ausgerichtetem Rechtspopulismus oder an das sich ausbreitende Gefühl, verletzbar zu sein, welches die je eigenen Verluste in den Mittelpunkt stellt – immer wächst sowohl die Wut auf »die da oben« als auch die Sehnsucht nach einfachen Lösungen. So gesehen kann Reckwitz sogar die verzweifelten Aktionen der »Letzten Generation« verstehen, denn auch wenn sie in der Form völlig überzogen waren, stehen sie doch auf ihre Weise für einfache Lösungen.

Gerät mit dem Ende der Fortschrittsverheißung des »Immer besser, schneller und größer« auch die Demokratie in Bedrängnis? Kann unsere Demokratie auch ohne Wachstumsversprechen auskommen? Wirft man einen Blick auf einen anderen Seelentypus unserer Tage, kann man zumindest bei der letzten Frage durchaus ins Zweifeln geraten, denn das Wurzelwerk der Wut ist vor allem Angst. Die Angst vor Veränderung, vor Abstieg, vor Zumutungen, die mir meinen vertrauten Alltag wegnehmen. Und diese Angst ist keineswegs nur unbegründet, allen Beschwörungen von Respekt, Hilfe und Solidarität zum Trotz.

»Angst fressen Seele auf«, das wusste schon der Filmemacher Rainer Werner Fassbinder in den 70er-Jahren. Und angefressene Seelen suchen Schuldige. So entstehen Hass und Aggression gegenüber »den anderen« – seien es Institutionen, seien es Volksgruppen, seien es Parteien oder einzelne Menschen. Stets wendet sich diese Angst nach außen, gegen andere. Und dabei sorgt sie für Verletzungen, die lange anhalten, mitunter ihrerseits Wut und Bosheit wecken, manchmal aber auch erstaunliche Widerstandskräfte freisetzen.

2
VERWUNDUNGEN

Im Oktober 2024 bin ich bei Charlotte Knobloch. Eigentlich will ich sehr viel sagen. Über den Antisemitismus in meinem Land, und dass ich mich schäme dafür, dass Jüdinnen und Juden sich hier unsicher fühlen. Ich will sagen, dass ich alles versuche, dem entgegenzuwirken, stabil zu bleiben, und auch nicht den Mund zu halten, wenn nötig. Und dann sitze ich bei dieser 91-jährigen Dame, und sie redet. Wir treffen uns einen Tag vor Rosh Hashana, dem jüdischen Neujahrsfest. In der unteren Etage ist schon die Festtafel gedeckt. Die Schabbatklingel an der Tür weist darauf hin, dass es hier fromm zugeht. Alles daran ist Normalität, auch die Synagoge nebenan, die Israelitische Kultusgemeinde, die fröhliche Erwartung der Gläubigen. Und doch wirkt nichts mehr daran normal – nicht mehr heutzutage. Polizei und Sicherheitskräfte stehen um das Gebäude postiert. Jüdinnen und Juden sind längst nicht sicher, weder in Synagogen noch im Café, in der Uni oder auf der Straße.

Charlotte Knobloch, die Grande Dame des jüdischen Lebens in Deutschland, hatte immer ihre Heimat München ganz oben im Herzen. Hier leben, hier reden, Teil von allem sein – so sah sie sich stets. Zum ersten Mal, seit ich sie kenne, redet sie nun aber vor allem über Israel, über das Trauma des 7. Oktober und ihre Unzufriedenheit mit der deutschen Außenpolitik. Es ist eine grüne Außenministerin, also müsste ich doch jetzt eigentlich reagieren. Später!, denke ich dann, denn Charlotte Knobloch redet konzentriert weiter. Sie sagt, dass die Demokratie gerade verunstaltet werde, und nennt als Beispiel dafür ein Protestcamp, das es gegenüber der Universität in München gibt. Die Parolen, die dort skandiert würden, seien eine Gefahr für die Demokratie. »Den Staat Israel zu beschuldigen, dass er palästinensische Kinder zu medizinischen Zwecken tötet, hat mit legitimer Kritik an seiner Politik nichts zu tun.«

Und dann fällt der Satz, der mich mehr erschüttert als alles, was sie bis dahin gesagt hat, ja, was irgendwer gesagt hat in diesen Tagen nach dem brutalen Angriff der Hamas. »Ich verspüre eine gewisse Zurückhaltung uns gegenüber, auch von Menschen, die uns positiv gesinnt sind. Da hat sich etwas entwickelt, was man nicht genau erklären kann. Die jüdische Bevölkerung ist in großer Unruhe.« Sie redet weiter über diese Zurückhaltung der Deutschen, ihrer Freunde, ihrer eigentlich Verbündeten. Nicht, dass die sich verstecken würden, aber sie schweigen etwas zu viel, sie schauen etwas zu deutlich weg, sie sind etwas zu stumm.

Auch ich fühle mich getroffen. Wie kann es sein, dass die *Jüdische Allgemeine* mittlerweile in einem neutralen Umschlag versendet werden muss? Dass Eltern jüdischen Glaubens es als gefährlich empfinden, ihre Kinder in die jüdische Grundschule zu bringen? Dass es für Juden und Jüdinnen schlicht ein Problem ist, ihre Religion offen zu zeigen? »Der Hass ist Realität«, erklärt Charlotte Knobloch. »Ich spreche nicht mehr von Antisemitismus, sondern von Judenhass. Das trifft es, worum es geht.« Wut und Enttäuschung dringen ihr aus der Seele. Es ist zutiefst verstörend, dass ausgerechnet sie, die Deutschland so viel Vertrauen und Vorschuss und auch etwas wie Befriedung gegeben hat, die als Kind den Holocaust im Versteck auf dem Land überlebte – dass gerade sie jetzt sagen muss, es werde Zurückhaltung geübt, anstatt das Notwendige zu tun. Hier hilft keine noch so oft beschworene Staatsräson, denn hier scheitert das Wir. Plötzlich geht es um »ihr« und »wir«, das Mitgefühl mit der verletzten Seele des Judentums schwächelt, verhärtet, schwingt ab.

Ich sage Charlotte Knobloch dann, am Ende unseres Gespräches, doch noch vieles von dem, was ich schon anfangs sagen wollte, weil ich die deutsche Schuld, die Schuld meines Landes so stark spüre und ihre Einsamkeit nicht ertrage, ihre und die aller Jüdinnen und Juden. Und ich weiß zugleich, dass ich niemals fühlen kann, was sie fühlt. Ich habe so viel über die Schoah gelernt und hoffentlich verstanden, wie es nur geht; aber ich bin eben auch Teil der Tätergeschichte. Es geht mir nicht aus dem Kopf seither. Zurückhaltung auf der einen, zurückgelassene Seele auf der anderen Seite.

»Ich habe immer noch die Hoffnung«, sagt Charlotte Knobloch zum Abschluss unseres Gespräches, »dass diese Zurückhaltung, die ich zu spüren glaube, keine Zukunft hat, sondern dass umgekehrt die Themen, die uns sehr wehtun, keine Zukunft haben. Es ist mein sehnlichster Wunsch, dass jüdische Menschen in Zukunft so leben können, wie jeder Mensch hier in unserem Land leben kann.« Mir stehen Tränen in den Augen. Ich denke an meinen Vater, der lange tot ist, aber zu der Tätergeneration gehörte und »nicht alles schlecht« fand, was im Nationalsozialismus geschah. Ich frage mich, ob ich mit ihm wohl heute überhaupt reden könnte über seine mutmaßlich erhebliche Wut. Ich denke an Hitlers Buch, das versteckt auf seinem Schrank lag, und welche Erbschuld auch auf mir lastet, die ich wohl nicht werde abtragen können.

Offener Judenhass ist zurück auf Deutschlands Straßen. Jüdische Mitbürgerinnen und Mitbürger nennen heute oft lieber dem Taxifahrer nur eine Adresse in der Nähe der Synagoge und gehen dann den restlichen Weg zu Fuß. Vor koscheren Restaurants steht

Polizeischutz. Antisemitismus greift um sich. Seit dem Massaker der Terrorgruppe Hamas am 7. Oktober 2023 und dem Krieg in Gaza verhärten sich auch in Deutschland die Fronten. Schwarz oder weiß: Israel als Lebensversicherung für Jüdinnen und Juden weltweit oder aber als Terrorstaat. Die Debatte lässt kaum Raum für Zwischentöne. Der Konflikt ist auch an Universitäten präsent. Er hat viele junge Menschen zum ersten Mal politisiert.

Es herrscht inzwischen ein Gefühl der Ohnmacht, weil wir den Konflikt nicht gut und zielführend besprechen können. Die beiden Gruppen verhärten sich immer weiter, schaffen es immer weniger, das Leid der jeweils anderen zu sehen und anzuerkennen. Das Leid und das Elend in Gaza sind dramatisch. Wer das zum Thema macht, ist nicht automatisch Antisemit; es ist wichtig, das deutlich zu sagen. Gleichwohl ist Israel immer bedroht, faktisch von allen Seiten in der Region. Und es ist ein demokratisches Land, dessen Regierung wahrlich jederzeit kritisiert werden kann und auch wird. Aber es geht eben um die Existenz des Landes. Und wir können nicht hinnehmen, dass sich Juden und Jüdinnen in unserem Land nicht sicher fühlen. Allein in den drei Monaten nach dem 7. Oktober wurden in Deutschland 2249 antisemitisch motivierte Straftaten im Land gezählt.[6] Und es geht immer weiter.

Das darf nicht sein. Unser Auftrag ist es, jüdisches Leben in Deutschland dauerhaft zu schützen. Jüdinnen und Juden müssen sich hierzulande zu jeder Zeit sicher und zu Hause fühlen können. Sie müssen ihre Kinder ohne Angst zur Schule, in den Kindergarten, in den Sportverein bringen können. Sie müssen in die Synagoge gehen und ihren Glauben ungestört leben können.

Ich weiß, dass das für die einen zu staatstragend und für die anderen zu floskelhaft ist. Ich will diese Sätze hier dennoch schreiben, weil ich selbst nicht vergessen will, was eigentlich normal sein sollte; weil ich will, dass das Wir, von dem Charlotte Knobloch spricht, es nicht vergessen darf.

Dazu gehört auch, dass der Vorwurf des Genozides gegenüber Israel auf der Berlinale-Bühne eingeordnet werden muss und nicht nur einfach beklatscht werden darf. Ebenso gehört dazu, dass wir differenzieren müssen. Der Dokumentarfilm *No Other Land*, der 2024 einen Preis bei der Berlinale gewonnen hat, wurde mit dem Vorwurf konfrontiert, antisemitische Tendenzen zu haben. In dem Werk des israelischen Regisseurs Yuval Abraham geht es um die Vertreibung von Palästinenserinnen und Palästinensern aus den Dörfern von Masafer Yatta südlich von Hebron im Westjordanland. Auch der deutsche Botschafter in Israel, Steffen Seibert, schaltete sich in die Diskussion ein und schrieb auf X, dass die Anschuldigung der antisemitischen Tendenzen hier schlichtweg falsch sei. Der Film zeige eine harte Realität und stelle sich auf die Seite der Palästinenser, deren Häuser abgerissen würden. Über die politischen Aspekte könne man freilich streiten.

Der Konflikt triggert in jedem Fall Emotionen und Streit. Das sieht auch der jüdische Publizist Michel Friedman so. Er spricht über die dramatische Zunahme des Judenhasses in Deutschland. Unter anderem äußerte er anlässlich des ersten Jahrestages des 7. Oktober in einem öffentlichen Gespräch mit Robert Habeck, er könne mit seiner Familie nicht so leben wie nichtjüdische Familien im Land. Und er frage sich, ob unsere Gesellschaft genug Widerstandskraft gegen den wachsenden Judenhass entwickele. Seiner Meinung nach findet eine Normalisierung von Antisemitismus statt. Aus vielen verschiedenen Lagern gerieten jüdische Menschen unter Druck.

Der Pianist Igor Levit beschrieb in einem Interview mit der Wochenzeitung *DIE ZEIT* kurz nach dem Terrorangriff der Hamas, dass er sein Grundvertrauen in das, was Gesellschaft in

Deutschland sei, verloren habe. Immer wieder fühle er Momente, in denen er am liebsten schreien würde: »›Tod den Juden‹ heißt ›Tod der Demokratie‹.«[7]

Der 38-Jährige zählt zu den wichtigsten politischen Stimmen seiner Generation. Er positioniert sich gegen Rassismus, Antisemitismus und jede andere Form der Ausgrenzung von Minderheiten. Inzwischen spielt er immer mal wieder mit dem Gedanken, Deutschland zu verlassen. Levit wurde in Russland geboren, mit acht Jahren kam er als jüdischer Kontingentflüchtling nach Deutschland.

Igor und ich kennen uns seit vielen Jahren. Wir treffen uns zufällig morgens um sieben im Zug. Zu früh für mich wie für ihn, aber wir haben uns wenig gesehen seit dem Angriff der Hamas. Also reden wir – er vor allem. Und ich sitze da und will wieder um Verzeihung bitten, wie bei Charlotte Knobloch auf dem Sofa. Ich verstehe und teile Igors Wunsch, schreien zu wollen. Das jüdische Leben in Deutschland zu schützen und zu stärken, die Erinnerung an die Schoah wachzuhalten und Gedenkstätten mit ihrer Bildungsarbeit zu fördern, all das ist nicht einfach nur eine Option, nein, es ist unverzichtbar angesichts der historischen Schuld unseres Landes.

Ich denke noch einmal an das Gespräch mit Charlotte Knobloch. Ihr Leben lang hat sie sehr vernehmlich gegen das Vergessen gekämpft. Noch immer hält sie Vorlesungen an Universitäten und lässt Studierende teilhaben, wenn sie laut denkt. Gerade mit jungen Menschen will sie über das reden, was war, und das, was gerade ist. »Das Vertrauen ist erschüttert«, sagt Charlotte Knobloch oft vor den Studierenden. Wer es ernst mit »Nie wieder« meine, müsse jetzt laut sein.

Was macht das mit ihrer Seele, wenn ihr Lebenswerk so unter Druck gerät? Wie hält sie das aus? Charlotte Knobloch sagt, sie habe weiterhin Hoffnung, und ihr Glaube gebe ihr Halt. »Ich wünsche mir Frieden. Und dass wir uns klarmachen, welche Gnade Gottes eigentlich mit uns ist – mit uns Menschen, und dass wir das erleben können, was wir an Positivem erleben und auf das man aufbauen kann. Das wäre sehr wichtig. Nur gemeinschaftlich hat unser Leben einen Sinn und hat es eine Zukunft.«

—

Wenn wir unser in Teilen wütendes Land ansehen, dann wiederholen sich sichtbar die Brutalität, die Häme, die Ausgrenzung auch gegen andere Gruppen. Straftaten gegen queere Menschen etwa haben in den vergangenen Jahren deutlich zugenommen. Die Queerfeindlichkeit, so scheint es, ist salonfähig geworden. Hier ein zufälliger Ausschnitt aus entsprechenden Meldungen:[8]

Bautzen, 8. Juli 2023: Beim ersten CSD in Bautzen pöbeln Rechtsextreme, beleidigen und werfen Eier auf die Demonstrierenden.

Berlin, 18. September 2023: Zwei Frauen, die Hand in Hand durch den Stadtteil Neukölln gehen, werden von einer Gruppe Jugendlicher angegriffen.

Nürnberg, 27. Oktober 2023: Zum wiederholten Mal wird das Denkmal für homosexuelle Opfer des Nationalsozialismus am Sterntor beschädigt.

Bremen, 1. Mai 2024: Ein Unbekannter soll eine 31 Jahre alte trans Frau in einer Bar im Steintorviertel beleidigt und mit einem Messer attackiert haben.

Dass Menschen aufgrund ihrer Sexualität oder ihres Geschlechts angegriffen werden und sich in unserem Land nicht überall sicher fühlen können, will ich nicht akzeptieren. Die Berliner Polizeipräsidentin etwa warnte offen homosexuelle Menschen vor bestimmten Bereichen der Hauptstadt.

Es gibt für mich keinen Grund, warum die Liebe der einen nicht genauso viel zählt wie die Liebe der anderen. Als Fraktionsvorsitzende habe ich 2017 anlässlich der entsprechenden Gesetzesänderung gesagt: »Es ist genug Ehe für alle da.« Es erschüttert mich, wenn mir schwule Freunde erzählen, dass sie in der Bahn besser nicht Händchen halten und dass sie bezweifeln, dass das Gesetz zur Öffnung der Ehe heute noch einmal so beschlossen würde. Nach jahrelangem Ringen brachte ein fast lapidarer Interviewmoment von Angela Merkel, die einen Angriffspunkt für den Wahlkampf 2017 auf einer Theaterbühne abräumen wollte, den Durchbruch. Die Ehe für alle wurde Wirklichkeit.

Doch wie steht es heute um die Akzeptanz? Einerseits findet eine Normalisierung von queerem Leben statt. In Kinderbüchern werden die unterschiedlichsten Familienmodelle abgebildet. Die Botschaft: Familie ist mehr als »Mutter, Vater, Kind«. Andererseits stößt man, wie gesehen, nach wie vor auf viel Hass und Diffamierung. In Berlin wurde beispielsweise ein Lehrer von muslimischen Schülern beleidigt, weil er auch in der Schule offen mit seiner Homosexualität umgeht. Und anscheinend ist eine Debatte nötig über die Herkunft der Queerfeindlichkeit. Mir ist es allerdings egal, wo sie herkommt. Sie gehört hier nicht hin, nicht in ein freies, tolerantes Land. Es gelten auch in dieser Hinsicht unsere Gesetze, und zwar für alle.

Auch das Selbstbestimmungsgesetz ist eine große Errungenschaft unserer Demokratie. Es geht um die Würde von Menschen, die ihren Geschlechtseintrag ändern wollen. Das Vorgängergesetz war zudem als verfassungswidrig eingestuft worden, weil die erfochtene Selbstbestimmung mittels Gutachten und Gerichtsentscheide oft diskriminierend, aber auch entwürdigend für Transpersonen war. Wahrscheinlich ist es schwer vorstellbar für viele, aber die eigene Identität, die meist schon kompliziert genug von einem selbst gesucht und gefunden worden war, nun auch noch mehrfach begründen zu müssen und »untersucht« zu bekommen, war alles andere als ein würdevoller Umgang.

Die neue Gesetzgebung wird nun auch genutzt, um Stimmung gegen queere Menschen zu machen. Dabei ändert sich dadurch für die allermeisten überhaupt nichts, für einige wenige aber ganz viel – und zwar zum Positiven. Und dennoch fühlen sich die, für die sich nichts ändert, dadurch offensichtlich provoziert.

Fast alle, die zur queeren Gemeinschaft gehören, erfahren in unserer Gesellschaft Verwundung durch Gewalt, Missbrauch oder Ausgrenzung. Das erzählt mir auch Danjel Zarte. Heute betreibt er einen Club und ein Café, die offen sind für queere Menschen und in denen sich jede andere auch wohlfühlen kann. Aufgewachsen ist er in Düren (Nordrhein-Westfalen). Schon als Kind hat er gespürt, dass er ein »bunter Vogel« ist. Er lackierte sich als Schüler gern die Nägel und wurde deshalb als »anders« abgestempelt und als Störfaktor wahrgenommen. »Das war sehr traumatisch für mich und eine meiner größten Herausforderungen.« Danjel spricht von einem Dauermobbing, das er in der Schule erfahren habe. Regelmäßig sei er von Mitschülern auf dem Schulklo eingeschlossen und sogar in den Müllcontainer geworfen worden. Übergriffe haben seine Schulzeit geprägt. Erst spät stand er dazu, dass er schwul ist – er traute sich lange nicht, das offen zu sagen.

Oft wurde er mit seinem Vater verglichen, der als Kind ebenfalls auf seine Schule gegangen war. »Es war dann so, dass ich mir regelmäßig anhören musste, ich solle mir doch meinen Vater als Beispiel nehmen, er sei ja ein besserer und erfolgreicher Mann, und wenn ich so werden wolle wie er, dann hätte ich dies und das zu tun. Es war einfach so, dass die Pädagogen sich von meiner Anwesenheit gestört gefühlt haben.«

Danjel entstand durch einen One-Night-Stand. Kontakt zu seinem Vater hatte er zwar, eine Bilderbuch-Vater-Sohn-Beziehung herrschte aber nicht. »Mein Vater hat generell meine Sexualität nie akzeptieren können«, erzählt Danjel. Sein Vater war Chef einer großen Baufirma. Als sich in Düren herumsprach, dass Danjel schwul ist, hat die Firma angeblich Aufträge verloren. Eine schwierige Situation für Vater und Sohn. »Die Offenheit, die ich zu vielen Themen habe, hatte mein Vater nicht. Was aber auch daran liegt, dass er als Kind von einem Mann missbraucht wurde. Das hat er mir erst drei Tage vor seinem Tod erzählt. Trotzdem hat er mich geliebt, soweit er es durch dieses schlimme Trauma zulassen konnte.«

Danjel verstand erst kurz vor dem Tod des Vaters, warum dieser seine Sexualität sein Leben lang abgelehnt hat. Heute kann er mit der erfahrenen Zurückweisung durch seinen Vater umgehen, er hat Frieden mit ihm geschlossen. Danjels Mutter hatte hingegen nie ein Problem mit seiner Sexualität. Sie machte sich nach seinem Outing eher Sorgen darüber, welche gesellschaftlichen Hürden auf ihn zukämen. »Meine Mutter war immer fein mit meiner sexuellen Ausrichtung, wir hatten andere Herausforderungen. Sie hat beispielsweise nach meinem Outing jede Menge Anfeindungen bekommen. Auch beim Bäcker: ›Das ist doch die Frau Zarte, das ist doch die mit dem schwulen Sohn.‹« Danjel erzählt mir das alles mit einer gewissen Lockerheit – vieles habe er dank einer Therapie verarbeitet. Über das meiste könne er deshalb heute offen reden.

Ich bin mir sicher, dass all diese Erfahrungen einen Jugendlichen stark erschüttern und verunsichern. Und bin beeindruckt, dass Danjel die negativen Erfahrungen in etwas Positives wandelt und Unterstützung für queere Menschen wie ihn selbst geben will. Wer hat ihm Halt gegeben, als er noch in die Schule gegangen ist und von vielen Seiten Ausgrenzung erfahren hat? Seine Oma, ausgerechnet, also noch eine Generation früher: Sie war die unterstützende Seele an seiner Seite. »Ich habe es Oma abends irgendwann erzählt, auf der Couch. Ich habe ihr gesagt, dass ich Männer liebe. So habe ich das damals ausgedrückt. Und meine Oma war dann ganz süß und meinte: ›Ja, das kenn ich. Das habe ich aus dem Fernsehen.‹ Und dann sagte sie weiter: ›Das ist auch gut so, mein Kind, weil die Frauen wollen eh nur das Geld. Das ist besser.‹« Danjels Oma war immer da für ihn, auf sie konnte er sich verlassen.

Unterstützung hat Danjel außerdem bei der Familie von einer seiner besten Freundinnen erfahren. Die Mutter stammt von den Philippinen, der Vater ist Deutscher. »Die haben mich so ein bisschen adoptiert. Die haben für mich mitgekocht und mir bei den Hausaufgaben geholfen. Wir waren eine Minderheit, die sich dann zusammengefunden hat.« Die Familie war auch für ihn da, als er vor dreizehn Jahren erfuhr, dass er sich mit HIV infiziert hatte. Er kann mittlerweile gut mit der Krankheit leben, die Behandlungsmöglichkeiten haben enorme Fortschritte gemacht. Dass Ärztinnen und Ärzte ihn nicht behandeln wollen, so wie es ihm früher passierte, erfährt er heute nicht mehr. Insgesamt ist er unendlich dankbar für das Gesundheitssystem, das wir in Deutschland haben.

Danjel hat eine Resilienz entwickelt. Beschimpfungen verletzen ihn heute nicht mehr so sehr, er ignoriert sie aber auch nicht. Er wünscht sich, dass es in allen Schulen mehr Aufklärung gibt.

Dass Offenheit und Toleranz gelehrt werden. Denn Unwissen führt zu Angst.

—

Der Vater, der die Sexualität des Kindes nicht akzeptiert. Der völlig andere Werte in sich trägt und mit dem sich die Beziehung immer fremd anfühlt. Der kein Interesse an seinem Kind hat. Der nie da ist. Der weder zuhört noch Ratschläge gibt und der auch nicht dabei ist, wenn das Kind Radfahren lernt. All diese Väter gibt es. Und all diese Erfahrungen mit ihnen führen zu einer Verwundung der Seele.

Ich kenne es, wenn die Beziehung zum Vater nicht von Nähe geprägt ist. Weil man einander nicht verbunden fühlt und die Einstellungen des anderen nicht teilt. Weil irgendwann kein Austausch mehr gelingt.

Ich denke an ein Gespräch mit Wolfgang Büscher, dem Pressesprecher von »Die Arche« in Berlin, einem christlichen Hilfswerk, das sich gegen Kinderarmut engagiert. Er erzählt mir, viele Frauen in der Arche würden die Erfahrung teilen, dass der Mann an ihrer Seite plötzlich weg sei. Dass er sie allein lässt mit Kindern und laufenden Kosten. Dass sie in Not geraten, weil der Mann sich aus der Verantwortung zieht. »Typische Arche-Laufbahn«, sagt Büscher dazu. Ich muss schlucken und finde es schrecklich, dass so viele Frauen immer noch in einem solchen Abhängigkeitsverhältnis zum Mann stehen. Sie brauchen einfach mehr Absicherung, gerade wenn sie Mütter sind. Seit ich in der Politik bin, hat sich daran letztlich wenig geändert.

Das Thema von der Beziehung zum Vater, die nicht immer von Halt, Zuwendung und Liebe geprägt ist, begegnet mir auch in einem völlig überraschenden Zusammenhang. In München treffe ich auf dem Oktoberfest den Wiesn-Chef Clemens Baumgärtner. Er ist Referent für Wirtschaft und Arbeit bei der CSU und will bei der nächsten Wahl als Oberbürgermeister kandidieren. Ein konservativer Typ, gar keine Frage. Ich gehe davon aus, dass wir uns reiben und bei verschiedenen Themen auf unterschiedliche Haltungen stoßen werden, zum Beispiel beim Klimaschutz.

Als Erstes bestellt er für uns alles, was es an Vegetarischem und Veganem im Wiesnzelt gibt, und er weiß Bescheid, denn er isst das alles nicht zum ersten Mal. Dann spricht er sich gleich zu Beginn für die Kernfusion aus, die noch erforscht wird. Das sei *die* günstige, sichere und saubere Energieversorgung der Zukunft. Ich werde bei so einer Aussage emotional und denke automatisch an Atomkraftwerke. Denke daran, dass ich in der Nähe von Tschernobyl war, als ich schwanger war und das noch nicht wusste. Im Winter 1990 bin ich in diese verbotene Zone gegangen, weil da nichts abgesperrt war. Mein Kind ist zum Glück gesund auf die Welt gekommen, aber ich weiß, dass es auch anders hätte kommen können – so nämlich wie bei den vielen Menschen, die in dem Atomkraftwerk beschäftigt waren oder in seiner Umgebung gelebt haben, und wie bei den Einsatzkräften, die an den Aufräumarbeiten beteiligt waren. Sie sind in der Folge an Krebs erkrankt. Für mich sind jedenfalls erneuerbare Energien wie Wind, Sonne, Erdwärme die Zukunft. Clemens Baumgärtner findet sie zu teuer.

Der 48-Jährige und ich treffen uns in der Festhalle »Schottenhamel«, im sogenannten Jugendzelt. Die Besucherinnen und Besucher sind in der Regel nicht älter als dreißig Jahre. Florian Silbereisen sei meistens hier und dieses Mal auch DJ Ötzi, erklärt Clemens Baumgärtner. Die Musik spielt laut. Ich bin immer wieder erstaunt, wie viele dieser Lieder ich kenne. Sie wurden in der Tanzschule meiner Eltern auf den Abschlussbällen am späteren Abend gesungen, auch Seemannslieder. Das ist der Sound meiner Kindheit. Immer wieder läuft »Ein Prosit der Gemütlichkeit«. Das wird auch deshalb so oft gespielt, weil die Besucherinnen und

Besucher dann jedes Mal anstoßen. Etwa 600 bis 800 Liter Bier werden bei jedem Prosit getrunken, erzählt mir Baumgärtner. Über eine Domkamera werden die Gäste im Zelt genau beobachtet. Wird aus Sicht des Zelt-Betreibenden zu wenig getrunken, bekommt die Blaskapelle das Signal, »Ein Prosit« zu spielen.

Über Alkohol als Droge reden wir an dem Tag nicht. Allerdings erklärt Baumgärtner, dass man über die Kameras genau beobachte, ob ein Gast übergriffig werde. Dann setzt es Hausverbot und eine Anzeige obendrein. In diesem Jahr, 2024, werden auf der Wiesn 25 Prozent weniger Straftaten gezählt als im Vorjahr.[9] Baumgärtner führt das auf erhöhte Sicherheitsmaßnahmen zurück. Das Attentat auf einem Stadtfest in Solingen ist zu diesem Zeitpunkt nur ein paar Wochen her.

Clemens Baumgärtner und ich sprechen über den Erfolg der diesjährigen Wiesn. Der Umsatz stimmt. Nur am Nachtisch würde gespart. 8000 Essen müssen die Kellnerinnen und Kellner innerhalb von einer halben Stunde servieren. Kellnern auf der Wiesn ist körperlich extrem harte Arbeit. Der Verdienst ist aber auch extrem gut. Viele, so Baumgärtner, würden davon den Rest des Jahres leben können.

Die Wiesn sei ein Fest, das eigentlich viel zu ungemütlich sei: zu eng, zu laut, zu ruckelig. Den Wohlfühlabstand gebe es nicht. Das führe aber in Kombination mit Alkohol dazu, dass man sich mit seinen Sitznachbarinnen und -nachbarn verbunden fühle, lautet jedenfalls Baumgärtners Theorie. Er wolle ja Menschen eine Freude machen, Geselligkeit und Ablenkung vom oft tristen Alltag schaffen, ein Ausbrechen ermöglichen.

Ich verstehe bald, was Clemens Baumgärtner antreibt. Denn auf einmal kommen wir auf ein ganz anderes Thema – keine Politik, kein Bier, nein: Wir reden über seinen Vater. Seine Mutter, so erzählt er, sei alleinerziehend gewesen, Lehrerin.

Unterhalt zahlte sein Vater zwar, doch den musste Baumgärtners Mutter erst einmal einklagen. Er beschloss auch deshalb, Jura zu studieren, weil er anderen Frauen, die in einer Situation wie seine Mutter waren, helfen wollte, wie er sagt. Mit vierzehn fing er bei der Jungen Union an, mit sechzehn war er in der CSU. Dort erlebte er eine Form von familiärer Gemeinschaft.

In seiner eigenen Familie machte Baumgärtner es anders. Er ist Vater von zwei Kindern. Seine Frau sehe ihn selten, räumt er ein, aber er sei da, wenn er gebraucht werde.

Außerdem kümmert sich Clemens Baumgärtner nach wie vor intensiv um seine Mutter. Zur Eröffnung der Wiesn sei sie sein Stargast. Auch dafür mache er das alles: damit seine Mutter stolz und glücklich ist.

Natürlich ist mir so ein Lebensmodell fremd, und ich würde Baumgärtners Frau gern fragen, wie sie das alles sieht. Gleichzeitig ist das auch kein Einzelfall. Neben den einfühlsamen Vätern, die erleben wollen, wie ihre Kinder aufwachsen, die wissen, welche Kleider- und Schuhgröße sie haben, gibt es eben immer noch die mit dem alten »Ernährermodell« und die Frauen dazu, die das mitmachen und zum Beispiel für die eigene Rente faktisch nicht vorsorgen. Unzählige Male wurde über die Abschaffung des Ehegattensplittings debattiert, um wenigstens dessen finanzielle Anreize zu kappen. Gleichwohl bekam ich bei jeder dieser Debatten Post von Frauen, die ihre Leistung für die Gesellschaft – das Kümmern um die Kinder – durch diese Kappung negiert sahen und auch ihr Recht, so zu entscheiden, wie sie entschieden hatten.

—

Der Zug ist für mich immer auch ein bisschen Zuhause. Ich weiß, wo ich am liebsten sitze und was ich dabeihaben sollte: Trinken und Essen in den passenden Boxen, Ladekabel, einen Schal, falls es zieht, manchmal sogar Socken, falls die Fahrt länger als sechs Stunden dauert. Ich weiß, was ich im Bistro bestellen will, falls es geöffnet hat. Und ich kenne vermutlich fast alle Arten von Aggression, denen man im Zug begegnet, so wie auch freundliche Worte, Anmache und stille Tränen.

Einmal habe ich eine Frau beobachtet, die lange auf ihr Handy blickte und dabei weinte. Und ich dachte: Da hat jemand Schluss gemacht, jemand ist krank oder eine Lieblingstante ist gestorben. Ich bin keine, die im Zug Leute anspricht, denn zumeist möchte ich selbst sehr gern in Ruhe gelassen werden. Denn ich habe mir für die Fahrt meistens etwas vorgenommen. Auf der Hinfahrt arbeite ich: bereite vor, was als Nächstes ansteht, gebe Texte frei, recherchiere, schaue Zeitungen durch – solche Dinge halt. Auf der Rückfahrt ist dann manchmal Freizeit, also lese ich ein Buch, höre Musik – oder ich bereite eben doch den nächsten Tag vor.

Dennoch ist mensch nun einmal nicht allein im Zug. Also fasste ich mir ein Herz und sprach die weinende Frau an, fragte, ob sie Hilfe brauche.

Sie schaute mich irritiert an. »Nein, wieso?«, antwortete sie mit gar nicht tränenerstickter Stimme.

»Weil Sie die ganze Zeit weinen.«

»Ach so«, sagte sie. »Nein, ich lese gerade einen Roman. Eigentlich bin ich eine Frau, die sich den ganzen Tag mit Zahlen und Bilanzen befasst. Und jetzt lese ich so ein unheimlich kitschiges Ding und muss die ganze Zeit heulen, und ja, das ist peinlich.«

»Ist es nicht«, erwiderte ich.

Ganz kurz tauschten wir uns über ein paar Filme aus, die uns beide zum Weinen bringen. Und lachten darüber. Es geht eben immer auch um Gefühle, denke ich.

Angeblich gibt es sogar eine Studie, nach der Menschen weniger missmutig sind, wenn sie häufiger eine unverhofft freundliche Begegnung haben. Das wusste ich zu dem Zeitpunkt noch nicht, es erscheint mir aber sehr einleuchtend. Und falls die Deutsche Bahn diese Studie kennt, ist mir noch einmal klarer, warum nahezu alle, die dort arbeiten, so besonders freundlich sind. Es trägt nämlich dazu bei, den Wutlevel des Gegenübers zu dämpfen.

Weil das Zugzuhause Teil meines Lebens ist, sind es auch die Zugbegleiterinnen und Zugbegleiter. Wenn ich über Wut nachdenke, die Menschen widerfährt, fallen sie mir mit als Erste ein. Knapp 3000 Angriffe gab es im Jahr 2024 gegen Bahn-Mitarbeiter.[10] In Thüringen machte eine Bahnstrecke nach Suhl immer wieder negative Schlagzeilen. In Suhl befindet sich die Erstaufnahmeeinrichtung für Flüchtlinge. Regelmäßig seien Bewohner der Unterkunft in Konflikte mit Zugbegleitern involviert.[11]

In Erfurt treffe ich eine Kundenbetreuerin – so heißen die Zugbegleiter und Zugbegleiterinnen heute. Adrienne Reifhardt nimmt mich mit auf der Fahrt von Erfurt nach Greußen und zurück. Bevor es losgeht, unterhalten wir uns in ihrem Pausenraum am Erfurter Hauptbahnhof. An ihrer Seite ist Sven Hufnagel. Der Klempner schult gerade um zum Kundenbetreuer – Quereinstieg! Sein Körper macht den alten Job nicht mehr mit. »Ich wollte eigentlich Triebwagenführer werden«, erzählt er. »Aber ich habe eine Rot-Grün-Schwäche. Das ging dann nicht.«

Die 24-jährige Adrienne Reifhardt ist seine Ausbilderin. Heute ist die Kundenbetreuerin zum ersten Mal mit einer Bodycam ausgestattet. Deren Nutzung ist freiwillig. In ihrem Bereich machen achtzig Kundenbetreuerinnen und Kundenbetreuer mit. Es gibt aber auch Kolleginnen und Kollegen, die damit nichts anfangen können, weil sie befürchten, problematische Fahrgäste könnten sich davon erst recht provoziert fühlen. Adrienne Reifhardt entscheidet sich für die Bodycam, sie fühlt sich damit sicherer. Schon oft ist sie von Fahrgästen angespuckt und sogar geschlagen worden. Dass Kundenbetreuerinnen angefasst würden, komme ebenfalls vor. »Seit Corona und durch den Krieg sind die Menschen wütender geworden«, erzählt sie mir. »Als es in den Zügen die Maskenpflicht gab, war es besonders schlimm.«

Ich habe das mit der Maskenpflicht damals mitentschieden. Politisch ging es darum, einerseits die Mobilität sicherzustellen und andererseits Ansteckungen mit dem Corona-Virus zu vermeiden. Dass Masken dabei helfen, war seinerzeit (und ist auch heute) kaum umstritten. Aber nicht nur die Maskenpflicht hat das Wutgefühl gegenüber der Bahn befeuert. Schon zuvor sorgten ständige Verspätungen, etwa aufgrund der vielen Baustellen, für Ärger. Adrienne Reifhardt sagt dazu: »Das ist sowohl politisch als auch gesellschaftlich total schwierig, dass man den Leuten sagen muss, erstens: Hier, bezahlt euer Ticket. Zweitens: Wir haben Verspätung, denn wir müssen das mit den Baustellen jetzt machen. Und drittens: Nein, das ist morgen nicht vorbei, es dauert jetzt noch mal wahrscheinlich zehn Jahre oder so, bis man sagen kann, man hat es so weit, dass es dem Standard wieder entspricht.«

Adrienne Reifhardt findet es wichtig, dass die Infrastruktur modernisiert wird. Sie kann aber auch verstehen, dass die Begleiterscheinungen dieser Modernisierung die Fahrgäste zermürbt. Bei einigen eskaliert die Wut. »In der Regel müssen wir zwei- bis dreimal pro Monat die Bundespolizei rufen«, erzählt sie mit einer Nonchalance, die ich bewundere. Sie sagt auch, dass sie grundsätzlich mit jedem zurechtkomme. Sie ist zufrieden in ihrem Job und fühlt sich als Teil des Unternehmens.

13:50 Uhr – wir gehen zum Zug. Die Schicht von Adrienne Reifhardt und Sven Hufnagel beginnt um 14 Uhr und geht an diesem Tag bis 23:40 Uhr. Der Schichtdienst sei schon anstrengend, aber immerhin bekämen sie dafür einen Tag unter der Woche frei. Der Zugführer auf der ersten Fahrt ist ebenfalls Quereinsteiger, er war früher Bäcker. Kurz nachdem der Regionalzug losfährt, starten die beiden mit dem Kontrollieren der Fahrscheine. Gerade beim Deutschlandticket gibt es häufig Diskussionen. »Wir haben das Problem der Drittnutzungen: Menschen reichen ihre Tickets einfach weiter. Und das geht natürlich nicht.« Heute verläuft aber alles ruhig. Alle haben ihre gültigen Fahrscheine dabei. Wie die Bodycam wahrgenommen wird, frage ich. »Sie wird angeschaut. Aber ich glaube, auch durch das Schild hinten.« Denn auch auf der Rückseite der Uniform findet sich gut lesbar der Hinweis »Video«, das muss so sein.

Der Zug fährt wegen einer Baustelle nur bis Greußen. Fahrgäste, die weiterfahren wollen, müssen in den Bus umsteigen. Adrienne Reifhardt und Sven Hufnagel begleiten die Gäste bis zur Bushaltestelle. Dort stehen wir dann und warten auf die, die mit dem Bus ankommen und mit dem Zug weiter Richtung Erfurt müssen. Auf mich wirkt das alles sehr serviceorientiert.

Ich will von Adrienne Reifhardt und Sven Hufnagel wissen, ob bei ihnen manchmal die Angst mitfahre. Angst vor Dienstbeginn haben die beiden nach eigener Aussage nicht. Sie schätzen ihren Job und wünschen sich momentan keinen anderen. Adrienne Reifhardt fühlt eine gewisse Gesamtverantwortung, sie trägt schließlich Uniform.

Ich bin beeindruckt und sage ihr das. Sie findet es aber ganz normal und meint, jede und jeder müsse doch einen Beitrag zum ordentlichen Zusammenleben leisten. Ja, denke ich, wenn das viele so sähen, wäre das Land weniger wütend.

Adrienne Reifhardt und Sven Hufnagel machen mehr, als in der Vorschrift steht. Sie wollen, dass es im Zug gut läuft. Sven hat bald seine Prüfung. Er hofft, dass er sie besteht. Ich drücke ihm die Daumen.

Ich erlebe seither die Arbeit der Kundenbetreuerinnen und Kundenbetreuer bewusster. Im Advent 2024 stieg ich in einen Regionalzug, in dem sich gerade zwei Männer geprügelt hatten, der eine hatte eine gebrochene Nase, der andere eine offene Wunde am Kopf. Offensichtlich waren beide alkoholisiert, und es ging bei dem Streit irgendwie um eine Nancy, jedenfalls schrie der eine immer wieder diesen Namen. Die Kundenbetreuerin ist nicht nur ruhig geblieben; nachdem sie Bundespolizei und Krankenwagen geordert hatte, wirkte sie zudem beruhigend auf die beiden Kontrahenten ein, sammelte die Reste einer zerbrochenen Brille und die verstreuten Gepäckstücke auf. Sie hätte wirklich allen Grund gehabt, sich aufzuregen, zumal sie ahnen konnte, dass einige der übrigen Fahrgäste sie nachher nerven würden wegen der Verspätung und wegen der verpassten Anschlüsse und mit der Frage, warum denn gar nichts mehr klappe bei der Bahn. Aber für die Sache mit Nancy konnte die Bahn nun einmal nichts und erst recht nicht die Kundenbetreuerin. Sie agierte einfach sehr professionell und machte ihren Job offenbar gern, trotz der Wut, die sie abbekam.

Ein paar Tage nach meinem Treffen mit Adrienne Reifhardt und Sven Hufnagel komme ich mit einem Kundenbetreuer im ICE von Erfurt nach Berlin ins Gespräch. Es ist spät am Abend, und weil nicht viel los ist, setzt er sich kurz zu mir. Wir sehen uns öfter auf der Strecke, und für mich ist er der mit den guten Sprüchen. Heute hat er aber Angst, und er will kurz darüber reden. Er hat Angst wegen der Wahlen in Ostdeutschland und wegen Trump und wegen allem, was daran hängt. »Ich bin ein schwuler Mann in Sachsen«, sagt er. »Und ich weiß einfach nicht, was auf Menschen wie mich zukommt.«

Wir tauschen uns ein wenig aus, über unsere DDR-Biografien und warum uns die Freiheit so wichtig ist. Und dann versprechen wir uns gegenseitig, dass wir uns nicht kleinmachen lassen werden. Dass wir uns nicht vertreiben lassen von Hass oder gar Gewalt. Dass wir beide bleiben: er im Zug, ich in der Politik.

Ich kann mich kaum an eine ermutigendere Begegnung erinnern als an diese fünfzehn Minuten im ICE. Und ich möchte, dass alle sehr, sehr freundlich zu Kundenbetreuerinnen und Kundenbetreuer sind. Deswegen bedanke ich mich oftmals laut vernehmlich im Zug für den Job, den sie machen.

Ich steige wirklich immer wieder gern in mein Zugzuhause. Manchmal schlafe ich dort sogar ein. Weil ich weiß, dass es im Grunde ein freundlicher Ort ist – wegen Leuten wie Adrienne und Sven (wir sind nun per Du) und wegen all ihren Kolleginnen und Kollegen, die sich höchst selten erlauben, auch einmal einen »schlechten Tag« zu haben.

—

An Heiligabend gehe ich in eine Polizeidienststelle, in einer mittelgroßen Stadt in der Provinz. Ein kurzer Besuch, ein kurzes Danke. Ich lerne, dass Polizistinnen und Polizisten nicht mal einen Weihnachtsstollen annehmen dürfen oder wenn, dann höchstens nach sehr viel Schreibkram. Dafür haben sie mir hier viel zu berichten. Dass sie ihre Arbeit sehr gern tun. Dass sie aber nicht einfach sei, dass sich vieles bei ihnen entlade und dass sie alles andere als gut besetzt seien. 1500 Quadratkilometer umfasst ihr Einsatzgebiet, mit knapp 200 000 Einwohnern. Dafür stehen gerade mal fünf Einsatzwagen zur Verfügung. Fünf! Und es sind nicht immer genug Einsatzkräfte da, um die Wagen mit zwei Personen zu besetzen.

Selbst die Polizeianwärterinnen und -anwärter müssen schon sehr früh reguläre Dienste übernehmen, und ich stelle mir vor, was es heißt, unter solchen Bedingungen diese Arbeit zu machen. Es wird immer irgendwo zu wenig sein, irgendjemand regt sich immer darüber auf, dass »die« Polizei mal wieder nicht da war, zu spät kam, untätig blieb oder jedenfalls nicht das tat, was mensch sich vorstellte.

Ich frage die Beamtinnen und Beamten, mit welchen Delikten sie es vor allem an Weihnachten zu tun haben. Insbesondere mit häuslicher Gewalt, erklären sie, und fast immer sei Alkohol im Spiel. Mein Kopf sucht nach der Zahl der fehlenden Plätze in Frauenhäusern und Beratungsstellen, und ich stelle mir vor, dass diese Polizistinnen und Polizisten bei solchen häuslichen Einsätzen mehr machen müssen als ihren normalen Dienst. Sie müssen mit der Wut, der sie dort begegnen, umgehen. Einschätzen, wie gefährlich die übergriffige Person ist.

Weitere Einblicke in die Arbeit der Polizei bekomme ich auch an einem deutlich belebteren Ort: dem Frankfurter Hauptbahnhof. Lisa Daniel ist seit 2012 bei der Polizei, seit 2015 arbeitet sie im Revier Frankfurt am Main. Sie stammt gebürtig aus dem Westerwald, ihr Vater und ihr Bruder sind ebenfalls bei der Polizei. »Eine richtige Polizistenfamilie«, sagt sie. Ich bin im Gespräch mit ihr, der Gruppenleiterin des Reviers, und Kamal Darwiche, dem Leiter der Führungsgruppe.

Auch am Frankfurter Hauptbahnhof geht es wieder um die Arbeit der Zugbegleiterinnen und Zugbegleiter. So berichtet mir die Bundespolizistin Lisa Daniel: »Wir haben superviele Angriffe auf Zugbegleiterinnen und Zugbegleiter. Ich habe wirklich Respekt vor denen, die ganz allein in einer Regionalbahn abends oder in den frühen Morgenstunden, mal plakativ gesagt, die Besoffenen nach Hause fahren. Und die sich dann mit denen anlegen müssen, wenn es mit dem Ticket halt nicht stimmt.«

An Daniels erstem Tag am Frankfurter Hauptbahnhof kamen 101 Flüchtlinge an. »Ich bin direkt mit der Flüchtlingskrise reingestartet in mein Berufsleben«, erklärt sie. Es ist die Zeit von »Refugees Welcome«, als Flüchtlinge noch mit Teddys begrüßt werden. So werden sie heute nicht mehr am Bahnhof empfangen, aber sie erhalten weiterhin Hilfe von der Bahnhofsmission.

Lisa Daniel und Kamal Darwiche zeigen mir die Polizeiwache. Mehr als 200 Kameras bewachen den Bahnhof, die Aufzeichnungen werden jeweils für dreißig Tage gespeichert. Es gibt einen Raum für die Videoüberwachung, ein Büro und Zellen, in denen Festgenommene meist aber nur für ein paar Stunden bleiben, ehe sie weiter zum Haftrichter müssen.

Ich frage nach den Herkunftsländern, im Kopf die jährliche polizeiliche Kriminalstatistik, in der überdurchschnittlich viele Menschen ausländischer Herkunft auftauchen. Die Statistik hat freilich Schwachstellen[12], und auch hier vor Ort zeichnet sich ein differenzierteres Bild: Es gebe keine klaren Tendenzen, alle Nationalitäten seien vertreten, sagt man mir. Diejenigen, die stark alkoholisiert seien und/oder unter Drogen stünden, blieben auch mal länger in der Zelle – präventiver Polizeigewahrsam zur Ausnüchterung von Betroffenen. »Die werden hier verpflegt, bleiben hier so lange, wie der Arzt das empfiehlt«, erläutert Lisa Daniel. »Der Arzt kommt immer vorbei, schaut sich das an, ob das passt oder ob es doch was fürs Krankenhaus ist. Ja, und dann bleiben die auch mal eine Nacht hier.«

Crack und Heroin, so Lisa Daniel, seien die gängigsten Drogen am Bahnhof, und Gras habe fast jeder oder jede dabei. Insgesamt sei der offene Drogenkonsum aber zurückgegangen, auch wegen der Räume, die für einen sauberen Konsum geschaffen wurden – das Frankfurter Modell. Sie seien froh darüber. Beide, Kamal Darwiche und Lisa Daniel, erklären, sie würden viele der Drogenabhängigen mittlerweile kennen und diese grüßen und fragen, wie es ihnen gehe. Lisa Daniel meint: »Das Verhältnis zu den Betäubungsmittelkonsumenten, die obdachlos sind und immer hier sind, ist richtig gut, und mit denen haben wir auch nie Probleme. Das ist nicht unsere Klientel, die hier regelmäßig Straftaten begeht.« Ich denke an den Jugendrichter und wünsche mir, die drei einmal zusammenzubringen und ihr Gespräch über Cannabis, Alkohol und vieles andere mit anzuhören.

Kamal Darwiche und Lisa Daniel führen mich weiter durch die Wache. Die Arbeitsbedingungen sind, gelinde gesagt, schwierig. Der Aufenthaltsraum wirkt trist, viel zu klein und stark renovierungsbedürftig. In drei Jahren müssen die Beamten umziehen. Der Frankfurter Bahnhof soll umgebaut werden. Fertig sein soll er allerdings erst 2040. So lange wird die Bahnhofspolizei in Containern untergebracht. »Der Aufenthaltsraum«, erklärt Lisa Daniel, »trägt zur Atmosphäre und zur Stimmung ganz, ganz viel bei. Wir sind ja in den Gebäuden der Deutschen Bahn. Und das ist halt schon unbefriedigend, weil die Bundespolizei wenig Einfluss darauf hat. Da ist man zwar in der Kommunikation mit denen, aber oft geht das mit den Veränderungen einfach nicht schnell genug. Und wir haben ein Problem, wenn es sehr stark regnet – dann regnet es hier immer rein.«

Ich glaube ihr sofort, dass die Räumlichkeiten auf die Stimmung drücken und dass die Aussicht darauf, mehr als zehn Jahre lang übergangsweise in Containern arbeiten zu müssen, erst recht deprimierend ist. Vor allem bei 36-Stunden-Diensten am Wochenende oder regelmäßigen Schichten von 6 bis 18 Uhr, die die Polizistinnen und Polizisten ableisten.

Am Frankfurter Bahnhof gebe es eine hohe Zahl an Diebstählen, erzählt Kamal Darwiche. Der Aufwand, diese alle im System zu erfassen, habe sich deutlich erhöht. Darwiche hat Jura studiert. Schon als Kind wollte er SEK-Polizist werden, und so entschied er sich nach dem Examen für eine Ausbildung bei der Polizei. Diese Entscheidung bereut er nicht: »Das ist schon eine große Familie. Wenn man gut mit den Leuten auskommt, hat man Spaß auf der Arbeit.«

Darwiche spricht Arabisch. Das helfe bei Einsätzen, besonders im Kontakt mit arabischstämmigen Männern. Nach Lisa Daniels Erfahrung nehmen die sie, eine Frau, oft nicht ernst. Wenn aber ein Kollege dabei ist, der die Sprache spricht, kann das eine große Unterstützung sein. »Jemand, der in der eigenen Sprache sagt: ›Wie benimmst du dich hier eigentlich?‹«, sagt Kamal Darwiche. Gesehen werden – das ist auch hier wichtig. Und es ist dann plötzlich so etwas wie eine Frage der Ehre, sich anständig zu benehmen.

Insgesamt stellen die beiden fest, dass die Menschen aggressiver geworden sind. Viele würden direkt lautstark auf ihr Recht pochen, Videos von Einsätzen machen und diese dann online stellen. Das habe nicht selten Verfahren für die beteiligten Polizistinnen und Polizisten zur Folge. Das meiste könne aber zum Glück schnell im Gespräch geklärt werden. Ein Grund für die erhöhte Aggressivität und Gewaltbereitschaft der Menschen ist nach Ansicht des Bundespolizisten und der Bundespolizistinnen die Corona-Pandemie. »Die Menschen sind ichfokussierter geworden, egoistischer, es wird nicht so oft nach rechts und links geschaut«, erläutert Lisa Daniel. »Da meint immer jeder, er habe recht und müsse uns belehren, was wir dürften und was nicht. Sich das immer anzuhören ist halt irgendwann nervig.« Auch den pauschalen Nazi-Vorwurf müssen sich die Beamtinnen und

Beamten am Bahnhof oft gefallen lassen. Lisa Daniel und Kamal Darwiche wünschen sich, dass das Miteinander wieder anders wird, dass Menschen auch mal ihrerseits helfen und nicht in erster Linie das Handy zücken, um die Bilder von Einsätzen schnell ins Internet zu stellen.

Es wird ein langes Gespräch. Ich bin außerhalb ihrer Dienstzeit mit den beiden verabredet. Aber es ist ihnen wichtig. Sie wollen zeigen, wo etwas fehlt: Personal, Ausrüstung, Räume. Etwas anderes ist ihnen jedoch noch wichtiger: Sie wollen sich selbst zeigen. Sie machen diese Arbeit gern und gewissenhaft und helfen bei Bedarf natürlich auch dann, wenn sie nicht im Dienst sind. Und häufig trinken sie hinterher ein Bier mit den Kolleginnen und Kollegen, um noch einmal über das zu reden, was war. Das hilft allen beim Verarbeiten. Denn was müssen sich Polizistinnen und Polizisten nicht alles anhören! Sie kommen ja immer dann ins Spiel, wenn etwas schiefgeht. Und oft werden sie mit Gewalt und Drohungen konfrontiert. Das ist für alle belastend und macht etwas mit ihnen; auch Lisa Daniel und Kamil Darwiche haben mitunter zu kämpfen.

Ganz am Schluss unseres Gespräches wird es noch ein wenig persönlich. Ich freue mich, dass wir eine Ebene gefunden haben. Was die beiden mir im Vertrauen sagen, soll im Detail selbstverständlich vertraulich bleiben. Ihre eigentliche Botschaft aber ist kein Geheimnis und geht uns alle an: Auch Polizisten und Polizistinnen sind Menschen.

—

Gewalt gegen Feuerwehrleute ist laut einer Umfrage des Deutschen Feuerwehrverbandes und der Gesetzlichen Unfallversicherung weit verbreitet. Fast die Hälfte der befragten Frauen und Männer im ehrenamtlichen Feuerwehrdienst gab 2024 an, in den vorangegangenen zwei Jahren Beleidigungen, Beschimpfungen, Bedrohungen oder tätliche Angriffe erlebt zu haben.[13]

Sven Wolfram ist seit Mitte der 90er-Jahre bei der Freiwilligen Feuerwehr. Vor ein paar Jahren hat er sich entschieden, Berufsfeuerwehrmann zu werden. Ich treffe ihn auf seiner Feuerwache in Brandenburg an der Havel. Fünfzig Kameradinnen und Kameraden arbeiten hier. Beleidigungen und Beschimpfungen kennt Sven Wolfram nur zu gut. Insgesamt sei die Anzahl der Übergriffe seinem Eindruck nach aber weniger geworden. »Dafür ist jeder einzelne umso aggressiver. Man wird zum Blitzableiter in der Situation«, erzählt er mir. Was sich auch geändert habe, sei der Umgang im Straßenverkehr. Es gebe viele, die trotz Martinshorn nicht ausweichen, die sich durchdrängeln, selbst wenn die Feuerwehr die Straße wegen eines Einsatzes sperren muss. »Einmal habe ich einen Rettungswagen zur Reanimation in eine Privatwohnung beordert, und das war eine Anliegerstraße. Wenn der Rettungswagen dasteht, kommt keiner durch. Es war gegen fünf Uhr früh. Da hatte ich dann Anrufe hier: ›Können Sie mal Ihrem Rettungswagenfahrer Bescheid sagen, der soll sein Auto wegfahren? Ich muss zur Arbeit.‹ Ich habe geantwortet, dass wir gerade Leben retten!«

Ich muss an das Gespräch mit Stephan Märki denken und an seine Aussage, Straßenverkehr sei Kommunikation. Vielleicht ist der Verkehr wirklich ein Beleg dafür, dass wir im Umgang miteinander aggressiver geworden sind.

Als er noch ehrenamtlich bei der Feuerwehr war, arbeitete Sven Wolfram erst als Lehrmeister im Handwerksberuf. Später betrieb er für knapp zehn Jahre ein Sozialkaufhaus. »Wir hatten 1600 Quadratmeter in Hohenstücken. Das ist ein Plattenbaugebiet, in dem Leute leben, die nicht viel Geld haben.« Das Sozialkaufhaus lief zunächst gut. Wolfram hatte zehn Festangestellte und viele junge Menschen, die bei ihm ihre Sozialstunden ableisten mussten. Die Bürokratieauflagen machten es ihm jedoch nicht leicht. Die Kosten stiegen, und für ihn blieb kaum mehr etwas übrig. Die Pandemie bedeutete für das Sozialkaufhaus dann das endgültige Aus. »Wir haben auch die 9000 Euro bekommen, die Corona-Hilfe«, erklärt Wolfram. »Allerdings mussten wir die zurückzahlen, weil bei der Beantragung andere Bedingungen herrschten als beim Auszahlen. Irgendwie wurde mir gesagt, bei solchen Fördergeldern ist das so.«

Sven Wolfram versuchte es daraufhin mit Segway-Touren in Brandenburg, aber der Hype war schnell wieder vorbei. Er musste die Segways verkaufen und ging ohne Gewinn, aber auch ohne Verlust aus dem Geschäft raus. Als dann zudem die Beziehung zur Mutter seiner Tochter in die Brüche ging, beschloss er, seinem Leben eine Wendung zu geben und Berufsfeuerwehrmann zu werden. Da ihm die Jahre bei der Freiwilligen Feuerwehr nicht angerechnet wurden, musste er mit der Ausbildung ganz von vorn anfangen. Das sei völliger Unsinn, meint er dazu, und er wünsche sich, dass die Politik das ändere. »Ich habe ja einen Verbandsführer, das ist die höchste Führungsausbildung in der Freiwilligen Feuerwehr. Und trotzdem muss ich jetzt noch mal mit der Grundausbildung anfangen und lernen, wie man einen Schlauch ausrollt!«

Ich kann seinen Ärger verstehen und bin mir sicher, dass er sich in der Ausbildung sehr langweilt. Und dass es ausgerechnet sein Ehrenamt ist, das offenbar nicht gesehen und ausreichend anerkannt wird, ist verrückt. Wir verteilen Ehrenamtsauszeichnungen, Medaillen, Nadeln, Orden, aber für eine simple Anerkennung der erworbenen Kompetenz reicht es nicht. Was für eine Botschaft wird da ausgesendet? Jedenfalls nicht die, dass ehrenamtliches Tun sinnvoll ist oder dass man dabei etwas fürs

Leben lernt. Das so oft beschriene Bürokratiemonster Deutschland zeigt sich hier mal wieder in all seiner Unvernunft.

Sven Wolfram beschreibt sich selbst als rastlos. Nichtstun ist keine Option für ihn. Das Team der Feuerwehr ist ihm enorm wichtig, gibt ihm Halt. »Das Beste ist einfach die Gemeinschaft. Man geht hin, man freut sich aufeinander, man wechselt ein Wort. Alle gehen offen miteinander um. Egal, welchen Lieblingsverein man hat.« Rechte Tendenzen gebe es bei ihm im Team nicht. Ganz im Gegenteil: Er habe auch Kameraden mit Migrationshintergrund. Eher würde man mal einen frauenfeindlichen Witz reißen. Frauen arbeiten zwar mittlerweile auch auf der Wache, sind aber noch immer deutlich in der Unterzahl. Na toll, denke ich. Bei der Abwertung von Frauen ist man sich dann also einig.

Wir sprechen zum Schluss über die Art der Einsätze und darüber, ob sich dabei etwas verändert habe. Hausbrände seien weniger geworden, auch wegen der Rauchmelderpflicht, meint Sven Wolfram. Einsätze wegen Naturkatastrophen gebe es dafür deutlich häufiger – gerade die Zahl der Waldbrände habe zugenommen, und es komme auch öfter zu Überflutungen. Dennoch sagt er am Ende für mich überraschend: »Die Klimakatastrophe ist kein Thema bei uns. Also dass man jetzt sagen würde: Wir müssen etwas dagegen tun.«

Niemand hat das Ausmaß der Klimakatastrophe so unmittelbar vor Augen wie diejenigen, die im Katastrophenschutz tätig sind. Sie wissen, dass sich ihre Ausrüstungen ändern müssen, und fordern das zu Recht ein. Natürlich wünschte ich, Sven Wolfram wäre eine Art Botschafter für die Katastrophenprävention, weil er ja unmittelbar sieht, wo es aufgrund der globalen Katastrophe zu lokalen Katastrophen kommt. Seht her, würde ich gern sagen, der Feuerwehrmann macht es euch klar! Aber das ist nun mal nicht der Fall.

Das beschäftigt mich. Wenn der Klimawandel schon den Feuerwehrmann nicht ergreift und umtreibt, wie sollen wir es dann überhaupt schaffen, dass möglichst viele bei der Bewältigung dieser größten und existenziellsten unter den Krisen mitmachen?

Ich hake bei Sven Wolfram noch zweimal nach – er weiß, dass ich eine Grüne bin. Aber er bleibt bei seiner Ansicht, dass die Klimakatastrophe bei ihnen kein Thema sei. Auf der Rückfahrt frage ich mich, an welcher Stelle wir als Gesellschaft falsch abgebogen sind und den schönen, geraden und bequemen Weg genommen haben, obwohl wir doch sehen müssten, dass dieser schnurstracks ins Verderben führt.

Sven Wolfram und Stefan Mankel, der Chef eines Heizungs- und Sanitärbetriebs, den ich in Eisenach getroffen habe, wissen gar nicht, wie oft ich an sie denke. Was der eine als Feuerwehrmann und der andere als Heizungsinstallateur leistet, ist in meinen Augen ja sehr politisch. Und die Klage über die Bürokratie, die sie beide und viele andere anstimmen, täuscht vielleicht auch darüber hinweg, dass unser eigentliches Problem viel größer und grundlegender ist. Mir ist klar, dass man nicht jeden Tag mit Untergangsszenarien kommen sollte, aber wie wäre es, wenn es uns gelänge, die immense Herausforderung, die der Klimawandel darstellt, als gemeinsame Aufgabe zu betrachten? Jede und jeder kann etwas zu ihrer Bewältigung beitragen.

Nehmen wir Stefan Mankel. Eine Wärmepumpe spart im Jahr rund 2,5 Tonnen CO_2 ein.[14] Das ist eine enorme Menge. Warum sollte der Installateur nicht künftig auf seiner Website aufführen, wie viel er schon geholfen hat, davon einzusparen? Oder noch einmal anders: Eine Wärmepumpe rettet im Jahr acht Quadratmeter arktisches Eis.[15] Das ist erheblich, nicht nur für die Pinguine, sondern eben auch für das, was bei uns als Unwetter ankommt – und was Sven Wolfram am Ende mit ausbaden muss.

Beide, Mankel und der Feuerwehrmann Wolfram, könnten gewissermaßen Botschafter für eine sichere Zukunft werden, wenn sie ganz real wüssten, was ihr Handeln konkret ausmacht und bewirkt. Vielleicht ist das zu einfach gedacht, aber wäre dies nicht genau das, was uns nötig ist? Nämlich eine reale Vorstellung davon zu vermitteln, wie wir dieses gigantische Problem Klimakrise in den Griff bekommen können?

In der gesamten Sanitär, Heizungs- und Klimabranche arbeiten deutschlandweit insgesamt fast 400 000 Personen.[16] Sie sind kompetent, haben Ideen und das, was man heutzutage Potenzial nennt. Sie können stolz auf ihren Anteil an der Klimarettung sein.

—

Nicht ins Schweigen verfallen, sondern laut sein. Sich nicht einschüchtern lassen. Widerstand zeigen gegen das wütende Treiben in ihrem Wohnort. So gehen Birgit und Horst Lohmeyer mit der Situation in Jamel in Mecklenburg-Vorpommern um. Das Dorf mit seinen rund vierzig Bewohnerinnen und Bewohnern ist überregional bekannt als »Nazidorf«. Unter Führung des vorbestraften Neonazis Sven Krüger haben hier Menschen mit extrem rechter Gesinnung Häuser gekauft. Reichsfahnen zieren die Vorgärten, Musik aus dem »Dritten Reich« wird laut gespielt und gesungen. Im Schaukasten der Dorfgemeinschaft hängt ein Gedicht der im November 2024 verstorbenen national sozialistischen Aktivistin und Holocaust-Leugnerin Ursula Haverbeck. Mehrfach wurde sie wegen Volksverhetzung verurteilt.

Das Künstlerehepaar Lohmeyer zog 2004 nach Jamel, ohne zu wissen, mit welcher Nachbarschaft die beiden es zu tun bekommen würden. Tägliche Konflikte machen seitdem ihr Leben aus, denn Birgit und Horst Lohmeyer positionieren sich ganz klar.

Die Scheune auf ihrem Hof wurde mutmaßlich infolge des Konflikts in Brand gesetzt. Auch die Polizei sprach von Brandstiftung, die Täter konnten aber nicht ermittelt werden. Der Gedanke, wegzuziehen, ist bei den Lohmeyers stets präsent. Die ständige Bedrohung, die fehlende wohlgesinnte Nachbarschaft, der fehlende soziale Kontakt – all das hinterlässt Spuren. Aber mit einem Umzug würden sie den Rechten das Land überlassen, und das ist für die beiden keine Option.

Die Lohmeyers wendeten sich mit ihrer Geschichte an die Medien, erhofften sich durch die Öffentlichkeit ein Stück Sicherheit. Und sie versuchten, ihre Wunden durch ihr Engagement zu heilen. Die Lohmeyers organisierten ein Festival auf ihrem Grundstück: »Jamel rockt den Förster«. Beim ersten Mal, 2007, kamen dreißig Leute, heute ist die Veranstaltung bundesweit bekannt. Auch weil Musikerinnen und Musiker wie die Toten Hosen, Herbert Grönemeyer, Juli, Sportfreunde Stiller oder die Fantastischen Vier hier schon auftraten. Tausende Besucherinnen und Besucher sind inzwischen jährlich dabei und setzen als »demokratischer Gegenwind« ein starkes Zeichen gegen die Vereinnahmung des Ortes durch die rechte Szene.

Sven Krüger ist Mitglied im Gemeinderat. Er entscheidet vor Ort mit. Und auch so macht es die lokale Verwaltung dem Festival nicht gerade leicht. Zuletzt forderte sie Geld von den Lohmeyers für die Nutzung der Gemeindewiese. Es kommen immer neue Auflagen hinzu, mit denen das Festival jedes Mal neu gefährdet wird.

Als ich Birgit Lohmeyer Ende 2023 treffe, erzählt sie von einer rechten Besiedlungsstrategie in Teilen Ostdeutschlands. Jamel sei nur ein Beispiel. Das Bundesamt für Verfassungsschutz gibt ihr recht. Seit Beginn der Corona-Pandemie wird eine gestiegene Anzahl rechtsextremistischer Siedlungsbestrebungen beobachtet, vor allem im ländlichen Raum in Nord- und Ostdeutschland. »Wenn wir nur eine oder einen von denen, die in dem Jamel-Umfeld groß werden, erreichen und sie sehen, dass das Leben bunt und ohne Hass sein kann, dann ist das ein Erfolg.« Das sagte Singer-Songwriter und Podcaster Olli Schulz einmal während seines Auftritts auf der Festivalbühne. Und so sehen es auch die anderen Musikerinnen und Musiker, die hier auftreten. Die meisten bewundern die Lohmeyers für ihre Entscheidung, dortzubleiben. Viele geben offen zu, dass sie an deren Stelle schon lange nicht mehr hier wären.

Täglich umzingelt von extrem rechtem Hass – das macht etwas mit der Seele. Eine bedrohliche Einsamkeit kann entstehen. Stärke nach außen zu zeigen wird mit den Jahren eine immer schwierigere Aufgabe, sagt Birgit Lohmeyer. Sie und ihr Mann fragen sich immer wieder, ob sie in Jamel noch richtig sind. Und sagen dann: Jetzt bleiben wir erst einmal da, aber das ist keine Entscheidung für immer. Mit ihren Nachbarinnen und Nachbarn wird es keine Gemeinschaft geben, das wissen sie. Dass Widerstand und Abgrenzung hier die Kommunikation ersetzen, ist leider Realität. Deshalb ist jedes Gespräch, das hier überhaupt geführt werden kann, immens wichtig.

All das klingt sehr heldinnenhaft. Und ich weiß zumindest halbwegs, wovon die beiden reden. Der Ort in der ostdeutschen Provinz, in dem ich heute zu Hause bin, ist etwas größer als Jamel, und wir haben Freunde dort. Aber wir wissen auch: Wenn bestimmte Dinge im Haus kaputtgehen, dann werden wir jemanden von vor Ort holen müssen. Und fast jede zweite Person dort hat bei den vergangenen Wahlen die AfD gewählt. Man kann sich also eine statistische Wahrscheinlichkeit ausrechnen. Das ist jedes Mal eine schwierige Entscheidung. Und jedes Mal fällt sie pro Handwerker aus der Umgebung aus.

Die Lohmeyers wohnen in ihrem Haus, auch wenn das Festival vorbei ist, alle Interviews gegeben und alle Gäste wieder weg sind. Sie haben Freunde woanders, sie könnten gehen. Aber die Entscheidung, aufzugeben und zu verschwinden, ist trotz allem schwerer als die, zu bleiben und zu wissen, wofür.

Weder die Lohmeyers noch ich sind in den Dörfern aufgewachsen, in denen wir jetzt zu Hause sind. Das ist bei Sina Martin anders. Ich treffe sie in Sonneberg, in Thüringen. Dort wurde der bundesweit erste AfD-Landrat gewählt. Martin hat die Manufaktur ihrer Eltern und Großeltern übernommen. Sonneberg ist als Spielzeugstadt bekannt. Viel ist von der großen Tradition jedoch nicht übrig.

Sina Martin immerhin ist erfolgreich. Sie war eine Weile in der Welt unterwegs, ehe sie zu den Teddybären zurückgekehrt ist. Sie unterstützte die Bewegung Fridays for Future und setzt sich für ein offenes, der Welt zugewandtes Sonneberg ein. Schließlich verkauft sie auch ihre Bären weltweit. Das ist ein großes Glück, denn die Bären sind das Lächeln aus Sonneberg.

Die Geschichten, die Sina Martin zu erzählen hat, sind gute Geschichten über das Unternehmen, das hundert Jahre alt ist, über das Teddybären-Museum, das entstanden ist, und über den Onlinehandel, den sie eingeführt hat. Zum 30. Geburtstag hat sie sich ein Lastenrad als Dienst- und Familienrad gegönnt. Und fällt damit auf – es ist wohl weit und breit das einzige seiner Art. Aber wer so nah am Wald wohnt und sieht, was etwa der Borkenkäfer anrichtet, kann schon auf die Idee kommen, dass es sich lohnt, einen eigenen Beitrag gegen die Klimakrise zu leisten.

Sina Martin gehört hierher, und sie hat sich auch entschieden, zurückzukehren und zu bleiben – mit ihren Kindern, mit der ganzen Familie. Bei den Familienfesten kommen die unterschiedlichsten Menschen zusammen. Sie redet gern über Politik, auch wenn es mal aufgeheizter zugeht. Sie findet den Austausch wichtig, und wo könne man besser offen reden als unter Familie und Freunden? Sie ist da, mit dem Lastenrad und den Teddybären, sie hält die Tradition der Stadt aufrecht und ist erfolgreich – und das, ohne im Protestmodus zu sein. Sie gehört zu denen, die Haltung haben und sie auch zeigen, aber zugleich zumindest verstehen wollen, was die anderen umtreibt, warum sie so reden, denken und wählen, wie sie es tun. Sina Martin ist ein Mensch, mit dem man gern zusammen ist: freundlich und zugewandt, dabei aber weder kleinlaut noch opportunistisch.

Ich weiß nicht, ob Sina Martin da war, als die Band Feine Sahne Fischfilet ein Konzert für Demokratie und Weltoffenheit in Sonneberg spontan nach der Wahl des AfD-Landrats spielte. Aber ich weiß, dass die Teddybären den Sonnebergern, die an dem Laden vorbeigehen, ein Lächeln entlocken oder abringen, wie auch immer. Über Sina Martin wurde nicht in bundesweiten Medien berichtet. Ihr Widerstand besteht auch eher im Mitleben als im Sich-dagegen-Stellen. Das ist in meinen Augen mindestens ebenso mutig. Es sind zwei verschiedene Seelenzustände, die aber beide davon inspiriert sind, den »Laden«, das Land, zusammenzuhalten, es nach Kräften lebenswert zu halten. Wahrscheinlich würde Sina Martin sagen, dass das, was sie tut, keine große Sache sei. Doch, das ist es, finde ich und bin dankbar dafür.

–

Ich bin mit Renate Köcher vom Institut für Demoskopie Allensbach verabredet. Ich möchte etwas über die Zahlen wissen, die sie erhebt: Zahlen über Meinungen im Land. Wir sprechen über die zunehmende Radikalisierung, und Köcher konstatiert einen deutlichen Anstieg der Islamkritik. Viele Deutschen seien heute islamophob und hätten ein sehr negatives Islambild, erklärt mir

Renate Köcher. »Sie setzen den Islam gleich mit Gewaltbereitschaft und Extremismus.«

Ich denke an viele meiner Kolleginnen und Kollegen im Bundestag. Etwa an Lamya Kaddor, die Islamwissenschaftlerin, oder an Omid Nouripour, den ehemaligen Parteivorsitzenden der Grünen, mein Nachfolger als Vizepräsident und besonders Eintracht-Fan. In einem Interview von 2021 erzählte Omid Nouripour davon, dass zu seiner Jobbeschreibung Hassmails einfach dazugehörten. Rassistische Beleidigungen sind für ihn Alltag. Auch in seinem Umfeld gibt es viele Menschen, beispielsweise aus dem Iran, die allein wegen ihrer Herkunft mit Terroristen gleichgesetzt werden. Moslems werden vor allem in der populistischen Debatte oft automatisch als Islamisten abgestempelt. Die Aggressivität vieler Menschen findet im Netz ihr Ventil. »Der besondere Raum der sozialen Netzwerke lädt einfach dazu ein, sich aggressiv zu äußern«, erklärt Renate Köcher. »Die Hemmschwelle ist dort niedriger.« Ich kenne das nur zu gut. Gerade Politikerinnen und Politiker werden im Netz regelmäßig bedroht.[17]

Omid Nouripour muss sogar doppelt Hass ertragen, denn die Grünen selbst sind schon für viele ein Feindbild – und das nicht erst seit heute. In der Vergangenheit mussten Veranstaltungen mit grünen Politikerinnen und Politikern abgesagt werden, weil nicht sichergestellt werden konnte, dass alles ruhig verläuft. Mein Dienstwagen wurde schon von aggressiven Demonstranten belagert, auf das Auto wurde eingeschlagen, es wurde an der Abfahrt gehindert. Und hier das Beispiel einer Nachricht, die ich bei Facebook bekommen habe:

> Frau Göring-Eckardt, oder wie Sie heißen wollen. Keiner hat Sie gewählt oder mit Aufgaben, die nicht dem Wohle zum Volk

sind, beauftragt. Ich kann nur raten, das Land zu verlassen. Denn schon bald stehen wir vor Ihnen! Es geht auch persönlicher: Grünes Dreckspack und Ami-Schlampe! Ihr gehört alle am nächsten Baum aufgehangen![18]

Ich wurde schon beim Joggen angespuckt und im Café beleidigt. Meine Mitarbeiterin fand in meinem Wahlkreisbüro einmal einen an mich adressierten Brief mit Beleidigungen und Drohungen – mitsamt einer toten Maus.

Ich treffe mittlerweile Vorsichtsmaßnahmen, wenn ich mich unbegleitet in der Öffentlichkeit aufhalte. Anderen ergeht es noch viel schlimmer – gerade Ehrenamtliche in der Politik werden beschimpft und attackiert. Und wieder die Frage: Woher kommt diese Wut?

Renate Köcher spricht von einer Veränderung unseres Informationsverhaltens: Die Deutschen lesen weniger. Holen sich ihre Informationen aus geteilten Links in WhatsApp-Gruppen oder andernorts in den sozialen Medien. Wir hängen generell zu viel am Handy. Es ist meist in Griffnähe, und sobald eine Nachricht reinkommt, sollen, wollen oder müssen wir reagieren. Wut und Aggressivität entstehen laut Köcher auch aus diesem ständigen Reagieren.

Stimmt, denke ich, bei mir auch. Ich gehe sogar in die Kirche mit dem Handy. Natürlich sind viele durch ihren Job immer erreichbar – auch am Abend, im Urlaub oder am Wochenende. Das gehört für sie nun mal dazu, man mag es gut finden oder nicht. Was aber macht das ständige Onlinesein mit unserer Seele? Wäre es viel schlauer, das Handy mal auszuschalten? Und das nicht erst dann, wenn man Dinge, die man dort liest, nicht mehr ertragen kann? Sicher wäre es das! Aber kann man sich das leisten? Beruflich? Privat?

Ich bewundere Renate Köchers Umgang mit dem Smartphone. Sie hat das Handy tagsüber aus und schaltet es nur abends an, um nachzusehen, wer was von ihr wollte. »Man muss sich ja konzentrieren können«, sagt sie dazu und hat damit wohl einen Punkt.

Ja, es ist der ständige Reagier-Modus, der uns ungehalten werden lässt. Aber natürlich liegt die wachsende Aggression in unserer Gesellschaft nicht allein in der neuen Kommunikations(un)kultur begründet. Ich frage herum, im Team, bei Bekannten: Wann dreht ihr eigentlich ganz persönlich auf, werdet aggressiv, könnt euch vorstellen, mal so richtig vom Leder zu ziehen? »Wenn die Schiedsrichterentscheidung vom letzten Samstag zum Punktverlust führte«, sagt jemand. Oh ja, Fußball setzt gewaltige Emotionen frei, und so dürften viele diese Wut nachvollziehen. »Wenn die Kinder wieder einmal aus dem Rahmen springen, dann springe ich mit«, erklärt eine andere Person. Okay, das kenne ich – und sicher viele andere kennen das auch. Niemand konnte mich früher so auf die Palme bringen wie die eigenen Kinder. Es ist unterschiedlich, was dann aus Wut passiert: Ich werde dann sehr leise, andere hingegen laut. Aber die Wut bleibt nicht unsichtbar.

Und sonst? Wann werde ich noch wütend? Nun, zum Beispiel, wenn ein AfD-Vertreter wieder einmal eine Unverschämtheit raushaut, aber es nicht für einen Ordnungsruf im Parlament reicht. Dann ist die Wut mit Ohnmacht gepaart. Ich will, dass Anstand herrscht, will den Raum – vor allem den parlamentarischen – nicht für Häme, Verhärtung oder persönliche Angriffe offen lassen. Aber man muss sich an Regeln halten, selbst wenn die anderen sie missbrauchen.

Aber klar, in meiner Umgebung, also bei denen, die ich so etwas fragen kann, kommen wir mehr oder weniger alle aus einer gut disziplinierten, gut erzogenen, oft christlich geprägten sozialen Schicht, sodass die Beispiele im Grunde alle harmlos wirken. Die wirklich wütenden Seelen gehen anders zur Sache und sorgen für Verwundungen, die wir als Gesellschaft kaum noch auffangen können. Warum eigentlich soll man als Jude oder Jüdin in Deutschland noch gern leben wollen? Warum soll man Polizist oder Feuerwehrfrau werden, wenn man die Miete in den Städten kaum noch bezahlen kann und zugleich immer häufiger blöd angemacht wird? Kann die Demokratie ihre eigenen Schützerinnen und Schützer nicht mehr beschützen? Was bedeutet es, dass wir in einer zunehmend wütenden, aggressiven und dementsprechend auch verwundeten, verunsicherten Gesellschaft leben? Welche Folgen für die innere Sicherheit hat es, wenn immer mehr Menschen ausgerechnet diejenigen Institutionen angreifen, die eigentlich unsere Sicherheit ermöglichen? Ist unsere Demokratie in Gefahr, weil sie ihre elementaren Institutionen nicht schützen kann?

Dabei zeigt jede Umfrage, dass die Mehrheit aller Deutschen die Demokratie gut findet. Es ist, als könnten die Schreihälse und Wutschnaubenden diese Mehrheit verunsichern, einschüchtern und buchstäblich kleinschreien. Ist unsere Verfassung nicht stark genug, um uns in die Lage zu versetzen, sie und uns auch gegen wütende Schlechte-Laune-Populisten zu verteidigen?

Nicht wenige behaupten, der Bruch sei eigentlich mit der Coronakrise eingetreten; Misstrauen gegen den übergriffigen Staat sei die Wurzel der Wut und der Angst, die seitdem unsere Demokratie lähmen und gefährden. Stimmt das?

3
HALTLOS

Maskenpflicht, Ausgangssperren, Schulschließungen, eine Impfpflicht für Gesundheits- und Pflegekräfte, immer wieder neue Beschlüsse der Ministerpräsidentenkonferenzen, immer wieder neue Auflagen: Die vielen Eingriffe in feste Gewohnheiten aller Bürgerinnen und Bürger haben Spuren hinterlassen. In der Corona-Pandemie sind wir als Gesellschaft, in der Politik und im Gesundheitswesen an unsere Grenzen gestoßen. Noch nie haben wir zuvor eine derartige Spaltung erlebt, und diese Spaltung hält an.

Ich weiß, am liebsten wollen wir von dem Thema nichts mehr hören, nichts mehr sehen, es einfach weg haben – es ist ja vorbei, oder? Auch ich habe eine Zeit lang genau so gedacht, noch mehr vielleicht gefühlt. Inzwischen weiß ich: Wir müssen darüber reden. Aus Gründen der Vorsorge – das ist noch banal, denn es wird wohl nicht die letzte Pandemie dieser Art gewesen sein. Aber mehr noch wegen all der Erinnerungen, der geteilten Erfahrungen; auch wegen der Freude, als es vorbei war bei den einen und dem immer noch anhaltenden Frust bei den anderen. Es gab das Gefühl, ganz viel verloren zu haben, besonders bei Jüngeren, aber etwa auch bei Künstlerinnen und Künstlern, die nie wieder auf die Beine kamen. Manche Familie oder Nachbarschaft mag es indes irgendwie sogar ein wenig genossen haben, dass es für sie so viel Entschleunigung gab, manche Familien werden hingegen wegen Homeschooling und Homeoffice viel Stress erlebt haben.

Belastungen gab es auch für die, die sich nicht von einem sterbenden Menschen verabschieden konnten und wissen, dass sie diese Lebenslücke nie werden füllen können. Für Wissenschaftlerinnen und Wissenschaftler, Menschen, die in Gesundheitsversorgung und Pflege arbeiteten und bis heute einen Umgang suchen mit der Zeit, die so ganz anders war und eben auch wieder nicht, weil mancher lange verdeckte Missstand im Gesundheitswesen damals manifest auftrat (und nun droht, erneut in den Hintergrund zu geraten), Lehrerinnen, die teils auf einmal nicht mehr in die Zeit passten, weil sie Heldinnen des Analogen sind, und teils über sich hinauswuchsen, weil es ihnen gelang, Kindern online Begeisterung und Gefühle zu vermitteln neben Notwendigem und Wissenswertem.

Freilich: Es war weder alles falsch noch alles richtig, was seinerzeit angeordnet, umgesetzt und verlangt wurde. Das ist aber auch nachvollziehbar, ja unvermeidlich in einer Situation, wie es sie zuvor noch nie gegeben hat. Das Ausmaß der Krise war schlicht beispiellos.

Wir müssen die Pandemie besonnen und respektvoll aufarbeiten. Das ist wichtig, um die Wunden, die sie verursacht hat, zu heilen. Nicht wenige haben in der Zeit ihren Halt verloren, sind in die Einsamkeit verschwunden. So etwas hat gesellschaftliche Folgen. Mit der Neurowissenschaftlerin und Autorin Maren Urner sprach ich darüber, und ihre Formulierung gefällt mir gut: In der Pandemie habe der Klebstoff für menschliche Beziehungen gefehlt. Wir brauchen Begegnungen in unserem Alltag. Denn nur soziale Begegnungen schaffen es, uns Ängste zu nehmen. Dazu reichen schon Mikrobegegnungen, beispielsweise das kurze Gespräch mit der Kassiererin oder ein Lächeln, das nicht hinter einer Maske verloren geht. Es sind diese Begegnungen, die uns am Ende des Tages entscheiden lassen, ob es ein guter, ein nicht ganz so guter oder gar ein schlechter Tag war. Nur geschaffene und empfundene Nähe kann Vertrauen kreieren, eine Nähe, die es in der Hochphase der Pandemie – wenn überhaupt – nur im allerengsten Kreis gab.

In den Medien wurde oft thematisiert, wie schwierig es für Familien war, dass die Eltern parallel zum Homeoffice ihre Kinder zu Hause betreuen mussten. Das war gewiss sehr belastend. Mindestens genauso belastend aber war diese Zeit, da bin ich mir sicher, für jene, die in ihrer Wohnung über Wochen hinweg allein waren. Zum Glück hat uns die Impfung aus dieser bleiernen Zeit herausgeführt. Deutschland ist im Vergleich zu seinen Nachbarländern ganz gut durch die Pandemie gekommen und liegt im europäischen Mittelfeld, was die Infektions- und Covid-19-Todesrate betrifft. Dabei ist die deutsche Bevölkerung eine der ältesten in Europa, und es gibt in unserem Land besonders viele Menschen mit Vorerkrankungen. Das Potenzial für schwere Covid-19-Verläufe war entsprechend groß. Ich habe jedenfalls noch die Bilder aus Bergamo vor Augen und erinnere mich an die Ängste, die sie ausgelöst haben. Es war eine extrem schwierige Situation, und gleichzeitig war klar: Wir Politikerinnen und Politiker müssen schnell entscheiden. Die meisten von uns, die demokratisch gesinnt sind, haben geschaut, was das Beste und Sinnvollste für die Menschen ist.

Ich weiß wohl, dass das paternalistisch, von oben herab klingt. Aber so war es nun einmal. In dieser Ausnahmesituation, mit diesem Ausmaß und dieser Dynamik, gekoppelt mit zu wenig Vorwissen, haben wir zwar nicht die demokratischen Grundsätze verlassen, aber die üblichen Beteiligungen, Debatten, Rückfragen waren einfach nicht möglich. Auch Entscheiderinnen und Entscheidern hat der Schwatz mit der Nachbarin gefehlt, das Pausengespräch im Wahlkreis zu Hause bei einem Termin oder auch ein

Besuch von Kino, Kirche und Konzert, der aus der Schleife von Bildschirmkonferenzen heraus geführt hätte. Und ja, natürlich ist dabei nicht alles gelungen.

In der Berliner Charité spreche ich mit der Leitenden Krankenschwester der Gynäkologischen Onkologie über die Nachwirkungen der Pandemie. Sie erzählt mir, dass die Menschen heute mehr hinterfragen, Aussagen nicht mehr einfach so hinnehmen. Man müsse jetzt sehr viel mehr reden. Gerade bei den Patientinnen und Patienten, die seit Jahren unter einer Krankheit wie beispielsweise Krebs leiden, habe die Zeit der Pandemie Spuren hinterlassen. Sie hätten gesehen und erlebt, dass Menschen sich von ihren Liebsten durch eine Glasscheibe verabschieden mussten. Die Vorstellung, so etwas könnte wiederkommen und sie dann selbst betreffen, habe etwas mit den Menschen gemacht.

Ja, das haben wir damals nicht gut entschieden – aber eben auch, weil wir es zu dem Zeitpunkt nicht besser gewusst haben. Es gibt viele weitere solcher Geschichten, die Fragen aufwerfen. Deshalb ist eine Aufarbeitung so wichtig.

–

Auch über Long Covid müssen wir ausführlich sprechen – eine fürchterliche und unterschätzte Krankheit, für die es noch immer keine konkrete Behandlung gibt. Long Covid kann ein Auslöser für das chronische Erschöpfungssyndrom ME/CFS sein (das auch andere Ursachen kennt). Betroffene werden durch die Krankheit regelrecht aus ihrem Leben gerissen. Sie sind je nach Schweregrad zum Teil komplett ans Bett gefesselt. Schon das Rascheln der Bettdecke kann zu laut sein oder das Haarewaschen zu einem »Crash« führen.

Am Münchner Chronische Fatigue Centrum am Universitätsklinikum Rechts der Isar lerne ich Pauline kennen. Pauline will

Journalistin werden. Seit Jahren ist das ihr Traumberuf. Aber für Pauline ist das alles andere als selbstverständlich. Pauline hat ME/CFS, sie kann nicht einfach in die Schule gehen wie alle anderen, nicht einfach eine Ausbildung machen wie ihre Freundinnen und Freunde. Sie kann auch nicht einfach studieren oder gar das Studium in der Regelstudienzeit abschließen. Sie kann nicht auf Partys, Festivals oder Konzerte gehen, Shoppen gehen mit ihren Freundinnen oder Freunden oder ihren Schwarm im Café daten. Kinder und Jugendliche wie Pauline brauchen Pausen, einen individuellen Rhythmus. Sie brauchen digitalen Unterricht, vielleicht einen Schul-Avatar für die Klassengemeinschaft oder sogar eine Onlineschule. Sie brauchen mehr Teilprüfungen oder gleich ganz andere Prüfungssettings, welche mit individuellen Ruhephasen.

Pauline hat sich in ihrer Schulzeit mühsam jeden einzelnen dieser Schritte erkämpft, so als sei sie ein Einzelfall. Aber sie ist kein Einzelfall: 40 000 Kinder und Jugendliche waren schon vor der Pandemie in Deutschland an ME/CFS erkrankt.[19] Mit der Pandemie dürfte sich ihre Zahl wesentlich erhöht haben. All diese Kinder und ihre Familien sollen bitte keine Einzelfallentscheidungen vor Gericht erkämpfen müssen, denn dann fehlt ihnen die Kraft für das, was sie eigentlich wollen: lernen, sich verwirklichen, ihren Traumberuf ergreifen.

Hier ist schlicht Handlungsbedarf. Kranke Kinder müssen die Chance haben, so weit wie möglich am Leben teilzuhaben. Eltern brauchen Ärztinnen und Ärzte, die sie aufklären (und nicht umgekehrt); sie brauchen Jugendämter, die Bescheid wissen und sie unterstützen, statt ihnen zu misstrauen. Geschwister brauchen die Aufmerksamkeit ihrer Eltern, und sie brauchen ihre kranken Geschwister als Spiel- und Streitpartner, Raum für ihre Kindheit.

In den Jahren nach der Pandemie und mit der Ampel-Regierung wurden zum ersten Mal nennenswert Gelder für die Erforschung der Erkrankungen mit eingeschränktem Energielevel – vor allem Long Covid, aber auch ME/CFS – zur Verfügung gestellt. Das ist ein Anfang, wenngleich, das weiß ich, ein bescheidener. Aber es ist auch der Beginn der Anerkennung dieser Krankheiten. Er ist verbunden mit der Hoffnung, dass Hausärztinnen und Hausärzte sich damit in Zukunft besser auskennen und bereit sind, den nicht unerheblichen individuellen Betreuungsbedarf zu schultern. Und noch immer fehlen breit wirksame, zugelassene Medikamente, Therapien und Hilfsmittel.

Für den Einzelnen oder die Einzelne geht das gleichwohl zu langsam voran. Das verstehe ich. Es fühlt sich für Betroffene an wie Vernachlässigung, nicht gesehen werden. Aber ich will auch den anderen Blick nicht vergessen: Während die Forschung und Unterstützung für Betroffene in Deutschland vor der Pandemie bei nahe null rangierte, gehören wir heute zu den führenden Forschungsnationen in diesem Feld. Das Bewusstsein für die Dringlichkeit ist endlich da, auch in den Debatten im Bundestag, in denen bei diesem Thema kaum erkennbar ist, wer welcher Fraktion angehört. Es ist jedenfalls ein gutes Beispiel von politischer und übergreifender Vernunft, dass auch die Folgeregierung hier unbedingt weiter mehr Geld in Forschung investieren, informieren und für bessere Versorgung sorgen will. Das ist vor allem ein Verdienst der Betroffenen selbst, denn sie haben oft vom Krankenbett aus, mit Unterstützung der Familie, für Öffentlichkeit gesorgt und Druck gemacht.

—

Ich will noch einmal wissen, wie es eigentlich vor Ort läuft, im Krankenhaus. Sind wir dort besser vorbereitet, falls es ein nächstes Mal gibt, ein anderes Virus, eine andere Pandemie? Dr. Andreas Schießl in München ist Infektiologe. Er meint, man solle sich nie die Frage stellen, *ob* es wieder eine Pandemie geben werde, sondern nur *wann*.

Ich spreche mit ihm über seine Erfahrungen. Er war Pandemiebeauftragter an seinem Haus, der Schön-Klinik in München. Gemeinsam mit dem Gesundheitsreferat München und anderen Pandemiebeauftragten sowie Intensivmedizinerinnen und Intensivmedizinern fanden Runden statt, in denen das weitere Vorgehen besprochen wurde. »Da ist wirklich viel schnell und gut gegangen. Und man hat all diese anderen Dinge, die uns so täglich beschäftigen, zur Seite gelegt und hat Medizin gemacht.«

Die Umstellung von Orthopädie auf Pandemie war in seiner Klinik eine Herausforderung. »Wir mussten umschalten von demokratisch geführtem Gesundheitswesen hin zu: Das machen wir jetzt so!« Schnell entscheiden, darum ging es am Anfang in der Tat auch in den Kliniken. Freie Betten schaffen für das, was kommt. Patientinnen und Patienten, die bereits operiert waren, wurden früher nach Hause geschickt. Viele Angestellte aus dem orthopädischen Bereich mussten während der Pandemie eine neue Rolle einnehmen. »Es waren ja plötzlich die Internisten, die Anästhesisten, die Intensivmediziner gefordert, und der Rest hat sich gedacht: Was machen wir jetzt?«

Auch Schießl weist noch einmal auf die Bilder aus Bergamo hin, das nur rund 500 Kilometer von München entfernt liegt. Ich denke, wir Außenstehenden können kaum ermessen, wie sehr die Pandemieerfahrung in vielerlei Hinsicht auch die im Gesundheitswesen Tätigen bis heute prägt. Es soll hier erzählt werden, obwohl es fast gestrig wirkt – weil es eben kein abgeschlossenes Kapitel ist, weil es geprägt, manchmal auch traumatisiert hat, weil es nachhaltig etwas verändert hat, weil es bis heute, auch unter einer neuen Regierung, in Kriegszeiten und trotz Trump immer wieder an die Oberfläche kommt, sobald die Gespräche ein wenig länger dauern und ein wenig tiefer gehen. »Wir wussten«, erzählt Schießl, »da kommt eine Welle über die Alpen, und wir wissen nicht: Wo bricht sie durch? Was passiert? Da sind alle Szenarien durchdacht worden, die nur irgendwie zu denken waren. Dann kam sie und hat uns schon wirklich in vielen Bereichen krass unvorbereitet getroffen.« Man hatte nicht genug Betten vorgehalten, es war nicht ausreichend Schutzkleidung vorhanden. Der Zug der Effizienz und nicht der der Bereitschaft zur Vorhaltung sei vorher durchs Land gedonnert, meint Schießl rückblickend. Die vorherrschende Frage in den Krankenhäusern – »Können wir uns das leisten?« – habe viel kaputt gemacht. Heute habe man zumindest den Bereich der Infektiologie aufrechterhalten, und auch die Pandemie-Station gebe es noch. Dennoch spricht Schießl von einem nicht ausreichenden Weckruf. »Ich weiß nicht, wie groß die Lager für Schutzmaßnahmen im Augenblick sind. Ich habe die Befürchtung, dass wenig da ist. Und dass wir aus der Pandemie, die ja auch Pflegekräfte und Ärzte hart gefordert hat, nicht richtig rausgekommen sind und einmal ausgeschnauft haben.«

Die Erschöpfung bei allen, die in den Krankenhäusern während der Pandemie Höchstleistungen gebracht haben, war noch lange zu spüren. Sie wurde unmerklich abgelöst durch eine allgemeine Erschöpfung im System, durch zu wenige Reformen und eine daraus resultierende Überbelastung. Das abendliche Klatschen von den Balkonen als Zeichen der Anerkennung und des Dankes für alle, die während Corona das Land am Laufen hielten, ist längst verhallt. Aber noch immer erinnern sich die, für die geklatscht wurde, mit Verbitterung daran – es hallt quasi nach und mischt sich mit der Wut über das zu Wenig und zu Spät der nötigen Änderungen. Auch darüber, dass die Bürokratie, die während der Pandemie verschlankt war, wieder deutlich zugenommen hat. »Manchmal hat Medizin besser funktioniert, weil es nicht diese ganzen überbürokratischen Vorgaben gab, sondern der eine mit dem anderen telefoniert und gesagt hat: Wir machen das. Auch mit häuserübergreifender Zusammenarbeit.«

Wir müssen beide lachen. Einfach telefonieren ... Unser Lachen ist bitter. Medizin machen – das müssen wir besser hinkriegen. Wir brauchen eine grundlegende Neuordnung der Kliniken in Deutschland. Wir brauchen eine verlässliche Finanzierung bedarfsnotwendiger Krankenhäuser, und der hohe ökonomische Druck muss kleiner werden. Wir brauchen eine Entbürokratisierung, der Verwaltungsaufwand der Kliniken muss verringert werden. Anfänge sind gemacht, aber das System ist eher ein gigantischer Tanker, der in schwerem Wetter fast manövrierunfähig ist. Und die Veränderungen sind immer begleitet von wahlweise echter Sorge oder dem Schüren von Angst vor unzureichender und/oder auf dem Land schwer erreichbarer Versorgung.

–

Aber natürlich gibt es auch viel Gutes in deutschen Krankenhäusern. Menschen, die in einem medizinischen Beruf arbeiten und immer wieder Ihr Bestes geben, damit Kranke gesund werden können. Die immer wieder zurückstecken in ihrem Privatleben, weil der Beruf für sie sinnstiftend ist und sie helfen wollen. Und ich denke an den Ehrenamtlichen Besuchsdienst der Charité, den es dort seit mehr als dreißig Jahren gibt.

Auf dem Virchow-Gelände in Berlin-Wedding treffe ich Claudine H., die Leiterin dieses Besuchsdienstes. Die gebürtige Französin ist eine der mehr als zwanzig »Grünen Damen«, die regelmäßig Patientinnen und Patienten besuchen – wobei es auch drei

Männer im Team gibt. Zweimal in der Woche ist die 75-Jährige als Unterstützerin, Zuhörerin und Mutmacherin für die Patientinnen und Patienten da. Ich darf sie bei dem Besuch einer Patientin auf der Station der gynäkologischen Onkologie begleiten. Die Frau wurde erst ein paar Tage zuvor operiert.

»Nein, es kommt niemand!«, erzählt die Patientin mir. Ihr Zuhause, wo ihr Mann und auch ihre Schwiegermutter sind, liegt vier Stunden Autofahrt entfernt. Sie können nicht bei ihr sein, weil die Hotelzimmer in Berlin einfach zu teuer sind. Die Frau kennt niemanden in der Stadt, sie ist allein mit der Diagnose Krebs, allein mit den ständig kreisenden Gedanken in ihrem Kopf. Was heißt das alles für mich im schlimmsten Fall? Werde ich wieder gesund? Wann habe ich wieder mehr Kraft? Wann hören die Schmerzen auf? Was bedeutet die Krankheit für meine Beziehung? Was bedeutet sie für meine Weiblichkeit? Es müssen zermürbende Stunden sein, in denen die Sorgen erdrücken können. In denen man den Halt verlieren kann.

Ich kann mir gut vorstellen, welche Erleichterung der Besuch von Claudine H. so jemandem bringt, und sei es nur für einen kurzen Moment. Sie ist zugewandt, höflich, freundlich, offen und in keiner Weise aufdringlich. Sie ist eine, die da ist, wenn man sie braucht. Die man gern um sich hat.

Wie sie das Vertrauen der Patientinnen und Patienten gewinnt, will ich von ihr wissen. »Ich höre zu«, antwortet sie mir in aller Einfachheit. Oft werde sie dadurch gerade für Frauen eine Vertraute. »Es gibt Kapitel, die sehr schwierig für eine Frau sind. Wenn sie zum Beispiel einen künstlichen Ausgang bekommen hat. Bis sie das dem Ehemann erzählt – das dauert. Da gibt es wirklich eine Hemmschwelle, und die erzählen uns das erst einmal. Ich versuche immer, zu beruhigen. Wir reden auch über Perücken. Die Frauen wissen natürlich, dass sie bei der Chemotherapie die Haare verlieren. Und erzählen mir, wie sie das erleben. Haare verlieren – das ist ein Trauma.«

Claudine H. fragt auch die Patientin, die wir besuchen, ob diese mit ihrem Mann über die Krankheit und ihre Ängste reden könne. Und sie will wissen, ob die Frau Schmerzen hat, und klärt sie auf, an wen sie sich wenden muss, wenn die Schmerzen zu stark werden.

»Es geht schon«, entgegnet die Frau ihr. »Es muss ja gehen.« Und dann zeigt sie mir ein Buch, in dem sie malt, wenn die Gedanken sie unruhig werden lassen. Das Malen beruhigt sie. Sie gibt mir das Buch. Viele schwarz-weiße Bilder, dazwischen Cartoons mit vielen knalligen Farben. Eine Reise durch die Seele. Und ich denke an eine meiner Freundinnen, die das mit dem Satz »Krebs ist ein Arschloch« auf den Punkt bringt.

Bevor Claudine H. sich als Grüne Dame engagiert hat, arbeitete sie als Lehrerin. Nach ihrer Pensionierung engagierte sie sich erst als Vertreterin für die französische Kirchengemeinde am Gendarmenmarkt in Berlin und machte dann eine Fortbildung bei der Diakonie für die Arbeit als Grüne Dame. »Nach dem Ende meiner Arbeit in der Schule habe ich mich gefragt: Wie kannst du dich engagieren?«, erklärt sie mir. »Ich wollte gleich was tun. Ich mag Menschen und habe kein Problem in der Kommunikation.«

Für Claudine H. ist das Ehrenamt ein Zeichen für eine Gesellschaft, die gut funktioniert. Ein Zeichen für eine Demokratie, die funktioniert. In ihrer Familie engagieren sich alle ehrenamtlich. Sie kennt es nicht anders. Während des Zweiten Weltkriegs nahm ihre Tante jüdische Kinder bei sich in Frankreich auf. Dass man das machen musste, sahen in ihrer Familie alle so. Heute stellt sie fest, dass sie für ihre ehrenamtliche Arbeit mehr Anerkennung bekommt als früher. In den fünfzehn Jahren, in denen sie dabei ist, musste sie während der Pandemie pausieren. Die Grünen Damen durften damals nicht auf die Stationen. Claudine H. versuchte trotzdem, die Gemeinschaft der Grünen Damen aufrechtzuerhalten. Denn auch das ist Teil des Ehrenamtes: sich um die Ehrenamtlichen zu kümmern, sie beieinander zu halten, sich auszutauschen. »In der Zeit der Pandemie haben wir kleine Wanderungen gemacht. Ich habe versucht, die Gruppe zusammenzuhalten. Wir haben miteinander telefoniert – einige Kolleginnen waren sehr einsam –, und trotzdem haben uns manche nach Corona verlassen, weil sie eine neue Art entdeckt hatten, die Zeit zu gestalten.« Die Pandemie hat auch solche Gemeinschaften strapaziert.

Zu Claudine H.s Tätigkeit gehört auch der Umgang mit Menschen, die sterben werden. »Viele können den Tod nicht benennen. Sie sagen: ›Ja, ich hatte ein gutes Leben.‹ Oder: ›Ja, vielleicht habe ich noch ein paar Monate zu leben.‹ Wir dürfen das natürlich nicht beurteilen.«

Claudine H. urteilt nicht, sie spricht gegenüber den Patientinnen und Patienten beispielsweise Möglichkeiten einer Palliativmedizin an. Und sie versucht, ihnen Selbstvertrauen zu geben. »Ich sage immer: ›Die Zeit, wo wir Helden gebraucht haben, die ist vorbei. Sie dürfen auch schwach sein. Sie dürfen auch erzählen, dass Sie es satthaben. Sie dürfen dem Arzt sagen: Nein, ich kann nicht mehr. Machen wir eine Pause.‹« Sie denkt oft an Menschen, die sie bis zum Tod begleitet hat. »Es begleitet mich. Ich trage die Biografien der Menschen, die sich mir anvertraut haben, lange im Herzen«, erzählt sie mir.

Halt findet Claudine H. in ihrem Glauben. Auch mit den Patientinnen und Patienten betet sie ab und zu. »Da gab es eine Frau aus der Türkei, die sehr lang im Sterben lag. Ihr Mann kam regelmäßig und hat gebetet. Und ich habe mit ihm gebetet. Das war nicht dieselbe Religion wie meine, aber egal. Manchmal fragt mich einer der Patienten: ›Können wir zusammen beten?‹ Dann mache ich das. Aber ich sage nicht immer gleich: ›Gut. Wir werden jetzt beten!‹, sondern auch mal: ›Entweder Sie schimpfen mit Gott, oder Sie fragen ihn, ob er runterkommen und helfen kann.‹«

Unterstützung findet sie auch bei ihrem Mann. Er ist immer an ihrer Seite und meint, sie solle das machen, was ihr Freude bereitet. Ablenkung von den Schicksalen, die ihr begegnen, verschaffen ihr Musik und ihre Enkelkinder. Claudine H. ist dankbar, dass sie ein großes familiäres Umfeld hat. Dass sie nicht allein ist. Denn auf den Stationen gibt es viele einsame Menschen, erzählt sie mir.

Ich frage sie, wie sie mit einsamen Menschen ins Gespräch kommt. Und weil ich so viel über den Groll der Einsamen gelesen und in den Gesprächen gehört habe, frage ich sie auch danach. »Ja, etwas«, stimmt sie mir zu. »Sie haben oft Probleme, sich auszudrücken. Sie kennen es nicht, dass man auch über seine Gefühle spricht.«

—

Über den Groll, der durch Einsamkeit entstehen kann, spreche ich auch mit Christina Brudereck. Ich treffe sie in ihrem Zuhause in Essen.

Die Theologin und Autorin erzählt mir von ihrem Vater. Während der Pandemie zog er sich immer weiter zurück, aus Sorge vor einer Ansteckung. Christina Bruderecks Mutter blieb lange mit ihm zu Hause, beschloss dann aber doch, ab und zu hinauszugehen – zur Seniorengymnastik oder zum Gottesdienst.

Der Vater konnte damit nicht gut umgehen. Seine Angst wurde immer größer, er reagierte fast panisch, wenn seine Frau nach Hause kam.

Kurz vor Ende der Pandemie starb die Mutter. Zurück blieb der Vater, 87 Jahre alt, der nach wie vor meist daheimbleibt. »Es gäbe viele Gelegenheiten, wo er raus könnte«, sagt Christina Brudereck. »Er will es aber nicht, es ist ihm zu anstrengend. Er war Pfarrer, sein Leben lang, war immer von Leuten umgeben. Jetzt schaut er sich den Gottesdienst im Fernsehen an.«

Was macht diese Einsamkeit mit ihm? Christina Brudereck beschreibt ihren Vater als zufrieden, aber nicht glücklich. Er meckere nicht, sei aber krude geworden. Es gäbe genügend Menschen, die sich über seine Gesellschaft freuen würden: am Gemeindemittagstisch, im Gottesdienst, im Lesekreis – einen weisen älteren Herrn, weder vergnatzt noch besserwisserisch. Alle in der Familie oder im Freundeskreis würden ihn abholen oder ihn besuchen. Aber er möchte nicht. »Er ist selbstisoliert, aus eigener Entscheidung.«

Wer weiß, denke ich für mich, vielleicht hat dieser Mann ja genug Gesellschaft gehabt in seinem Leben, und seine Zurückgezogenheit erklärt sich schlicht aus einem Bedürfnis nach Ruhe. Schließlich war er über viele Jahre jemand, auf den immer geschaut wurde, und ich kann mir halbwegs vorstellen, was auf ihn sein Berufsleben lang eingeprasselt ist: Ja, Herr Pfarrer, nein, Herr Pfarrer, Sie waren aber lange nicht mehr bei meiner Mutter, und haben Sie schon bemerkt, dass die Kirchturmuhr falsch geht? Und außerdem, die Kirche müsste sich wirklich mehr kümmern!

So wie ihm ergeht es im Grunde allen Seelsorgerinnen und Seelsorgern, aber auch einer Politikerin wie mir und vermutlich ebenso Hausärztinnen und Hausärzten: Man ist immer zuständig, und alle erwarten von einem, dass man zu jeder Tages- und Nachtzeit nicht bloß ansprechbar und verständnisvoll ist, sondern auch auf alles eine Antwort parat hat. Eigentlich ein Privileg, aber zugleich extrem anstrengend – für diese Menschen selbst, aber natürlich auch für ihre Familien. Meine Kinder hatten jedenfalls am Esstisch, sobald es klingelte, beim Einkauf oder in der Nachbarschaft die politische Bildung inklusive, denn irgendwann wollte immer jemand etwas wissen über das, was da gerade in Berlin abgeht oder über den Straßenausbau vor der Tür oder die Öffnungszeiten der Verwaltung. Und wenn es um die Seele ging, dann war der Pfarrer, ihr Vater, auch direkt zugegen. Diese Berufe haben oft ja etwas von Berufung, da gibt es im Kopf selten Dienstschluss. Dass einer dann irgendwann denkt: »So, jetzt lasst mir meine Ruhe!«, wäre mir jedenfalls sehr verständlich.

Ob das so auf den Vater von Christina Brudereck zutrifft, weiß ich nicht. Vielleicht währte bei ihm auch der Corona-Rückzug zu lang, um sich anschließend wieder gesellschaftsfähig zu fühlen. Einsamkeit und der Umgang mit ihr sind jedenfalls ein großes Thema. Aber nicht immer sind sie ein Problem. Ruhe finden wollen, einen eigenen Rhythmus haben wollen, Gedankenschleifen zulassen und sich nicht immer wieder auf Neues einlassen wollen – wem wollen wir es verdenken?

Mit Christina Brudereck unterhalte ich mich auch darüber, warum sie findet, dass die Erwartung »Die da oben müssen es für mich regeln« unrealistisch ist. Sie meint, jeder von uns habe einen Anteil daran, dass das Miteinander gelingt. Jeder trage für die Gesellschaft Verantwortung. Die Menschen müssten sich zusammentun, sich vernetzen, einander helfen. Die Kirche ist dafür in ihren Augen ein guter Ort: Gemeinsame und verbindende Rituale sind wichtig. Wer das alles nicht hat oder nicht mehr zulässt – wie ihr Vater –, kann zu einem Miteinander wenig beitragen.

Christina Brudereck lebt in einer Hausgemeinschaft mit ihrem Mann und zwei anderen Paaren und deren Kindern. In der Pandemie konnten sich alle gegenseitig großen Halt geben.

»Wir haben in der Zeit noch die Nachbarstochter ›adoptiert‹«, erinnert sie sich. »Sie war Einzelkind und ist bei uns untergeschlüpft. Ich habe schönen Religionsunterricht gegeben, habe Chanukka erklärt oder wer Martin Luther King ist.« In dieser Gemeinschaft sind sie gut durch die Pandemie gekommen.

Laut der 19. *Shell Jugendstudie* ist die Generation Corona insgesamt in dieser Zeit gestärkt worden.[20] Die jungen Menschen haben gelernt, dass man eine Krise überstehen kann, und sie blicken optimistisch in die Zukunft. Dieser Befund ist auch deswegen interessant, weil inzwischen zu Recht darauf verwiesen wird, dass zwar viele politische Entscheidungen in der Pandemie richtig waren, aber auch richtig große Fehler gemacht wurden, besonders im Umgang mit Kindern und Jugendlichen. Jetzt zu sehen, dass die Resilienz dieser Generation im Großen und Ganzen gestärkt ist, macht mir Hoffnung.

Die Tatsache, dass gleichwohl viele Verliererinnen und Verlierer dieser Zeit noch immer an den Folgen leiden, und zwar in allen Milieus, bleibt eine schwere Hypothek, auch für mich persönlich. Es gibt im politischen wie im persönlichen Leben immer Dinge, die nicht wiedergutzumachen sind, bei denen man nicht »zurück auf Los« gehen kann und wo keine noch so warmen Worte helfen.

Das erste Weihnachtsfest in der Pandemiezeit wird Christina Brudereck immer in Erinnerung bleiben. Damals hatte eines der Kinder in der Hausgemeinschaft Corona, eine Impfung gab es noch nicht. »Da haben wir gesagt: Wir müssen uns jetzt aufteilen. Das ist das schlimmste Weihnachtsfest ever gewesen, weil wir dann nicht mehr zusammen sein konnten, sondern alle auf ihrer Etage blieben.« Gerade für Christina Brudereck und ihren Mann Ben war das eine schmerzvolle Erfahrung. Die beiden blieben zu zweit, sie haben keine Kinder. »Irgendwann hat Ben gesagt: ›Ich halte das nicht mehr aus, wir machen jetzt Bescherung im Treppenhaus.‹ Und dann haben wir wirklich einen Flaschenzug gebastelt und so Geschenke auf die Etagen verteilt. Er hat sich ans Klavier gesetzt, und wir haben alle im riesigen Treppenhaus Weihnachtslieder gesungen. Am dritten Feiertag haben wir uns dann alle freigetestet und endlich wieder in den Armen gelegen.«

»Freigetestet« – eines der Pandemiewörter, die wohl bleiben werden. Man musste sich testen, um sich frei bewegen zu können. So ist das eben: Deine Freiheit hat ihre Grenze dort, wo die Freiheit der anderen bedroht ist. Eigentlich gar nicht so schwer zu verstehen oder ungewöhnlich, sondern auch in dieser Situation anwendbar, wo es um den Schutz, den Gesundheitsschutz der anderen ging.

Dennoch: Der große Mangel an Berührung in der Pandemie hat viele Menschen zusätzlich beschwert. Der Händedruck, die Umarmung, das Streichen über den Kopf – so etwas vermisste man schmerzlich. Menschen sind einfach nicht dafür gemacht, einander auf Abstand zu halten. Da ist es wohl so wie bei vielem im Leben: Wie elementar und wichtig etwas ist, spürt man erst, wenn es fehlt.

—

Der Journalist Georg Mascolo hat sich gemeinsam mit dem Virologen Christian Drosten ein ganzes Buch lang mit der Frage befasst, was wir alle aus der Pandemieerfahrung lernen können. Wie Mascolo in einem Interview erklärte,[21] wollten die beiden vor allem folgenden Fragen nachgehen: »Wie organisieren wir eigentlich beim nächsten Mal, egal in welchem Fall auch immer, wissenschaftliche Beratung? Wie schaffen wir ein Verständnis für die Integrität wissenschaftlicher Prozesse? Wie gehen wir mit abweichenden Meinungen um?« Ihnen erschien dafür ein neutraler Blick von außen wichtig, ja geradezu zwingend notwendig.

Drosten schlug deshalb vor, »eine Gruppe von klugen Wissenschaftlerinnen und Wissenschaftlern aus dem Ausland zu suchen, die in der Pandemie selbst in Deutschland keine Rolle gespielt haben«, damit sie »einen kalten und kühlen Blick auf die Frage des Handelns der Wissenschaft in der Pandemie werfen«.

Das ist ein sehr vernünftiger Vorschlag. Dennoch scheint es mir ebenso offensichtlich geboten zu sein, an die Erfahrungen derjenigen anzuknüpfen, die erlebt oder umgesetzt haben, was politisch entschieden, wissenschaftlich geraten und durch Verwaltungshandeln umgesetzt wurde. Gemeint sind Lehrerinnen und Lehrer, die mit dem Fahrrad Aufgaben bis an die Wohnungstür ihrer Schulkinder gebracht haben, auch, um die Kinder zumindest einmal zu sehen und zu schauen, ob es ihnen gut geht. Lehrerinnen und Lehrer, die jeden Morgen online mit den Kids gesungen oder geturnt haben und die das so spannend gemacht haben, dass alle pünktlich waren und meistens nicht im Schlafanzug kamen. Ich meine aber auch die Lehrkräfte, die mit Onlineunterricht nichts anfangen konnten, weil sie so etwas einfach nie gelernt und schon gar nicht gewollt haben. Und ich meine die jungen Menschen, von denen es immer wieder heißt, viele von ihnen litten bis heute an den Folgen der Pandemie. Wo kommen sie zu Wort? Bekommen sie Hilfe, einen Ausgleich für das, was ihnen an Wissensvermittlung und sozialem Lernen entgangen ist?

Ich weiß, es ist unmöglich, Versäumtes dieser Art wieder»gut«zumachen. Es dennoch zu thematisieren und zu tun, was geht, ist aber möglich, sinnvoll und würde (hoffentlich) zu etwas Entspannung in der immer noch gestressten Gesellschaft führen. Dasselbe gilt für das Eingeständnis, dass etwa die Impfpflicht für Pflegekräfte nicht nur kein Gefühl von Gerechtigkeit vermittelt, sondern sogar zu mehr Verunsicherung beigetragen hat. Diese Entscheidung wie auch die Schließung der Schulen waren Fehler, die ich auch mir ankreide, weil ich dem zugestimmt habe. Eine Alternative, um Kontakte zu verringern, wäre ja gewesen, Unternehmen zu schließen. Aber auch bei mir überwog damals die Angst, dass wir das wirtschaftlich möglicherweise nicht überstehen würden.

Natürlich gab es auch aus heutiger Sicht unsinnige Maßnahmen – für diese Feststellung brauchen wir keine Aufarbeitung. Spielplätze im Freien zu schließen oder Parkbänke abzusperren, damit sich keiner drauf niederlassen kann – das war einfach Quatsch. Gleichwohl: Jedwede Aufarbeitung wird nur funktionieren, wenn es nicht vor allem darum geht, wer recht hatte oder hat. Und ebenso wenig dürfen die Entscheider so tun, als hätten sie gar nicht entschieden, sondern als wären sie quasi von einer höheren »Macht« dazu gezwungen worden. Wenn eine Aufarbeitung heilsam sein soll für die Gesellschaft, gehören zu den Zweifeln auch die Selbstzweifel, zum Mut die Demut und zu den Ergebnissen auch Folgen für heute.

Ich habe mich lange um den Gedanken gedrückt, dass eine solche Aufarbeitung entscheidend ist. Ich war einfach nur froh, als die Pandemie eingedämmt war und dass ich mich nicht mehr ständig an die Ausnahmezustände erinnern musste – auch nicht an die eigenen. An die Tage, an denen ich komfortabel, mit genug Platz und einem Garten, nur am Bildschirm hing, mich mit Menschen beraten, Entscheidungen vorbereitet, den Umgang mit den Mitarbeitenden unserer Fraktion mitorganisiert habe. An die Tage, an denen ich mich gefragt habe, warum Person XY nicht erreichbar ist, weil ich doch jetzt diese eine Information ganz schnell brauchte – um dann plötzlich festzustellen, dass es ja schon 22 Uhr war … An eine Zeit, in der viele in meiner Blase das Brotbacken entdeckt haben, während ich meinerseits erst einmal froh war, wenn es nicht drei Tage hintereinander nur Pizza direkt vorm Rechner gab, weil man noch nicht eingeübt hatte, dass es auch im Homeoffice geplante Pausen braucht. Ich wollte mich einfach auch nicht an die permanente Unsicherheit erinnern lassen (denn es war ja zugleich immer notwendig, nach außen den Eindruck zu vermitteln, dass man die Lage überblickte und sich einigermaßen sicher war, das Richtige zu tun).

Ich wollte auch nicht noch einmal gedanklich oder gefühlt zurückgehen in die Zeit, in der ich meine Enkelkinder und die beste Freundin nicht umarmen konnte. Ich wollte nicht zurückgehen, weil es inzwischen doch so viel anderes zu tun gibt: Krieg, Energiekrise, Klimakrise – irgendetwas ist immer, könnte man sagen. Und ich hatte mich ganz gut arrangiert mit dem Gefühl, zu wissen, dass es rückblickend nur zwei Seiten gab: hier die Aluhüte, da die anderen, und wenig dazwischen.

Der Zwischenruf einer befreundeten Wissenschaftlerin in meinen privaten Chatnachrichten, die sehr früh fand, es sei gefährlich, die Aufarbeitung der Pandemie quasi allein der AfD zu überlassen, wurde von mir überlesen, denn jetzt ging es ja wieder viel intensiver darum, zu regieren und zu erklären, warum so regiert wird. Das war ein klares Versäumnis meinerseits. Keine Frage: Alle, die es gut mit uns als Gesellschaft meinen, dürfen und sollen über ihre Zweifel und Überzeugungen hinsichtlich der Coronazeit reden und über das, was sie während der Pandemie erlebt oder erlitten haben.

Dabei darf gern auch über das Gute gesprochen werden, an das wir uns gewohnheitsmäßig noch weniger erinnern. Dazu zählen für mich etwa das Zusammenstehen am Beginn, die Wissenschaftlerinnen und Wissenschaftler, die im Schnelldurchlauf öffentliche Kommunikation lernten und anwendeten, die Gesundheitsämter, die trotz aller Häme, die sie zum Beispiel wegen ihrer Faxgeräte erfuhren, hart und gut gearbeitet haben, die Basketballer, die für unzählige Kinder witzige Onlinetrainings organisierten, die Gottesdienste im Fernsehen, die so viele Menschen erreichten wie nie und einfach auch viel besser wurden, die Onlinechöre – jede und jeder Singende einzeln zu Haus vor der Kamera, zusammengeführt von digitalmusikalischen Menschen.

Ich wollte nicht zurückgehen, weil ich dachte, es sei ja nun alles überstanden. Spätestens meine Gespräche für dieses Buch haben mir jedoch gezeigt, dass dem keineswegs so ist. Corona steht nach wie vor da, mitten im Diskursraum der Gesellschaft. Wie ein Monster verschlingt es noch immer Vertrauen – Vertrauen in Politik, in Wissenschaft, in unabhängigen Journalismus, in kundige Verwaltung, sogar in die Nachbarin, die es anders sieht, oder in den Freundeskreis, der sich entzweit oder entpolitisiert hat. Wenn wir nicht aufpassen, kann das Monster auch unsere Demokratie anknabbern und Teile davon verschlingen, denn die Angstbewirtschaftung funktioniert besonders gut, wenn es um Leib und Seele geht.

Deswegen ist ein Bürgerrat wohl das beste Instrument, um sich mit dem, was wir in der Pandemie erlebt haben, angemessen auseinanderzusetzen. In einem solchen Gremium beraten per Los ausgewählte Bürgerinnen und Bürger mit Expertinnen und Experten, um dann wiederum den politisch Verantwortlichen Empfehlungen oder Ratschläge zu erteilen. Die politisch Verantwortlichen müssen sich zuvor allerdings verpflichten, diesen Rat auch ernst zu nehmen und zu beherzigen.

Das mag anstrengend sein, aber wie heißt es doch in der Welt der Technik oder der Organisationsberatung: Störungen gehen vor. Das gilt auch für uns als Gesellschaft, und es gilt ebenso für den Umgang mit der Pandemie und ihren Folgen. Ja, Störungen gehen vor, und die Folgen der Pandemie stören noch immer. Deswegen geht es auch vor, sich damit zu befassen, und zwar ernsthaft, mitfühlend, lernend. Meine Oma würde so etwas sagen wie: »Kinder, es hilft ja nüscht.« Und so ist es. Die Zeit heilt nicht alles, und die Wunden brechen in unvorhersehbaren Schrecksekunden wieder auf oder – viel schlimmer – werden bewusst aufgebrochen von denen, die genau diese Fragilität wollen, um zu zerstören, was einer Gesellschaft heilig ist: den Zusammenhalt, das aufeinander Achten, den Wunsch nach Ausgleich.

—

Ich treffe Martin Heuser, Inhaber einer Musikagentur in Berlin-Kreuzberg. 2010 startete der heute Vierzigjährige sein Business und machte sein Hobby Musik zum Beruf. Mittlerweile hat sich seine Agentur mit ihren achtzehn Mitarbeitenden erfolgreich in der deutschen Musiklandschaft etabliert. Hier werden Songs fertiggestellt, aufbereitet und veröffentlicht. Mit einigen Musikkünstlerinnen und -künstlern arbeitet Heuser schon seit Jahren zusammen.

»Wir hatten eine relativ klare Zero-Homeoffice-Quote vor Covid«, erklärt mir Heuser. »Es gab keine festen Homeoffice-Tage, und es war auch immer okay, dass es das nicht gab. Durch Covid wurden wir als Arbeitgeber komplett entmächtigt, und diese Macht hat uns eigentlich niemand wieder zurückgegeben.« Seinen Mitarbeitenden ermöglicht er nach wie vor Arbeit aus dem Homeoffice, denn ohne diese Option sei man als Arbeitgeber nicht mehr attraktiv. Dabei geht aus Sicht von Martin Heuser aber vieles verloren. »Wir sind eine Firma, die von Kommunikation lebt. Sowohl Kommunikation nach außen als auch interne Kommunikation. Jetzt fehlt einfach manchmal der Flurfunk. Wenn zum Beispiel jemand einen Yes!-Moment hat, bekomme ich das im Office eher mit, als wenn die Person sich online meldet und sagt: ›Ey, ich hatte gerade einen Yes!-Moment, den habe ich so noch nie erlebt.‹« Auch fluchende Mitarbeitende erlebt er weniger, dabei sei das enorm wichtig, weil man den Frust nur dann hinterfragen kann.

Was Heuser sonst noch umtreibt? »Wir leben momentan in einer Gesellschaft, in der man entscheidet: Weil die U8 kein schöner Ort ist, ist auch das Büro kein schöner Ort. Denn ich muss ja in die U8, um ins Büro zu kommen. Das heißt, die Leute sagen, ich habe einen schöneren Tag, wenn ich nicht ins Büro fahre. Ob das wirklich stimmt, ist allerdings die Frage.« Was er damit meint: Diese Menschen haben dann weniger soziale Kontakte. Sie lachen weniger, lächeln weniger und werden weniger angelächelt. Das hat Folgen. Ich denke noch einmal an die These von den Mikrobegegnungen, wonach wir weniger ängstlich sind, wenn wir diese im Alltag erleben.

Insgesamt führt Homeoffice zu einer gewissen Distanz im Team, findet Heuser. Er stellt außerdem fest, dass die Ansprüche der Arbeitnehmerinnen und Arbeitnehmer gestiegen sind. Mitarbeitende fordern beispielsweise schon nach einem halben Jahr Arbeit zehn Prozent mehr Lohn oder zwei Tage mehr Urlaub. Die Work-Life-Balance steht im Mittelpunkt. »Das kann ich auch privat nachvollziehen – dass Menschen eigentlich wollen, dass es sich jedes Jahr verbessert.« Als Unternehmer könne er sich das aber nicht leisten. Als Folge davon setzt Heuser inzwischen auch auf Mitarbeitende aus dem Ausland. Kürzlich erst stellte er jemanden aus Portugal ein. »Ich habe mit ihm keine Diskussionen und bekomme vielleicht die gleiche Leistung. Obendrein wird er in Portugal wie eine sehr privilegierte Person leben, weil er für portugiesische Verhältnisse vergleichsweise viel Geld bekommt.« Neue KI-Tools können mittlerweile einen Teil der anfallenden Aufgaben übernehmen. Das führt dazu, dass Heuser weniger Menschen einstellt.

Wir sprechen dann noch einmal über den Wunsch nach Homeoffice-Arbeit. Heuser hadert oft damit, etwa wenn er sieht, dass Mitarbeitende dienstags früher gehen, um Überstunden abzubauen, und sonntags dann arbeiten, ohne es zu müssen. Ihn ärgert auch, dass seine Arbeitsplätze regelmäßig auf Abstände, Licht und so weiter geprüft werden, während zu Hause die Mitarbeitenden auf einem kleinen Küchenstuhl vor dem Laptop hocken oder gar im Bett arbeiten.

Arbeitgeber sind zurückhaltender geworden in dem, was sie fordern dürfen. Und darin sieht Martin Heuser eine Gefahr. »Mir fehlt so ein bisschen die Frage, wo wir eigentlich als Gesellschaft hinwollen und wie wir überhaupt eine Idee davon bekommen, wo wir in fünf oder zehn Jahren sein wollen. Was ich wahrnehme, ist stattdessen immer nur ›Wie kann heute geiler sein?‹ oder ›Wie kann morgen geiler sein?‹« Weniger Ich-Bezogenheit, mehr gemeinsames Machen – das wünscht Heuser sich für die Zukunft.

Ich denke an die politischen Debatten über Mindestlohn, über Familienzeit, über Entschleunigung der Rushhour des Lebens. Ich höre Friedrich Merz, wenn ich noch einmal nachlese, was Martin Heuser gesagt hat. Merz möchte gern, dass die Deutschen fleißiger werden. Und ich denke daran, welch riesige Kluft es gibt zwischen denen, die etwa dauernd Überstunden im Krankenhaus leisten, und denen, die bereits die U-Bahn-Fahrt zum Job unangenehm finden. Patienten und Patientinnen, Kita-Kinder oder Pflegebedürftige lassen sich nicht im Homeoffice betreuen. Merz würde wohl sagen, dass er die ja nicht meint, sondern eben die, die da bequem in Kreuzberg arbeiten (für manche die Chiffre für vieles, auch für neue Jobmodelle). Ich denke, wir sind noch lange nicht fertig mit diesen Fragen: Was braucht die Gesellschaft? Was brauchen Unternehmen, was die Einzelnen? Und wie tarieren wir das miteinander aus? Manche haben viel zu viel zu tun, kommen dann nach Hause und fahren die zweite und dritte Schicht, weil sie Kinder haben oder hilfebedürftige Eltern oder andere, die ihnen nahestehen. Und dann kommt noch die dritte Tagesphase, in der es eigentlich um die Beziehung gehen soll, aber dann doch die Orga und die Steuererklärung Vorrang haben. Deutsche arbeiten insgesamt relativ wenig, wegen Feiertagen, Urlaub und so weiter. Aber ist es sinnvoll, eine Rolle rückwärts zu machen, um dadurch vermeintlich ökonomisch vorwärtszukommen?

Ich verstehe Martin Heuser gut. Ich bin ja selbst Arbeitgeberin. Und fast immer, wenn jemand so arbeitet, dass es vor allem für ihn beziehungsweise sie selbst gut ist, müssen andere das ausgleichen. Aber hilft es wirklich, deswegen andere Gesetze zu machen? Demotivieren wir damit nicht gerade diejenigen, die wirklich versuchen, alles unter einen Hut zu bekommen?

Martin Heuser übernimmt inzwischen viele Aufgaben selbst, wie zu Beginn der Selbstständigkeit. Die Kontakte zu Künstlerinnen und Künstlern machen ihm sowieso Spaß. Aber es bedeutet für ihn eben auch, weg von zu Hause zu sein, oft länger als einen Tag. Er ist in der Agentur der Einzige, der ein Kind hat. Er versucht dennoch, alles unter einen Hut zu bekommen – die Verantwortung, die Familie, seine eigenen Interessen.

Ob er wütend sei, frage ich Heuser. Er drückt es anders aus, findet, dass kreativ Arbeitende ruhig auch ein paar Regeln einhalten könnten. Er verlangt gerade nicht vom Staat, dass der sich um diese Regeleinhaltung kümmert – ich bin also so gesehen raus und Friedrich Merz auch, zumindest bei Martin Heuser. Denn in erster Linie geht es ihm ja darum, dass diejenigen, die er einstellen will, sich auch einen anderen Job aussuchen können. Trotzdem fragt er sich, ob wir als Land erfolgreich sein können, wenn die Haltung seiner Mitarbeiter Mainstream wäre. Wir reden darüber, ob seine Erfahrungen vielleicht auch die in einer bestimmten Blase sind. Das sei definitiv so, meint er, die Schichtarbeit bei Aldi oder im Autowerk laufe anders. Aber den Musikstream, den wollten dann doch auch alle auf die Ohren. Und er wolle, dass sich seine Firma darin behaupten kann. In der Regel könne er nicht die ganz großen Profite machen und weitergeben. Deswegen frage er sich, ob es nicht doch ein anderes Normal der Arbeitswelt geben könnte: eines mit geteilten Wow-Momenten und geteiltem Frust. Mit mehr Sozialem und weniger Ich. Wäre ja vielleicht nicht nur gut für seine Firma.

Stimmt, denke ich, und das ist nun wirklich nicht nur seine Blase. In meinem Team, auch bei mir selbst, ist die Homeofficezeit nicht vorbei, aber sie bestimmt auch nicht mehr das Leben und die Arbeit. Wir arbeiten in Präsenz, und auch im politischen Leben braucht es ja so etwas wie Wow-Momente, das Treffen an der Kaffeemaschine oder beim Tee. Mein Team arbeitet ohnehin an verschiedenen Orten, in Berlin und in Jena. Es ist gut, dass es jeden Tag digitale Treffen gibt. Aber zugleich ist auch klar: Zu Hause zu arbeiten ist die Ausnahme. In Berlin ist es dann notwendig, wenn die S-Bahn nicht fährt, die Bahn streikt, die Baustellen Stau produzieren (selbst mein normaler Fahrradweg ist aktuell von drei Wanderbaustellen geprägt). Und auch mir gelingt es ab und an besser, zu Hause etwas konzentriert aufzuschreiben als im Büro.

—

Wir brauchen mehr Zuversicht und mehr interkulturelle Diversität, sagt Songül Göktas-Rosati. Sie ist Geschäftsführerin des Türkei-Reiseveranstalters Bentour und damit eine der wenigen weiblichen Führungskräfte in der deutschen Touristik – und auch noch eine, die aus einer Gastarbeiterfamilie kommt. Früher war sie Geschäftsführerin bei Öger Tours.

Songül Göktas-Rosati bezeichnet sich als Türkei-Liebhaberin. Für sie steht die Türkei als Land, die Kultur für Gefühl und Herzlichkeit. Sie will durch Reisen in das Land mit gängigen Klischees aufräumen. Ihre Tätigkeit sei ein Stück weit missionarisch. Songüls Vater war einer der ersten türkischen Gastarbeiter in Deutschland. Als sie fünf Jahre alt war, zog sie mit ihren älteren Geschwistern und ihrer Mutter nach Deutschland. Sie wuchs im Alten Land bei Hamburg auf, wo sie noch heute lebt. Songül Göktas-Rosati wurde in Interviews als »Meisterin der Krisen« betitelt, unter anderem weil genau mit ihrem Start bei Bentour auch die Pandemie losging und sie das Unternehmen in einer Zeit, in der Reisen nicht möglich waren, gut durch die Krise führte. Die Reiselust sei ungebrochen, meint sie. »Die Menschen wollen reisen. Und sie haben den Wert einer Reise nach der Pandemie wiedererkannt.« Wir sitzen in ihrem Büro in der Hamburger Speicherstadt. Das Fenster ist weit geöffnet, der rege Schiffsverkehr im Hintergrund deutlich zu hören. Ich genieße diesen Moment sehr.

Songül Göktas-Rosatis Mann arbeitet bei der Schifffahrt, wie sie mir erzählt. Die beiden haben eine 19-jährige Tochter. Nisa möchte schon bald Rechts- und Politikwissenschaften in Bremen studieren. Ich lerne sie kennen und verstehe, die junge Frau weiß, wie man sich durchsetzt. Genau wie ihre Mutter.

»In der Touristik können nur Menschen arbeiten, die eine starke Resilienz entwickeln«, erklärt Songül Göktas-Rosati. Sie selbst hat diese Resilienz entwickelt. Von klein auf wurde sie von ihrem Vater gedrillt, gute Noten zu schreiben. »Er hat immer gesagt: Ihr müsst doppelt so viel leisten wie jedes andere Kind.« Die Schulzeit im Alten Land war nicht einfach für sie. Songül hieß anders als die anderen und sah auch anders aus, und so wurde sie von ihren Mitschülerinnen und Mitschülern oft ausgegrenzt. »Es gab zwei Kinder, mit denen nicht gespielt worden ist. Das war ich, und das war Christiane. Ich, weil ich Ausländerin war, und Christiane, weil sie adipös war. Aber wir beide haben uns dann ehrlicherweise auch nicht verstanden.«

Auch ihre Tochter Nisa hat in ihrer Schulzeit Erfahrungen mit Rassismus gemacht. Als sie mit Einsernoten aufs Gymnasium kam, wurde sie – nur aufgrund ihres Namens – in den Deutsch-Förderunterricht gesteckt. Nach einem Gespräch mit der Schulleitung musste sie dort nicht mehr hin, aber eine Entschuldigung seitens der Schule gab es nicht.

Songül Göktas-Rosati engagiert sich stark gegen Rassismus und setzt sich für die Rechte von Frauen ein. »Ich war eigentlich nie eine Quotenbefürworterin, aber es bedurfte dieser Quote, die ist wichtig. Ich hoffe, wir kommen irgendwann darüber hinweg. Und ich wünsche mir, dass wir einen positiveren Umgang mit unseren Unterschieden finden.« Auch sollten Mütter, die einem Beruf in Vollzeit nachgehen, nicht mehr mit dem Stempel »Rabenmutter« versehen werden. Diesen Vorwurf habe sie oft gehört, und er sei für sie typisch deutsch. »Typisch westdeutsch«, entgegne ich ihr. Denn auch ich wurde als arbeitende Mutter erst *nach* der Wiedervereinigung mit dem Wort »Rabenmutter« konfrontiert. Den Begriff »Rabenvater« gibt es in unserem Sprachgebrauch übrigens nicht. Das sagt viel über die verbreitete Erwartung aus, wie Familie noch heute aussehen muss.

Wir reden über Frauenrechte und sind nun beim Du. Songül sprudelt los und erklärt erst einmal, dass Frauen stark machen auch bedeute, zu reisen. Mein Stirnrunzeln kommentiert sie umgehend: In vielen Ländern der Welt lebten Frauen ausschließlich vom Tourismus. »Deren einzige Einnahmequelle möchte ich doch nicht wegnehmen«, meint Göktas-Rosati. Natürlich habe ich sie gefragt nach der Naturzerstörung durch das Reisen, nach den Folgen für die Heimat der Menschen. Das sieht sie wohl anders als ich, die ich privat jede Flugreise zu vermeiden suche, lieber Nachtzug fahre und dafür auch mal ein paar Stunden längere Reisezeit in Kauf nehme. Songül sagt: »Es ist ganz wichtig, dass wir reisen, und natürlich müssen wir darauf achten, *wie* wir reisen.« Nachhaltiges Reisen ist heute ein großes Thema. Auch damit befasst sie sich. Die Deutschen wollen gern nachhaltig reisen, aber in der Umsetzung scheitere es dann, weil zu teuer oder zu kompliziert oder zu ungewohnt. Dann doch lieber die Pauschalreise. Die sei am besten abgesichert, und es gebe in der Regel einen deutschen Ansprechpartner oder eine Ansprechpartnerin vor Ort. In Deutschland greifen nach wie vor viele auf die Dienste von Reisebüros zurück. Deshalb gibt es nach der Pandemie noch immer fast so viele Reisebüros wie davor. Ich bin wirklich erstaunt, denn ich dachte, die meisten Menschen puzzeln sich heute ihre Reise zu Hause im Netz zusammen.

Songül Göktas-Rosati ist eine, die sich beruflich wie ehrenamtlich immer dafür einsetzt, dass sich unterschiedliche Menschen begegnen, sich austauschen, einander kennenlernen. Es mag banal klingen, aber nach all den Gesprächen über Menschen, die in ihren Blasen hängen, bin ich froh über jemanden wie sie. Göktas-Rosati ist Muslima. Glaube bedeutet für sie Respekt, Wertschätzung – und einen Rückzugsort selbst in dunkelsten Stunden. Sie betet nicht und trägt auch kein Kopftuch, ist aber gläubig. Als sie noch ein Kind war, feierte ihre Familie Weihnachten und stellte dazu einen Weihnachtsbaum auf. Dazu muss man nicht Christin sein. »Wir nehmen die Feste halt so mit«, erklärt sie mir. »Es geht um Nächstenliebe. Und auch das Nikolausfest haben wir gefeiert, denn der heilige Nikolaus kommt ja ursprünglich aus der Türkei. Wenn Sie im Dezember nach Istanbul oder Ankara fliegen würden, in eine der Großstädte, sind die stärker geschmückt als hier die Innenstadt.« Wir sind in den Kulturen mehr miteinander verbunden als voneinander getrennt, denke ich in dem Moment. Wenn wir es gemeinsam schaffen würden, uns das bewusst zu machen – wie weit könnten wir als vielkulturelle Gesellschaft sein?

Wir verabschieden uns nach drei Stunden und kommen beide zu spät zum nächsten Termin. Zwei Frauen in Deutschland, denen manches fremd war in ihren Leben, die sie als Gastarbeiterkind und mich als Ostdeutsche in eine jeweils andere Welt bugsierten. Aber wir beide hatten auch die Chance, Karriere zu machen, und haben sie genutzt. Wir hatten Glück und wahrscheinlich auch genügend Durchsetzungswillen. Wir haben beide Kinder und wollen, dass sie gut aufwachsen. Und wir fühlen uns verbunden, die Christin und die Muslima, die Ostdeutsche und die Gastarbeitertochter, die Grüne und die Reiseveranstalterin. Bevor ich gehe, möchte mir Songül unbedingt noch etwas von zu Hause mitgeben. Es sind Äpfel aus dem Alten Land.

—

Ich komme noch einmal zurück aufs Theater. Stephan Märki, der Cottbuser Intendant, sagt, die Pandemie habe die Gesellschaft nachhaltig verändert. Er spricht von der schwierigsten Zeit in seinem vierzigjährigen Theaterleben. »Theater lebt von der Nähe, und wie will man auf Distanz diese Nähe herstellen?« Eine große Herausforderung für ihn in dieser Zeit war der Umgang mit den Mitarbeitenden. Auftritte waren nicht möglich, dennoch mussten Tänzerinnen und Tänzer, Musikerinnen und Musiker in Übung bleiben. »Ein Tänzer, der sechs Wochen nicht trainiert, ist kein Tänzer mehr. Das ist ein Hochleistungssport. Das gilt auch für die Musiker und für alle anderen Künstler. Wie findet man da einen Weg, das trotzdem am Leben zu halten? Es war unglaublich herausfordernd.«

Nicht minder schwierig sei es auch gewesen, die Menschen, das Publikum, zurück ins Theater zu holen. Heute sind die Besucherzahlen fast auf Vor-Pandemie-Niveau. Manche freilich sind ganz weggeblieben: Ältere, Menschen, die weiter weg leben.

Das Theater müsse sich anpassen, meint Märki, es brauche andere Angebote, sowohl inhaltlich als auch vom Verkauf her. Die Deutsche Oper zum Beispiel hat dieselben Publikumszahlen erreicht, aber sie haben weniger Einnahmen.

Jetzt kann man viel darüber reden, ob der Theaterbesuch den Menschen eben nicht das wert ist, was sie vorher dafür gezahlt haben. Das verkennt aber völlig, wie wichtig die Kunst, mithin das Theater, für die Gesellschaft als solche ist. Hier geht es nicht nur um Zerstreuung, hier geht es auch um Zeitkritik, manchmal auch um das Vorfühlen von Veränderungen, die wir im Alltag erst viel später erleben. Theater lebt auch gerade deswegen von der Interaktion. Und somit geht es nicht einfach nur um kulturelle Bildung, wenn die Theater sich anstrengen sollen, unterschiedliche Menschen in die Häuser zu locken, es geht überdies um ihren Beitrag zum gesellschaftlichen Ganzen. Pauschale Kürzungen im Kulturbereich sind auch deswegen so falsch, weil sie uns um diese Art der Resonanz bringen, um einen Spiegel, in den wir sonst nicht schauen. Selbstverständlich ist es aber auch erlaubt, das pure Vergnügen am Schauspiel zu genießen, zumal diejenigen, die auf diese Weise Gutes erleben, meist selbst vergleichsweise guter Laune sind. Und gute Laune scheint mir eine immer kleiner werdende, aber überlebenswichtige Ressource zu sein, individuell wie kollektiv.

Stephan Märki spricht jedenfalls von Rückzug und Vereinzelung. »Die Leute gehen auf einmal gefühlt zwei Stunden früher essen, damit sie wieder früher zu Hause sind.« Auch die Frage »Wie wollen wir arbeiten?« ist laut Märki so präsent wie nie zuvor. »Die Mitarbeitenden wollen mehr Freizeit und gleichzeitig mehr Sicherheit.« Das passt für ihn nicht zusammen. Und er stellt noch etwas fest: Viele Menschen seien heute einsamer, viele kämen allein ins Theater. Märki glaubt fest daran, dass das Theater ein Ort ist, der gegen die Einsamkeit hilft.

—

Die Pandemie als Ursache von Einsamkeit. Als Ursache einer Gesellschaft, die anders geworden ist im Miteinander. Auch mit dem Heizungsinstallateur Stefan Mankel spreche ich über die Folgen der Coronazeit. Freunde und auch Familienmitglieder habe er in der Zeit verloren, weil Gespräche nicht mehr möglich gewesen seien, erklärt er. »Es hat zwischenmenschlich schon einige Abbrüche gegeben. Es hat einen gewissen Zusammenhalt in der Bevölkerung gekostet.« Auch in der Handwerkerschaft gebe es den Zusammenhalt von früher nicht mehr. Vor der Pandemie habe man sich zweimal im Jahr getroffen, diese Treffen fänden heute nicht mehr statt. »Ein paar Gewohnheiten sind einfach weggebrochen, weil es Gewohnheiten waren. Die waren jetzt bestimmt nicht immer hundertprozentig nützlich, aber gesellschaftlich waren sie schon nützlich, weil sie auch ein Leben miteinander beschreiben.« Wir seien dünnhäutiger und misstrauischer geworden. Letzteres stellen, wie ich weiß, auch Sozialforscher fest.

Die Pfarrerin Christina Brudereck wiederum erzählt mir von älteren Bekannten, die sie immer zu Stoßzeiten im Supermarkt trifft und die ihr erzählen, dass sie erst recht dann einkaufen gehen, wenn es voll in den Läden ist – weil sie dann Leute treffen.

Die verkopften Debatten über Extrazeiten für alte Menschen in Supermärkten seien überhaupt keine gute Idee. Vielleicht helfen sie denen, die genervt sind, wenn es die alte Frau an der Kasse nicht so schnell schafft, die Sachen aufs Band zu legen, oder sie ein paar Worte mehr mit der Kassiererin wechselt. Aber es geht eben nicht einmal beim Einkaufen bloß um Effizienz und darum, dass der Kühlschrank voll ist. Der Einkauf ist für manche der einzige Moment am Tag, an dem sie Menschen treffen können, Zufallsbegegnungen erfahren, ein Gespräch mitbekommen, etwas aus dem Leben anderer. Der leere Supermarkt jedenfalls sei eine Horrorvorstellung, so Brudereck, denn dann würde man an einem öffentlichen Ort die Einsamkeit noch mehr spüren. Es brauche die Durchmischung, damit einsame Menschen auf Dauer nicht verbittert werden.

Mir kommt es fast komisch vor, dass wir jetzt über das Einkaufen als soziale Maßnahme gegen Vereinsamung reden. Aber es stimmt wohl: Man braucht diese Begegnungen, die sich im Alltag ergeben, die nicht organisiert sind, bei denen Menschen nicht erst einmal zugeben müssen, dass sie einsam sind und deswegen zum Kaffee in der Kirchgemeinde kommen. Und es bleibt richtig, dass sowohl unsere Städte als auch die Dörfer viel zu wenig darauf ausgelegt sind, dass man sich anlasslos und zufällig, ohne Konsum begegnen kann. Wenn jetzt über mehr Stadtgrün und Trinkbrunnen, über schattige Begegnungsorte gesprochen wird wegen der Aufheizung durch die Klimakrise, ist das ein guter Moment, auch an dieses Grundbedürfnis zu denken. Streetworker hat die Sozialarbeit im Moment ja vor allem für Jugendliche, die es schwer haben. Wie wäre es mit Streetwork gegen die Einsamkeit?

–

Als Christenmensch weiß ich natürlich, dass sich die grollenden, ja bösen Einsamen, deren Zahl in der Coronazeit stark gewachsen ist, selbst am meisten schaden, aber auch ihren Nächsten und der demokratischen Welt, in der sie leben. Erst wenn man diese drei konzentrischen Kreise der Beschädigung vor Augen hat, kann man darüber nachdenken, was nun zu tun ist; ohne ein Verständnis dieser dunkel gewordenen Einsamkeitsseelen gibt es keine sinnvolle Therapie. Die durch die Coronazeit verstärkte Einsamkeit trifft Menschen in der anonymen Großstadt und auf dem weiten Land. Ich bin zutiefst davon überzeugt, dass die Einsamkeit einen Riss in unserer modernen Gesellschaft verursacht, wenn sie sich danach anfühlt, alleingelassen zu werden. Populisten haben ein leichteres Spiel bei Menschen, die einsam sind. Sie knüpfen daran an und verstärken das Gefühl, irgendwie abgehängt zu sein. Und natürlich wissen sie auch, wer daran schuld ist: die da oben, das System – auf jeden Fall andere.

Selbstverständlich hat jeder Mensch ein Recht auf Alleinsein. Unsere Verfassung sieht vor, dass der Bürger und die Bürgerin von Staat und Gesellschaft in Ruhe gelassen werden, dass Privatheit zu schützen ist, dass niemand ohne guten Grund die Wohnzimmer der Menschen durchsuchen darf. Doch ist Alleinsein etwas anderes als Einsamkeit: Einsam ist der Mensch, wenn er nur noch sich selbst und seine »Peergroup« sieht, wenn er keine Vielfalt von Rollen und Lebensmöglichkeiten mehr erlebt, sondern nur noch sich selbst in seiner »Bubble« spiegelt. Wenn man diese Bubble vor allem im Fernseh- oder Smartphoneflimmern findet, bleibt man erst recht unter sich, bestätigt sich gegenseitig mit den immer gleichen (Vor-)Urteilen und hält Veränderungen grundsätzlich für eine Verschlechterung, weil es die anderen in der Blase auch so sehen. Naturgemäß lässt sich dieser »Schlechte-Laune-

Blick« auf die Realität von jedem Populisten und jeder Polarisierungsbewirtschafterin aufgreifen, der beziehungsweise die das Blaue vom Himmel verspricht und nirgends den Realitätstest bestehen muss.

Diese Art Einsamkeit kann eben auch böse machen, Groll schüren und Hass im Herzen, weil man mit ihr alles Fremde, alles Unbekannte, alles Unvertraute als Verunsicherung und Bedrohung versteht. Jede Veränderung bringt aber nun einmal Neues, Unbekanntes, Fremdes hervor. So gesehen ist jene Veränderungserschöpfung letztlich auch ein Spiegel der Einsamkeit von Menschen. Der Einsame stilisiert sich gern als Opfer der Entwicklung. Im Kern aber ist er nicht Opfer einer bestimmten Politik – wie etwa der während der Coronakrise –, sondern dies ist das Ergebnis einer radikalen Individualisierung, vor allem in den sozialen Netzwerken, und ihrer beständigen Verengung auf einige wenige Quellen. Und je länger man solcherart vereinsamt lebt, desto mehr Angst entwickelt man vor Veränderungen und desto ungehaltener und wütender reagiert mancher auf Neues, Anderes, Fremdes. Die Angst verhindert echtes Selbstbewusstsein, das durch Resonanz entsteht.

Das erklärt, warum ängstliche Einsame andere stets schlechter machen müssen als sich selbst. Diese Ängstlichen werden egoistisch und selbstverliebt, sie sehen zuerst sich selbst und ihr »Leid«. Der andere darf nicht anders sein als sie selbst, er muss zur eigenen Blase gehören und Teil ihrer Urteilswelt werden, sonst ist er ja fremd und verunsichert nur. Der andere soll und darf mich aber nicht verunsichern, er darf nicht andere Überzeugungen, andere Lieben, andere Haltungen haben, weil dies sonst meine »Bubble-Sicherheiten« infrage stellt. Alles Fremde, alles Unerwartete, alles Neue verunsichert die eigene Rolle, weil der Nächste die unausgesprochene Frage stellt, ob das eigene Leben nicht möglicherweise etwas zu eng, etwas zu einseitig, etwas zu langweilig und verschlossen ist.

Vereinsamte Menschen lassen häufiger als andere mangelndes Selbstbewusstsein, mangelnde Empathie und mangelndes Demokratieverständnis erkennen. Das eigentliche Problem aber ist, dass sie lieber die Staatsform infrage stellen als sich selbst und ihre Haltung. Der in diesem Sinne Einsame unterspült so die Demokratie, weil er den demokratischen Diskurs mit uneinlösbaren Forderungen belastet und Erwartungen formuliert, die zwar populistisch gut zu »bewirtschaften« sind, aber nicht erfüllt werden können. Folglich hat er immer einen Grund, gegen »die da oben« zu wettern und sich für all jene unverantwortlichen Populisten zu öffnen, die das Blaue vom Himmel versprechen und unrealistisch schlichte Lösungen für komplexe Probleme verheißen. Diesen Rattenfängern folgt dieser Einsame bereitwillig, weil sie ihm eine hundertprozentige Erfüllung seiner Wünsche in Aussicht stellen, und das ohne irgendwelche Zumutungen und ohne jede Anstrengung. So will er ihnen auch nur zu gern glauben, dass dieses unendliche Migrationsproblem schlagartig gelöst werden kann – und sei es mit Maschinengewehren an Europas Grenzen, durch Zurückweisungen von Dublin-Geflüchteten an den deutschen Grenzen oder durch Remigration möglichst vieler »Fremder«, die schon im Land sind.

4
ÜBERFORDERUNG

Ich treffe Ali Al Hakeem und seine Frau Rasha. Die beiden sind 2016 aus Bagdad nach Deutschland geflohen. Als Rasha mit dem vierten Kind schwanger war, wurde die Bedrohung durch eine Gruppe in Bagdad so groß, dass die Familie die Flucht ergriff. »Ich habe ein großes Problem mit dieser Gruppe gehabt, und sie wollten mich töten«, erzählt Ali. Er hört schlecht, seit im Irak ganz in seiner Nähe eine Bombe explodierte. Auch eine Operation konnte nicht wirklich helfen. Wir müssen also laut reden. Sein Deutsch ist gut. Erst später zeigt sich, dass auch Rasha Deutsch kann: Sie versteht viel, besonders wenn es um ihre eigene Rolle geht, wenn sie zeigen kann, dass sie eine selbstbewusste Frau ist, dass ihr Mann sie respektiert und deshalb nicht »für sie« spricht. Was mich an Rasha darüber hinaus beeindruckt, sind ihre sprechenden Augen, ihr Lächeln und dass sie ganz bei sich zu sein scheint, selbstbewusst im Wortsinn. Sie erzählt, dass sie jeden Tag mit ihrer Mutter im Irak telefoniert, dass sie durchgehend Kontakt hat zu ihrer Familie, den Schwestern und Cousinen, dass sie verbunden sind, trotz der so unterschiedlichen Lebensumstände.

Ali, Rasha und ihre drei Kinder flohen seinerzeit von Bagdad aus zuerst in die Türkei, mal zu Fuß, mit dem Zug, mit dem Bus oder auch mit dem Flugzeug. »Rasha war schwanger, fünfter oder sechster Monat«, erzählt Ali. »Und Menar und Mounthadar waren klein, sie konnten nicht viel laufen.« Die Zwillinge waren damals sieben Jahre alt, der Sohn Karrar war elf. Von der Türkei aus ging es mit dem Schlauchboot Richtung Griechenland. Mehr als vierzig Menschen saßen dicht gedrängt darin. »Beim ersten Mal haben wir es nicht geschafft. Auf der Hälfte der Strecke ist der Motor kaputtgegangen. Fünf Stunden saßen wir dort. Es war Sommer, wir hatten kein Wasser, kein Essen – unsere Haut wurde mal schwarz wegen der Sonne, mal weiß wegen des Salzwassers. Dann ist die türkische Polizei gekommen.«

Die Familie landete im Gefängnis. Vier oder fünf Tage mussten sie dort bleiben. Danach versuchten sie ein zweites Mal die Flucht übers Wasser. Diesmal ging der Motor nach zwanzig Minuten kaputt. Sie wagten es ein drittes Mal. Ihr ganzes Geld und auch das der Familie, die noch im Irak ist, war damit weg.

Ob sie Angst gehabt hätten, will ich wissen. »Ja, sehr viel Angst. Wir haben gesagt: Wir sterben zusammen, oder wir leben zusammen.« Die Familie schaffte es schließlich nach Mazedonien. An der Grenze zu Serbien hingen die fünf erst einmal tagelang fest. Sie wählten einen anderen Weg und waren insgesamt zwölf Stunden zu Fuß unterwegs. »Die Leute haben uns an der Grenze durchgelassen. Wegen meiner Frau, sie konnte nicht warten.« Weil die Kinder immer wieder getragen werden mussten, warfen sie alles weg, was zusätzliche Last bedeutete. Nur Rashas Handtasche behielten sie. Ihre Pässe warfen sie ebenfalls weg. Die Schlepper sagten ihnen, das sei besser so.

Die Familie gelangte nach Ungarn. In einem Kleinbus fuhren sie weiter. »In Ungarn war es schlimm. Wir waren drei Familien im Kleinbus. Jede Familie hatte drei Sitze.« Die Polizei wurde auf den Bus aufmerksam, und so landeten sie wieder im Gefängnis. Nach einem Tag durften sie wieder raus. Familie Al Hakeem schaffte es an die Grenze zu Österreich und schließlich von Österreich aus nach Deutschland. Dort wurden sie in einer Flüchtlingsunterkunft in Hamburg untergebracht. Vier Monate später kam Fatima gesund auf die Welt.

Nach wie vor lebt die Familie in Hamburg und bezeichnet die Stadt als ihr Zuhause. Ali hat eine dreijährige Ausbildung zum Anlagenmechaniker absolviert und arbeitet in diesem Beruf. Der älteste Sohn, Karrar, ist mittlerweile volljährig und macht eine Ausbildung zum medizinischen Fachangestellten an der Asklepios Klinik Wandsbek. Die anderen Kinder gehen in die Schule. Eine eigene Wohnung hat die Familie seit Kurzem auch. Fünf Jahre haben sie gesucht. Die Al Hakeems waren jahrelang nur geduldet und haben erst nach sechs Jahren eine befristete Aufenthaltsgenehmigung bekommen.

»Wir haben uns an Deutschland gewöhnt«, sagt Ali. »Und erst einmal – das habe ich bislang vergessen: Wir bedanken uns bei ganz Deutschland.«

Rasha will jetzt noch besser Deutsch lernen und irgendwann als Erzieherin arbeiten. In Bagdad war sie Lehrerin. Ihre Mutter und ihre ganze Familie fehlen ihr sehr. Ob sie ihre Mutter wiedersehen kann, weiß sie nicht. In Momenten, in denen sie sich einsam fühlt, findet sie Halt im Glauben. »Bei uns ist das sehr wichtig. Ja, wir glauben.«

Die Familie hat viel Kraft, Durchsetzungswillen und oft auch Anpassungsfähigkeit bewiesen. Sie haben außerdem Hilfe erfahren, etwa von der Arche in Hamburg. Dort sind es Christenmenschen, denen es nicht darum geht, auf Regeln zu schauen, die einzuhalten sind, sondern darauf, was die Menschen können, die zu ihnen kommen, und was sie brauchen.

Manche meinen, das müssten die Geflüchteten selbst hinbekommen – wer hier leben wolle, solle sich gefälligst anpassen. Andere wiederum finden, das müsse alles der Staat hinbekommen.

Über die Überforderung des Staates, der Gesellschaft, der Schulen durch Geflüchtete wird immer wieder geredet – wenn es viele sind und auch dann, wenn es nicht mehr so viele sind. Ich denke einerseits nicht, dass die Überforderung herbeigeredet wird, denn wir haben ja tatsächlich zu wenig Lehrerinnen und Lehrer, zu wenig günstigen Wohnraum. Überfordert ist dann aber nicht ein anonymer Staat, sondern es sind konkrete Menschen in Behörden, etwa in Schulklassen oder bei der Jobvermittlung. Andererseits scheint es mir, dass alle Probleme, die wir haben, und vor allem solche, die wir nicht schnell lösen können, gern erst einmal bei Geflüchteten abgeladen werden. Das macht allen Stress, die in erster Linie davon betroffen sind: nämlich denen, die (oft aus purer Not) nach Deutschland gekommen sind, und denen, die hier für deren geregeltes Ankommen sorgen sollen.

—

Es sind solche Fluchtgeschichten, die mich beschäftigen. Welche Gefahren, welche Strapazen Menschen auf sich nehmen, um der Verfolgung zu entgehen! Zugleich weiß ich natürlich: Das Thema Migration treibt viele Menschen auf ganz andere Weise um. Sie befürchten, dass die Gesellschaft und die Behörden der hohen Zahl an Flüchtlingen nicht gewachsen sind. Dass es durch weiteren Zuzug noch mehr Spannungen in der Gesellschaft geben könnte. Und immer mehr von ihnen lassen einfach ihre Wut an den anderen, den Fremden, den Flüchtlingen aus.

Ist das schon Überforderung, die die Seele der Republik ergreift? In der Arche Berlin treffe ich Jenny Kümmerle. Wir reden später noch über Herausforderungen, die sie als Alleinerziehende hat, aber erst einmal geht es um ihren Job als Integrationsberaterin. Unter anderem betreut sie geflüchtete Jugendliche in Wohngruppen. Sie erklärt mir, was das konkret heißt: »Da muss man halt gucken, dass wir Vormundschaften bekommen, dass wir alle Amtsgänge, die anstehen, machen, dass sie auch einmal zum Arzt geschickt und durchgecheckt werden. Einige kommen ohne Pässe, viele kommen komplett ohne alles.« Den Job mache sie gern, betont sie, sie wolle unbedingt helfen. Trotzdem laufe nicht alles rund. Helfersysteme würden nicht greifen, die Jugendämter seien überlastet. »Das gestaltet sich teilweise echt schwierig. Ich würde mir einfach mehr Kommunikation untereinander wünschen, aber das ist ja überall so. Da kommst du manchmal dahin und denkst dir: Sprechen die gar nicht miteinander?«

Jenny Kümmerle sagt, sie habe kein Problem damit, dass Menschen, die sich ein besseres Leben wünschen, zu uns kommen, im Gegenteil. Sie sei immer dafür, zu helfen. Dennoch müsse es bessere Kontrollen geben. »Vor zwei Monaten haben wir einen Jugendlichen bei uns aufgenommen, der aus Afghanistan kommt. Da hatten wir erst ganz lange gar keine Einsicht in die Unterlagen. Sprich: Ist er wirklich so alt, wie er uns erzählt? Er wollte sozusagen in Deutschland unterschlüpfen, bei ihm war aber dann das Problem, dass er tatsächlich schon leicht terroristische Gedanken und Anmerkungen geäußert und solche Fotos auf dem Handy gehabt hat.«

Die Lehrerin an der Schule, die der Flüchtling besuchen musste, um in der Wohngruppe untergebracht zu werden, bekam etwas von den Inhalten auf dem Handy mit und meldete es Jennys Kolleginnen und Kollegen. Seitdem ist der Junge nicht mehr in der Gruppe. Wo er jetzt sei, frage ich Jenny Kümmerle. »Kann ich leider nicht sagen«, erklärt sie mir. »Wahrscheinlich im Bereich der Abschiebung, hoffentlich. Denn das war tatsächlich ein Fall, der fast in die Hose gegangen wäre.«

—

»Du bist anders. Du bist nicht deutsch. Du gehörst nicht zu Deutschland.« Mit diesen Sätzen ist die in Deutschland geborene, heute 26 Jahre alte Şirin Tiryaki groß geworden. In der Grundschule in Delmenhorst war sie in ihrer Altersstufe eines von drei Kindern mit Migrationshintergrund. Şirins Eltern sind Kinder türkischer Gastarbeiter, haben beide einen Job, sprechen beide gut Deutsch. Trotzdem wurde Şirin von ihren Mitschülerinnen und Mitschülern immer wieder deutlich gemacht, dass sie anders sei. Dass ihre Arme behaarter sind als bei anderen Kindern, dass ihre Augenbrauen dicker und in der Mitte zusammengewachsen sind. »McDonald's-Augenbrauen« sagt sie selbst dazu, ein Wort, das laut Şirin alle Migrantenkinder kennen.

Şirin wurde wegen ihres Aussehens und ihres Namens in der Schule gemobbt. Oft wünschte sie sich sehnlichst, Emily heißen zu können. Auch mit ihren Lehrerinnen und Lehrern war es nicht immer leicht. Als sie einmal von einem Lehrer gebeten wurde, die Bibliothek zu verlassen, und sie ihm erklärte, sie dürfe sich doch als Oberstuflerin dort aufhalten, wurde sie am nächsten Tag zur Schulleitung zitiert. »Ich wurde aus dem Unterricht gezerrt mit einem ›Ja, rauskommen, Frau Tiryaki!‹ – als hätte ich irgendetwas total Schlimmes gemacht. Dann wurde ich tatsächlich sanktioniert und musste Müll sammeln. Vorwurf: Respektlosigkeit gegenüber der Lehrkraft!« Müll sammeln als Strafe habe es laut Şirin vor allem für Kinder mit Migrationshintergrund gegeben.

Ich frage mich unwillkürlich, ob die Strafe gerecht war. Ob Şirin etwas in ihrer Erzählung weglässt. Dabei ist es schon absurd, überhaupt so zu denken, denn warum sollte sie, warum sollte die erfolgreiche Managerin im Nachhinein Rassismuserfahrungen erfinden? Und ich weiß, dass auch dieser Gedanke schon rassistisch ist. Ich könnte ihn streichen, um mich nicht Vorwürfen aussetzen zu müssen. Aber ich lasse ihn hier bewusst stehen. Auch ich, die ich oft genug als »Gutmensch« diskreditiert werde, weil ich mich gegen Rassismus einsetze, habe solche Gedanken. Selbst wenn ich sie nicht ausspreche, etwas von dem Gift ist eingesickert.

Nun könnte jemand sagen, ich hätte diesen Gedanken doch bei jeder x-beliebigen anderen Erfahrung eines Kindes, die mir unplausibel erscheint, auch gehabt. Ist das also dasselbe? Nein, ist es nicht. Und es macht das Miteinander nicht einfacher.

Şirin, die offene, warmherzige, selbstbewusste Frau, die mir gegenübersitzt, ist ein Glück für unser Land. Lehrerinnen und Lehrer, die sie unterstützten, die sie *nicht* anders behandelten, habe es auch gegeben, erklärt sie. Es ist ihr wichtig, das zu sagen. Trotzdem hat sie früh gelernt, dass sie mehr leisten musste, wenn sie vorankommen wollte. Sie hat gelernt, mit Ablehnung umzugehen, und sich oft dafür entschieden, besser nicht über ihre Herkunft zu sprechen, damit sie nicht noch mehr zum Opfer wird.

Ich denke an meine ostdeutsche Herkunft. Nach der Friedlichen Revolution habe ich sie auch nicht immer thematisiert. Ich wollte mich nicht zur Minderheit machen, nicht abgestempelt werden. Ich habe lange gebraucht, bis ich sagen konnte, dass das schon gut so ist und dass ich als Ostdeutsche Werte und Erfahrungen in mir trage, durch die ich vorangekommen bin, oft genug in Opposition zum Staat. Es handelt sich um Erfahrungen, die gut sind, und um Gelerntes, auf das ich stolz sein kann. Viele Ostdeutsche tragen dagegen aufgrund ihrer Erfahrungen, als fremd und anders abgestempelt worden zu sein, einen tief sitzenden Schmerz in ihrer Seele. Und vielleicht fühlen gerade sie sich deshalb von allem Fremden überfordert.

Şirin und ich sprechen über Gutes, das aus der ständigen Ablehnung entstehen kann, über Resilienz, die wir entwickelt haben. Sie erzählt mir: »Ich habe gestern einen Post auf einer

Business-Plattform gesehen, da hieß es: ›Was sind Ihre Fähigkeiten?‹ Und die Bewerberin hat geantwortet: ›Ich bin ein Migrantenkind.‹ Also das bringt halt wirklich viele Fähigkeiten mit sich: einerseits Kraft, aber auch unglaubliche Resilienz, glaube ich. Also die Kraft zu sagen, ich mache weiter und hole jetzt noch einmal alles raus.« Es sei eine Schlüsselfähigkeit, diese Resilienz aufzubauen. Sie, Şirin, halte Belastungen dadurch besser aus, mit Schicksalsschlägen könne sie umgehen. Wahrscheinlich arbeitet sie auch deshalb trotz ihrer erst 26 Jahre schon im Managementbereich eines IT-Unternehmens. Sie hat einfach gelernt, sich durchzusetzen.

Şirin und ich treffen uns in einer Shisha-Bar in Berlin-Charlottenburg. Hier ist sie oft. Für sie ist das ein Raum, in dem alle willkommen sind und in dem man ins Gespräch kommen kann, in dem sie Gleichberechtigung erlebt. Sie wählt den Ort für unser Gespräch, weil sie mit gängigen Klischees aufräumen will. Erst kurz zuvor ist sie irgendwo in Brandenburg mal wieder hart mit Rassismus konfrontiert worden: »Da war ein Mann, der hatte ein T-Shirt an, auf dem stand: ›Wir sind hier im Osten, hier heißt es N:::::-Kuss. Also nicht Schokokuss, sondern N::::-Kuss.‹« Dort, in Brandenburg, da will man sie nicht. Sie nicht und andere, die anders sind, auch nicht. Şirin wird dort nicht ihre Freizeit verbringen, und der Mann mit dem T-Shirt wird sie vermutlich nicht kennenlernen. Das ist sehr bedauerlich. Denn es könnte ihm guttun, einmal zu sehen, wie es ist, sich gegen Widerstände durchzusetzen. Er könnte mit weniger Angst und Vorurteil durch die Welt gehen.

—

Ganz anders als an Şirin Tiryakis Schule in Delmenhorst sieht es an der Grundschule von Karina Jehniche in Berlin-Spandau aus. »Brennpunktschule« nennt sie sie. »Weil die Schule in einem sozialen Brennpunktgebiet liegt.« Spandau grenzt unmittelbar an das Land Brandenburg. Knapp 20 000 Menschen wohnen im Kiez Heerstraße Nord. In der Großsiedlung aus den 1970er-Jahren leben Menschen unterschiedlichster Herkunft. In der Flüchtlingsbewegung 2015 kamen viele dazu.

Eigentlich mag Karina Jehniche den Begriff »Brennpunktschule« selbst nicht wirklich. Ihre Schule sei eine Schule. Zur Verdeutlichung, was hier genau los ist, verwendet sie ihn dann aber doch.

Rund um die Schule gibt es etliche Hochhäuser. Die vielen großen Spielplätze in der Umgebung sind kaum besucht, das in der Nähe liegende Einkaufszentrum ist renovierungsbedürftig, viele Einzelhandelsgeschäfte von früher gibt es nicht mehr.

Rund 600 Kinder besuchen die Schule. 90 Prozent von ihnen haben einen Migrationshintergrund. Gut die Hälfte der Schülerinnen und Schüler sind Sinti und Roma. »Viele werden eingeschult und können kein Deutsch, viele sind vorher nicht im Kindergarten gewesen«, erzählt die Schulleiterin. »Das ist auch ein bisschen das Drama. Wenn die Kinder zu uns kommen, haben die oft schon so große soziale Defizite, dass wir da kaum noch was machen können.« Die Schulleiterin redet Klartext über die Situation an ihrer Schule, über das, womit ihr Team jeden Tag umgehen muss: Kinder, die ohne Deutschkenntnisse in die Schule kommen, ohne Kenntnisse darüber, wie man sich in gleichaltrigen Gruppen sozial verhält. Viele Schülerinnen und Schüler seien eingeschüchtert und überfordert, haben keine Eltern an ihrer Seite, die sie unterstützen und ihnen klarmachen, dass Bildung wichtig ist. Die mit ihnen aufstehen und sie in die Schule bringen würden.

Die Fehlzeiten bei den Kindern seien enorm. Das habe Folgen für den Unterricht. Alle mitziehen? Das gelingt kaum. Nach meinem Eindruck müssen die Lehrerinnen und Lehrer, Erzieherinnen und Erzieher, Sozialarbeiterinnen und Sozialarbeiter, Kinder- und Jugendpsychologinnen und -psychologen und Schulhelferinnen und Schulhelfer mit Herausforderungen umgehen, die es an den meisten anderen Schulen in dieser Form beziehungsweise in diesem Ausmaß nicht gibt. Die Aufzählung zeigt übrigens, dass die Schulleiterin wirklich alle Ressourcen angezapft hat, die es in unserem System gibt. Die Leidtragenden sind vor allem auch die Schüler und Schülerinnen, für die Deutsch *keine* Fremdsprache ist. »Wir haben das Problem, was wir mit den Spitzenschülern machen«, erklärt mir Karina Jehniche. »Das tut mir für die immer ein bisschen leid. Die anderen Kinder sind natürlich auch nicht dumm, die haben eben bisher nur nicht die nötige Förderung bekommen.«

Jehniche versetzt sich immer wieder in ihre Schülerinnen und Schüler hinein. Sie sucht nach dem Liebenswerten, nach den Potenzialen, und ich denke, diese Schule und diese Kinder haben großes Glück mit ihr. Sie hadert nicht mit den Herausforderungen, sondern sucht selbst Lösungen und hält sich nicht auf mit der Beschreibung der Probleme. Sie wertet kaum, wehrt sich gegen Schubladendenken, hat Verständnis für kulturelle Unterschiede. »Viele Roma- und Sinti-Kinder wissen schon in der dritten und vierten Klasse, wen sie später mal heiraten sollen. Einer hat mir mal gesagt: ›Ich muss die heiraten, aber die andere gefällt mir eigentlich viel besser.‹ Dann muss man ja drüber lachen. Aber eigentlich ist es extrem frauenfeindlich, oder? Dabei meinen die das gar nicht so. Wenn sie so aufwachsen und damit kein Problem haben, sowohl der Junge als auch das Mädchen – ich weiß nicht, ob wir uns da als Gesellschaft so drüber erheben sollten.«

Ich ahne, dass sie damit einen Punkt hat. Natürlich ist in unserem Land nicht vorgesehen, dass die Selbstbestimmung von Menschen qua kultureller Tradition außer Kraft gesetzt wird. Mit so einer schlauen Belehrung wird aber wohl niemand an diese Kinder (geschweige denn deren Eltern) herankommen. Am Ende ist es vielleicht erfolgversprechender, wenn sie einfach andere Modelle, andere Rollenvorbilder sehen und erleben. Solche wie ihre Schulleiterin: selbstbewusst, berufstätig – und eine Frau, die sich die Partner in ihrem Leben selbst ausgesucht hat.

Karina Jehniche wollte schon als Kind Lehrerin werden. Ihre Pflegemutter, eine Nachbarin ihrer Großeltern, war Schulrätin in Magdeburg und ist noch heute ihr Vorbild. Ich sehe eine Parallele, eine freundliche Verbindung. Auch mein Traum war es einmal, Lehrerin zu werden. Schon in der zweiten Klasse. Als Abiturientin dann hatte ich zu meiner Deutschlehrerin eine besondere Beziehung. Von meinem Berufswunsch wusste sie. Sie hatte einen Kunst- und Literaturzirkel, in dem sie mit uns Bücher gelesen hat, die in der DDR verboten waren, Werke von Heinrich Böll oder Hannah Arendt zum Beispiel. Ich fand das ganz normal, und sie hat es auch immer so dargestellt, als sei das alles ganz normal. Die Gruppe traf sich in ihrem Wohnzimmer, und irgendwann hat sie dort zu mir gesagt: »Katrin, das wird nichts mit der Lehrerin. Du kannst den Kindern nichts erzählen, was du selbst nicht glaubst und denkst. Du musst dir was anderes überlegen.« Ich habe danach drei Wochen lang jede Nacht bitterlich geweint – wirklich jede Nacht. Und dann habe ich beschlossen, Theologie zu studieren, in der Hoffnung, dass ich später etwas machen kann, das so ähnlich ist wie Lehrerin. Noch heute spüre ich, wenn ich mich in einer Schule befinde, wie dieser Wunsch der jungen Katrin, Lehrerin sein zu wollen, in mir hochkommt. Und so frage ich mich, wie es mir wohl erginge, wenn ich jetzt an Karina Jehniches Stelle wäre. Wie würde ich mit den Herausforderungen umgehen? Was würden die Schicksale der Kinder mit meiner Seele machen?

Karina Jehniche berichtet auch von Konflikten mit Eltern, die unterschiedlichen Clans angehören. Von einem Vater, Mitglied eines Clans, sei sie sogar regelrecht bedroht worden. Sie habe sich von ihm aber nicht einschüchtern lassen. Kurz darauf sei sie in Begleitung des Schulsozialarbeiters und der Kinder- und Jugendpsychologin mit der Frau dieses Mannes und den Töchtern in der Schule zusammengekommen, um über die Probleme zu sprechen und Lösungen zu finden. Danach habe die Frau sie angezeigt. »Sie ist zur Polizei gegangen und hat gesagt, ich hätte versucht, sie die Treppe runterzustoßen, und die beiden Mädchen haben es bestätigt. Das gilt dann ja als gefährliche Körperverletzung, deshalb wurde ich angeklagt.« Zum Gerichtstermin kamen die Kläger dann jedoch nicht. Das Verfahren wurde vertagt und schließlich eingestellt. Bedrohungen und Beschimpfungen gehören zu Karina Jehniches Berufsalltag dazu. Als sich eine Schülergang bildete, die immer wieder randalierte und andere bedrohte, und auch Jehniches Autoreifen zerstochen wurden, organisierte sie einen Wachschutz für die Sicherheit an der Schule.

Trotz allem sind die Stellen an ihrer Schule nahezu komplett besetzt, allerdings weniger mit studierten Lehrkräften, sondern vor allem mit Quereinsteigern und pädagogischen Unterrichtshilfen. Dafür, dass sie diese Leute überhaupt bekommt, hat Karina Jehniche sogar extra eine Verwaltungsleitung eingestellt, die das alles organisiert. »Wenn ich einen Kollegen, also einen Lehrer, der sich nicht beim Senat beworben hat, selbst einstellen will, muss ich dafür etwa mit den Kollegen zusammen sechzig Papiere ausfüllen. Das würde ich gar nicht allein bewältigen.« Auch hier nimmt Bürokratie zu viel Arbeitszeit ein.

Wie viele Karina Jehniches gibt es, die sich so engagieren? Wird das, was sie leisten, auch wirklich anerkannt? Sicher, da berichtet mal die Zeitung oder der Regionalsender, aber sonst?

Wie ist es in der Nachbarschaft? Wie ist es mit dem Schulamt? Ich finde es jedenfalls beeindruckend, wie sehr sie sich engagiert und was sie damit an ihrer Schule möglich macht. Da gibt es Schülerlotsen, die Konflikte lösen sollen, Schulhunde zum Kuscheln und Programme für gesunde Ernährung (viele Kinder sind laut Jehniche übergewichtig). Auch Schwimmunterricht gibt es. Jehniche erzählt, viele der Kinder seien in der dritten Klasse überhaupt das allererste Mal im Wasser.

Ich möchte von ihr wissen, was sie braucht, damit ihre Arbeit noch besser gelingen kann. Könnte die Politik etwas tun? Ihre Antwort lässt mich aber erst einmal ratlos zurück. Geld sei genug da, sagt sie. Auch, dass Umbauphasen in der Schule länger dauern würden, sei hinnehmbar. Es seien die Eltern, die man erziehen müsste.

—

Krieg und Gewalt, klimatische Veränderungen, Hunger, Armut, Bedrohungen im eigenen Land – es wird auf der Welt absehbar immer mehr Gebiete geben, in denen die Menschen nicht mehr leben können. Gebiete, aus denen sie flüchten müssen, auch hierher, zu uns. Die Clans, von denen die Schulleiterin spricht, sind immer wieder öffentlich Thema. Die Polizistin am Hauptbahnhof in Frankfurt am Main habe ich danach gefragt, ob Ausländerinnen und Ausländer, Menschen mit Migrationsgeschichte, häufiger straffällig werden. Sie hat dies verneint, ich habe indes noch immer die Statistik im Kopf, die das bejaht.

Während ich mit der Schulleiterin rede, fällt mir der Jugendrichter wieder ein, denn auch er hatte über Geflüchtete gesprochen, die bei uns als Jugendliche oder junge Erwachsene straffällig werden und darum bei ihm vor Gericht landen. Er fährt, wie er mir sagt, in solchen Fällen eine konsequente Linie: »Wenn die Voraussetzungen für eine Abschiebung durch die zuständige

Ausländerbehörde vorliegen, dann stimme ich zu, und derjenige wird abgeschoben. Die Betroffenen haben regelmäßig keinerlei Perspektive in Deutschland.« Etwa 80 Prozent der jungen Männer, die straffällig werden, haben ihm zufolge einen Migrationshintergrund. Aus seiner Sicht sei die Laufbahn im kriminellen Milieu häufig »vorprogrammiert«.

Ich verstehe die Mischung aus Frust und Überforderung und auch, dass er keine Lust hat, sich genauer mit der Statistik zu befassen, die wesentlich differenzierter ist und klarmacht, dass junge Männer *grundsätzlich* häufiger straffällig werden, dass der sozioökonomische Background eine große Rolle spielt und dass bestimmte Delikte, etwa Verstöße gegen das Aufenthaltsgesetz, per Definition nur von Ausländern begangen werden können.

»Abschieben – und dann?«, frage ich den Richter. Für mich ist die Sache damit nämlich nicht geregelt, auch, weil viele, die abgeschoben werden, früher oder später wieder in Deutschland auftauchen. Mir ist es lieber, diejenigen, die wieder etwas anstellen könnten, im Gefängnis zu wissen. In diesem Punkt gibt mir der Richter recht. »Ich kann Ihnen beispielhaft einen Fall schildern, der mir in Erinnerung bleibt, weil Herr S. mich in der letzten Anhörung, bevor er abgeschoben wurde, im Anhörungszimmer der JVA angebrüllt hat: ›Dieser Schweinestaat!‹ Sprach aber übrigens super Deutsch! Und er meinte nur, er sei froh, dass er hier weg sei. Er wurde abgeschoben – und war drei Monate später wieder hier.«

Also was nun? Abschieben oder nicht? Der Richter glaubt aufgrund seiner Erfahrungen, dass es letztlich keine andere Lösung gebe, als Personen, die strafrechtlich erheblich in Erscheinung getreten und ausreisepflichtig seien, jedoch die Passbeschaffung beziehungsweise ihre Identifizierung torpedieren, so lange einzusperren, bis sie selbst an ihrer Ausreise mitwirken.

Also ein Lager? Ernsthaft? Was befriedet das? Ist das humanitär in Ordnung? Ich verstehe, dass auch der Richter gern einen einfachen Vorschlag machen und jetzt nicht über alle Wenns und Abers reden will. »Aber es muss doch noch eine andere Lösung geben«, entgegne ich. Ja, meint er, er kenne unsere Verfassung und die Menschenrechtskonvention. »Was können wir tun?«, hake ich nach. Seine Antwort: Menschen, die im Jugendvollzug seien und eine Bleibeperspektive haben wollten, bräuchten einerseits eine Ausbildung beziehungsweise eine schulische Grundausbildung und müssten sich andererseits auch mit unserer freiheitlichen Grundordnung identifizieren. Viele jugendliche Täter unterlägen noch der Schulpflicht. Die müsste man ansprechen im Sinne von: »Pass auf: Du möchtest eine vorzeitige Entlassung, eine Perspektive haben. Wir bieten dir das an, du kannst die Schule fertig machen, du kannst eine Ausbildung machen – und dann musst du das aber auch tun.« Und es müsse auch Sanktionen geben, wenn das nicht funktioniere. Es müsse etwa klar sein, dass die Flüchtlinge nur am Gesellschaftsleben teilnehmen können, wenn sie die deutsche Sprache beherrschen.

Aus diesem Grund ist der Richter für eine Kita-Pflicht für Menschen mit Migrationsgeschichte. Auch das würde den ersten Klassen in der Schule von Frau Jehniche helfen. Schon im Jahr 2015 habe ich das Recht auf einen Kitaplatz für geflüchtete Kinder gefordert. Die Reaktionen waren, sagen wir es freundlich, ambivalent. Bis zum Sprachtest waren alle dabei, aber dann kam das Argument: Es gibt sowieso schon zu wenige Kitaplätze! Und noch mehr Kinder, die Sprachprobleme haben, könnten zu herausfordernd sein.

Nun, zumindest das Argument der fehlenden Kitaplätze würde heute nicht mehr überall greifen. In Berlin haben wir beispielsweise inzwischen viele freie Kitaplätze.

Der Richter und ich können das Problem jetzt natürlich nicht abschließend lösen. Ich bin gleichwohl froh, dass es Menschen gibt wie ihn, die mit nachdenken und einem Gespräch mit mir wohl auch deswegen zugestimmt haben, damit ihre Vorschläge in den politischen Raum gebracht werden.

–

Die vier Ukrainerinnen, die zwei Syrerinnen und die Frau aus Tadschikistan, die bei Jutta und Marcus Höhn am Demenzzentrum Meiningen arbeiten, sind für die beiden eine wichtige Stütze. »Und eine Französin. Die dürfen wir nicht vergessen«, sagt Marcus Höhn und lacht. Ohne die Unterstützung der Frauen mit Migrationsgeschichte würde es am Demenzzentrum nicht gehen. Noch weniger Patientinnen und Patienten könnten betreut werden. Schon jetzt stehen Betten leer. Pflegekräfte werden dringend gesucht, und es dürfte immer schwerer werden, welche zu finden. Laut Statistischem Bundesamt werden infolge der Alterung der Gesellschaft in Deutschland bis zum Jahr 2049 voraussichtlich zwischen 280 000 und 690 000 Pflegekräfte fehlen.[22]

»Ich habe das Gefühl, die Ukrainer hier wollen unbedingt an der Gesellschaft teilhaben, sich weiterentwickeln, was zu tun haben«, sagt Jutta Höhn und erzählt mir die Geschichte einer Ukrainerin, die seit zwei Jahren als Pflegekraft am Demenzzentrum arbeitet. Über die Plattform »Jobaid Ukraine« stellten Jutta Höhn und ihr Sohn Marcus damals eine Anzeige online: »Wir suchen eine Mitarbeiterin für den Pflegedienst, und wir würden uns um alles kümmern.« Mit dem »Kümmern« meinten die beiden das Begleiten bei Behördengängen, das Ausfüllen von Anträgen, die Unterbringung in einer Pension, Hilfe bei Sprachbarrieren. Eine vierzigjährige Frau, die mit ihren beiden minderjährigen Kindern aus der Ukraine über die Slowakei, Ungarn,

Österreich, Slowenien, Italien und wieder Österreich zu uns geflüchtet war, stand an einem Freitagabend vor ihrer Tür. »Und am nächsten Tag war sie direkt arbeiten.«

Das größte Manko bei der Zusammenarbeit sei am Anfang die Sprache. »Aber der Charakter, die Einstellung und auch, dass man mit den Bewohnern gut umgehen kann, sind erst mal die Grundvoraussetzungen«, betont Jutta Höhn. »Alles andere wird in der Regel innerhalb von zwei Monaten angelernt. Aber die fehlenden Sprachkenntnisse verlängern das natürlich.« Diese verlängerte Einarbeitungsphase und die sprachlichen Hürden seien eine hohe Belastung für das Kernteam, und auch für die Bewohnerinnen und Bewohner seien Letztere zunächst oft schwierig, zumal sie meist nicht mehr gut hören. »Aber die Bewohner merken auch, wenn jemand freundlich ist. Und diese Mitarbeiterinnen sind freundlich und sympathisch. Die achten die alten Menschen wirklich sehr.«

Eine Erfahrung, die ich teile. Bei meinen Reisen in die Ukraine beeindruckt mich jedes Mal, wie sehr die Menschen in diesem Land zusammenhalten. Wie sehr junge Leute aus der Großstadt alten Frauen in den Dörfern helfen, zum Beispiel dabei, ihre Häuser wieder aufzubauen.

Natürlich gibt es auch andere Erfahrungen mit Flüchtlingen, die sich am Demenzzentrum Meiningen bewerben. »Ich habe zwei Gespräche geführt für eine mögliche Einstellung«, erzählt Marcus Höhn. »Und da haben sie gesagt: Ich bekomme jetzt dieses Bürgergeld, ich bekomme meine Wohnung für 500 Euro bezahlt, Nebenkosten sind 220 Euro, da ist Internet mit dabei. Dann waren sie bei 1300 Euro und noch was, mit Unterhaltsvorschuss sogar bei 1600 Euro. Sie haben uns das dann vorgerechnet und gesagt, dass das Bürgergeld für sie lukrativer sei.« Im Klartext: lukrativer, als zu arbeiten.

Höhn findet, dass das Bürgergeld zu hoch ist. Trotzdem ist er zurückhaltend mit Aussagen wie der, Arbeit würde sich nicht mehr lohnen. Insgesamt nimmt er eine größer werdende Spaltung in unserer Gesellschaft wahr. Mit Menschen, die Flüchtlinge ablehnen und beleidigen, muss er immer wieder umgehen. Vor Kurzem erst musste er einen Mitarbeiter entlassen, weil der sich unter anderem weigerte, neben einer Kollegin, die eine andere Hautfarbe hat, Platz zu nehmen.

—

In der Mitte von Monheim am Rhein entsteht die Kulturraffinerei K714, die neue Wirkstätte des Kyiver Symphonieorchesters. Das Orchester soll in Monheim einen neuen Ort der Zuflucht finden und eine musikalische Verbindung zwischen den Menschen in der Ukraine und dem deutschen Publikum schaffen. Niemand wünscht sich so sehnlich Frieden wie die Ukrainerinnen und Ukrainer. Einen gerechten Frieden, der von Dauer ist und die Freiheit sichert. Wladimir Putin will die Identität des ukrainischen Volkes zerstören. Das Kyiver Symphonieorchester musiziert gegen diesen perfiden Plan und zeigt mit seinem Wirken: Die ukrainische Kultur ist lebendig. Das kann es, weil sich diese Stadt in Nordrhein-Westfalen dafür starkmacht. Sie hat über lange Zeit gute Einnahmen generiert und für sich Kultur und Kunst zum Schwerpunkt erkoren, wenn auch nicht immer ohne Widerstand und Widerspruch.

Monheim am Rhein ist eine Stadt, die zwar natürlich ihre Probleme hat wie fast jede Kommune, die aber dennoch Weltoffenheit lebt, mit einem Bürgermeister, der der Gründung einer Partei entstammt, die die Verhältnisse jedenfalls direkt vor Ort ändern möchte und sehr bewusst entscheidet, dann auch einen besonderen Beitrag für Geflüchtete zu leisten. Monheim liegt gut

24 Kilometer von Düsseldorf entfernt. Bürgermeister der Stadt ist Daniel Zimmermann von der PETO-Partei, die es nur in Monheim gibt und die Zimmermann selbst als Jugendpartei mit gründete. Bei seinem Amtsantritt 2009 war er mit 27 Jahren der jüngste Bürgermeister Nordrhein-Westfalens. Als er sich einige Jahre später für den Bau einer Moschee starkmachte, war die Einwohnerschaft nicht restlos begeistert; manche waren strikt dagegen, anderen war es egal. Am Ende wurde der Bau genehmigt. Den Moscheegemeinden wurden kostenlose Flächen zur Verfügung gestellt, die vorher der Stadt gehörten, sodass auch Platz für Sozial- und Versammlungsräume, Jugendarbeit und Parkplätze vorhanden ist.

Vorher stand das Gespräch mit den Bürgerinnen und Bürgern der Stadt auf der Agenda. Für 650 Menschen war in der Aula Platz, 1000 waren anwesend. »Da waren auch Rechtsradikale aus dem ganzen Bundesgebiet, die haben versucht, Stimmung zu machen. Wir hatten dann eine Einlasskontrolle und haben nur Monheimerinnen und Monheimer reingelassen«, erzählt Daniel Zimmermann. Bei der Versammlung, deren Verlauf Zimmermann als sehr gut empfunden hat, waren auch die beiden Vorstände der Moscheegemeinden anwesend. Drei Stunden lang wurde gesprochen. »Ich glaube«, meint Zimmermann, »für viele Menschen ist überhaupt erstmals erlebbar geworden, was das überhaupt für Gemeinden sind. Dass das auch Leute sind, deren Kinder im Fußballverein spielen, die hier zur Schule gehen und so weiter.« Am Ende fragte der Bürgermeister die Anwesenden, wer von ihnen dafür sei, dass die Stadt die Moscheegemeinden unterstützt. »Da haben 80 Prozent die Hand gehoben und gesagt ›Jawoll, das finden wir richtig‹.«

Daniel Zimmermann sagt, es sei wichtig, dass die Leute sich erst während so einer Veranstaltung ihre Meinung bilden und diese nicht vorher schon haben. Das Prinzip laute: Der andere könnte auch recht haben. Die Kunst bestehe aus seiner Sicht darin, Menschen bei Veränderungen mitzunehmen, auch wenn sie am Anfang vielleicht noch zweifeln. Häufig kommen Zuspruch und Zustimmung, wenn Dinge erst einmal ins Werk gesetzt sind. »Man darf es halt nur nicht überreizen«, so Zimmermann. »Ich glaube, es gilt aber auf jeder politischen Ebene, dass man das richtige Fingerspitzengefühl braucht.« Das werde hinsichtlich der Veränderungsbereitschaft der Menschen immer wichtiger, da die Zündschnur bei vielen kürzer geworden sei, Empörungen und Emotionen kämen schneller durch. Auch Zimmermann erlebt das oft. Seine Strategie ist es, wütende und pöbelnde Menschen direkt zur Rede zu stellen. Das funktioniere ganz gut.

Als ich mit ihm durch Monheim laufe, erzählt er mir, worauf er stolz ist in der Stadt. Der öffentliche Personennahverkehr zum Beispiel ist kostenlos. Die Musikschule in der ersten Klasse ebenfalls. Im Bürgeramt kommt man auch ohne Termin innerhalb von acht Minuten dran. Gegen das in vielen Städten zu beobachtende Ladensterben gibt es hier einen Plan: Neue Geschäfte dürfen ausschließlich in der Innenstadt eröffnen. Dort stößt man im Übrigen überall auf Kunst.

Wir machen halt am Geysir von Monheim. Eine bis zu zwölf Meter hohe Wasserfontäne bricht in unregelmäßigen Abständen aus, mitten im Kreisverkehr an der Rheinpromenade. Eine Kindergruppe wartet bereits gegenüber auf die nächste Fontäne, und als sie hochschießt, wird gejubelt und gekreischt. Minutenlang geht das so. Die Freude der Kinder ist mein Highlight des Tages.

Doch all die Maßnahmen und Attraktionen haben ihren Preis. Monheim hat Geldsorgen. Die Gemeinde blickt einem

Millionenminus im Haushalt entgegen und verzeichnet die höchsten Schulden pro Einwohnerinnen und Einwohnern in Nordrhein-Westfalen. So ganz hat es dann wohl doch nicht funktioniert, die Verhältnisse auf den Kopf zu stellen. Zimmermann sagt, die sinkenden Gewerbesteuereinnahmen seien schuld. Hausbesitzer werden jetzt stärker zur Kasse gebeten, die Grundsteuer soll erhöht werden, und das Essen in Grundschulen und Kitas müssen Eltern wieder selbst zahlen. Die Stimmung im Ort droht zu kippen. Auch deshalb will Daniel Zimmermann bei der nächsten Wahl nicht mehr antreten und den Platz frei machen für ein neues Gesicht aus seiner Partei. »Beim nächsten Mal machen das andere.«

Noch weiß ich nicht, wie diese Wahl ausgeht. Haben die Monheimer das Monheim-Modell nur so lange gut gefunden, wie sie auch materiell etwas davon hatten? Oder war es sowieso eine gute Idee, einen kleinen Monheimer Religionsfrieden herzustellen? War es einfach spannend, die in den Augen mancher etwas sehr modernen Kunstwerke in der Innenstadt den eigenen Gästen zu zeigen? Klappt das Prinzip Bürgerversammlung versus Telegramgruppe auf Dauer?

—

Mit der Theologin und Künstlerin Christina Brudereck, von der ich schon erzählt habe, unterhalte ich mich auch über den Seelenzustand der Republik. Brudereck spricht in der Öffentlichkeit über ihren Glauben. »Viele sind überrascht, wie politisch wir Christenmenschen sind. Manche sind überrascht, wie spirituell wir sind.« Sie sagt, die Demokratie sei viel stärker, als oft behauptet oder gefühlt werde, und dass die Demokratinnen und Demokraten noch immer in der Mehrheit seien. Für alle, die das Klagen nicht lassen können, hat sie eine Botschaft: »Erwachsene Menschen können schon mal realisieren, dass sie wirklich auch viel Grund haben, dankbar zu sein, und dass es sehr viel Schönes in ihrem Leben gibt.« Die Fokussierung auf das, was Angst macht, ist ihrer Meinung nach typisch für unsere Nation. Wir fokussierten uns auf das, was Anti ist, was aggressiv ist, was nicht läuft. Und auf die, die eine laute Stimme haben und sagen: »Ich habe Angst!« Angst vor Veränderung, Angst vor Überforderung. Diese Angst mache hilflos und wütend.

Ich frage mich: Warum schauen wir immer nur auf das Schlechte? Woher kommt diese Defizit-Konzentriertheit? In einer Gesellschaft zu leben, in der man bloß loben darf und Angst davor haben muss, etwas zu kritisieren, wäre zwar noch schlimmer, dennoch machen wir hierzulande aus dem Blick auf das Negative fast eine Tugend. Wenn ich eine Rede darüber halte, dass unser Land so schlecht gar nicht ist, nehme ich oft eine regelrechte Erleichterung unter den Zuhörenden wahr. So wie nach den Worten von Bundestrainer Julian Nagelsmann nach dem Aus im Viertelfinale der Fußball-Europameisterschaft 2024. Er sagte damals in der Pressekonferenz:

> Ich habe die Meinung, dass wir ein Land sind, das viel zu viel in Tristesse verfällt. Stetig und ständig in Tristesse verfällt und in Schwarzmalerei. Ich glaube, wir haben es geschafft, dieses Land ein wenig aufzuwecken und schöne Momente zu bescheren. Und ich hoffe, dass die Symbiose zwischen Fußballmannschaft und Fußballfans auch in der normalen Gesellschaft stattfindet. Dass wir als Gemeinschaft mehr bewegen können, als wenn jeder sein eigenes Süppchen kocht. Mit meinem Nachbar bin ich stärker als ohne. Ein Tick wieder »Dinge gemeinsam machen«.[23]

Bemerkenswerte Worte. Es stimmt: Wir malen oft zuerst schwarz und hören auf das, womit die wütende und überforderte Seele um sich schlägt. Selbstverständlich gibt es im Leben und in dieser Welt immer wieder Grund zur Klage, und sie ist oft berechtigt. Aber wir sollten sie deshalb nicht ständig und überall anstimmen, sondern ihr bewusster einen Platz oder Raum geben.

Christina Brudereck hat da für sich einen Weg gefunden. »In der Zeit meiner Scheidung war es wirklich so, dass ich irgendwann gesagt habe: Ich kann jetzt nicht immer so viel heulen. Ich muss jetzt mal überlegen, wie ich das ritualisiere. Und dann habe ich überlegt: Ich klage jetzt nur noch freitags. So karfreitagsmäßig. Das war wohltuend.«

Wie schon erwähnt, lebt die 55-Jährige zusammen mit ihrem jetzigen Mann Ben in Essen, in einer Hausgemeinschaft mit anderen Paaren und deren Kindern. Auch Flüchtlinge fanden hier vorübergehend einen Ort der Zuflucht. Montags fand oft ein gemeinsames Abendessen statt. »Die drei Syrer, die hier zu uns gehörten, haben Leute eingeladen. Und dann merkten wir: Wir brauchen andere Lieder. Da haben wir zum Beispiel ›Gott der vielen Namen‹ geschrieben – alle fanden sich wieder in dem Lied.« Der Glaube als Verbindung – egal, an welchen Gott oder welche Göttin man glaubt – ist ihr wichtig. In der öffentlichen Diskussion stört sich Christina Brudereck an dem Wort »Migranten«. »Das sind ja Menschen, die Geburtstag haben, und eine Tochter und einen Vater. Hier sehe ich auch eine Aufgabe von Kirche: Räume schaffen, wo wir im Gleichmaß miteinander sprechen.«

Anlässlich des Bundesparteitages der AfD, der Ende Juni 2024 in Essen stattfand, quasi vor ihrer Haustür, organisierte Christina Brudereck eine Gegendemonstration. Ihre Botschaft: »Unsere Nationalität ist Mensch!« und »Unser Land ist bunt«. Auf der Gegendemo verteilte sie Klebetattoos an die Menschen und sprach für sie einen Segen. Einen Glitzersegen! »Es gab Menschen, die haben gesagt, dass sie nicht an Gott glaubten. Zu denen sagte ich: Aber Gott glaubt an Sie!«

2017 war für die evangelische Kirche und für alle, die etwas mit Luther und der Reformation zu tun haben, ein großes Jahr: 500 Jahre war es her, dass die Reformatorinnen und Reformatoren losgezogen sind. Das Jubiläum lag zwei Jahre nach dem Beginn dessen, was manche »Flüchtlingskrise« nennen. Damals bin ich auf die Frage eingegangen, wie wir mit den diffusen Ängsten umgehen können, die diese »Krise« bei manchen zu schüren schien:

> Wir brauchen eine Art »Auszug aus der Angst«. Denn Angst ist die Quelle vieler Übellaunigkeiten. Wer Angst hat, sieht nur Gefahren, aber keine Chancen. Wir müssen frei von Angst leben können. Dazu müssen wir uns trauen, Dinge auch anders zu machen. Wir müssen Umwege in Kauf nehmen. Wir müssen mutig sein. Wir brauchen Mut, Menschen zu widersprechen, wenn sie gegen Geflüchtete wettern. Denn wir sind ein offenes Land, wir sind ein freies Land, wir sollten uns nicht abschotten. Wir müssen den Mut haben, uns auch nach außen zu zeigen und zu sagen, dass wir für unsere Freiheit eintreten, für unsere offene Gesellschaft und für die wunderbare Vielfalt, in der wir leben. Diesen Mut kann man aufbringen, und man kann ihn mit der Fröhlichkeit verbinden – aber das bedeutet eben auch Überwindung. Manchmal denke ich, ich hätte gerne mehr von diesem unbedingten Mut und Willen, auch richtig hart reinzugehen und zu provozieren. Ich merke bei mir, dass die Leute immer ganz erschrocken sind, wenn ich es an irgendeiner Stelle tue. Ich wünsche mir, dass wir Veränderungen mit Respekt vor der Aufgabe, aber ohne Furcht ange-

hen. Dass wir über unseren Glauben reden und darüber, was den Glauben ausmacht. Wir haben ein Schweigen über den Glauben, weil wir denken, wir leben in einer so säkularen Welt, dass das eigentlich keinen interessiert. Ich behaupte das Gegenteil! Wir leben in einer Welt, in der Religion eine größere Rolle spielen sollte, auch weil Menschen unterschiedlicher Religionen viel enger zusammenleben. Denn wir leben in einer Zeit, in denen die Voraussetzungen für einen freiheitlichen, säkularen Staat schwinden, die er selbst nicht garantieren kann; Religionen aber können hier gegensteuern. Es wird Zeit, dass wir uns dies eingestehen und wieder lernen, auch über unser Innerstes zu reden, über das, was uns im Innersten zusammenhält, über das, was unsere Seele ausmacht. Denn wenn man Gott und seiner Transzendenz keinen Platz mehr einzuräumen vermag, gilt der Grundsatz: Irgendetwas anderes nimmt diesen Platz ein.[24]

Es ist wohl mehr als ein Zufall, dass mit Hartmut Rosa ein renommierter Soziologe 2022 ein Buch mit dem thesenhaften Titel *Demokratie braucht Religion* veröffentlicht – und dass jemand wie Gregor Gysi dazu das Vorwort schreibt.

—

Viele in diesem Land hegen die Befürchtung, dass die Sache mit der Migration in die Hose geht. Gerade im Osten herrscht in manchen Teilen der Gesellschaft das Gefühl vor, ungleich und unfair behandelt zu werden, so die Politikwissenschaftlerin Isabelle Borucki. Alles Fremde, vor allem die Geflüchteten, die zu uns kommen, werden in diesem Zusammenhang als Bedrohung empfunden.[25] Im Vergleich zum Jahr 2016 sind diese Ängste aber laut Umfragen weniger geworden. Damals befürchten zwei Drittel der Befragten eine Überforderung des Staates.[26]

Mich beschäftigt das Thema nicht erst seit 2015, seitdem aber intensiv. Ich habe gesehen, wie die *Bild-Zeitung* den großen »Refugees Welcome«-Button auf die Titelseite gehoben hat. Ich habe erlebt, wie irgendwann fast nur noch von »Flüchtlingsproblem« und »Flüchtlingswelle« die Rede war. Ich bin beschimpft und bedroht worden, weil ich immer fand, dass es möglich sein muss, Menschen geordnet und menschenwürdig aufzunehmen, und dass man sie am besten so schnell wie möglich in Arbeit oder Bildung bringen sollte. Manche finden ja schon diese Haltung naiv; ich finde sie sehr realistisch. Nicht, weil ich der Meinung wäre, wir sollten einfach »alle reinlassen«, aber wir leben nun einmal nicht auf einer Insel.

Dass die Bekämpfung von Fluchtursachen zu langsam voranschreitet und sich im Übrigen viel zu oft in reiner Rhetorik erschöpft, weil schon allein unser Lebensstil dazu beiträgt, dass sich Menschen überhaupt auf die Flucht begeben, ist bekannt. Die meisten von ihnen kommen aber gar nicht bei uns in Europa an; die größten Flüchtlingslager befinden sich in den Nachbarregionen der Länder, aus denen Menschen vor Krieg oder Katastrophen flüchten. Wer es bis nach Europa schafft, hat schon sehr viel auf sich genommen, besonders wenn es Familien mit Kindern sind. Das gilt erst recht für Minderjährige, die allein herkommen. Nicht zuletzt sind unter den Flüchtlingen natürlich auch solche, die einfach auf der Suche nach einem besseren Leben sind, und das erhoffen sie sich bei uns.

So weit, so verständlich. Welche Gefühle, Ängste, Beobachtungen und Erkenntnisse in der ganzen Migrationsdebatte auch immer zum Tragen kommen, eines ist jedoch vollkommen klar: Wir sind eine Demokratie. Wir sind internationalen Verträgen und der Menschenrechtskonvention verpflichtet, unserer Verfassung sowieso und somit auch dem Artikel 1: »Die Würde des Menschen ist unantastbar.« Da gibt es nichts zu verhandeln. Und unter anderem deshalb unterstütze ich die zivile Seenotrettung, solange immer noch Menschen in Gefahr geraten, auf dem Mittelmeer zu ertrinken. Ich bin wirklich dankbar, dass es nach wie vor Helfer gibt, die spenden, organisieren, rausfahren, sich kümmern, um etwas gegen diese Tragödie zu unternehmen.

Ja, die Menge an Menschen, die aus fremden Ländern zu uns wollen und kommen, kann Befürchtungen wecken, dass unsere Gesellschaft und auch unsere Sozialsysteme das nicht bewältigen können und wir selbst darunter leiden werden – einerseits. Andererseits sollten wir vielleicht das Gute in dieser Migrationsbewegung sehen, nämlich, dass nicht wenige finden, Deutschland sei ein gutes Land, um darin zu leben. Zugleich suchen wir hierzulande händeringend Fach- und Arbeitskräfte in manchen Branchen. Sicher, nicht jede oder jeder Geflüchtete ist eine Fachkraft, aber es gibt genug Beispiele von Menschen, die hierher geflohen und heute an ihrer Arbeitsstelle unverzichtbar sind.

Keine Frage: Es gibt ernste Integrationsprobleme, und wer sie verharmlost oder gar leugnet, tut gerade denen, die sich hier mit viel Kraft etwas aufgebaut haben, keinen Gefallen. Junge Männer, die damit aufgewachsen sind, Probleme durch Gewalt zu lösen, werden nicht beim Grenzübertritt zu Meistern der gewaltfreien Kommunikation und Konfliktlösung. Und wer denkt, dass Männer sich von Frauen bedienen lassen sollten, wie es Mutter und Großmutter, Tanten und Schwestern getan haben, wird nicht nach zwei Wochen in Deutschland den Tisch abräumen. Wer zudem meint, dass Männer zu bestimmen haben, wie alles läuft, wird mit der ersten Frau, die darauf drängt, dass Regeln einzuhalten sind, Probleme bekommen. Und wer mit Antisemitismus als staatlichem Mainstream groß geworden ist, wird für die klare Haltung zum Existenzrecht Israels, die Verantwortung für die Schoah und den immer wieder zu bekräftigenden Kampf gegen Antisemitismus erst einmal kein Verständnis haben. Integration heißt aber auch, diese Grundpositionen anzuerkennen. Je besser wir sie vermitteln, desto größer ist die Chance, dass sie in die Köpfe der Hinzugekommenen geraten.

Das ist kompliziert und herausfordernd: Oft fehlt beispielsweise schon das Geld oder der Platz für die Unterbringung oder das Geld und die Lehrerin für den Deutschkurs. Doch dafür müssen wir Lösungen finden – was bleibt uns auch übrig? Wir haben als Gesellschaft mit verschiedenen Regierungen immer wieder so getan, als würden übermorgen bestimmt weniger Migranten kommen oder aber mehr von ihnen wieder gehen, wenn wir abschieben oder wenn wir an den Grenzen mehr kontrollieren. Letzteres mag sogar für ein paar Monate funktionieren, aber schlussendlich sind das alles Scheinlösungen.

Wäre es also nicht viel klüger, klar zu sagen, dass wir bereit sind, eine bestimmte Zahl von Menschen aufzunehmen und ihnen Heimstatt zu geben, mit allen Voraussetzungen, die wir erfüllen müssen (Unterkunft, schnellen Zugang zu Arbeit und so weiter), und allen Voraussetzungen, die die Geflüchteten erfüllen müssen (demokratische Regeln einhalten und die Konsequenzen kennen, wenn das nicht geschieht)? Wäre es nicht viel erfolgversprechender, dafür zu sorgen, dass Asylverfahren deutlich schneller abgeschlossen werden und diejenigen, deren Antrag auf Asyl abgelehnt wurde, dann auch umgehend in ihr Herkunftsland zurückkehren? Und wäre eine zügige Rückführung in diesen Fällen nicht tatsächlich das klarste Signal an viele, die in erster Linie aus wirtschaftlichen Motiven kommen wollen, dass sich der aufwendige und oft gefährliche Weg hierher gar nicht lohnt?

Nein, einfache Lösungen gibt es nicht. Und ja, mehr Ordnung bei Humanität wäre richtig. Natürlich wäre es besser, wenn junge Menschen nicht ewig in Erstaufnahmeeinrichtungen rumhängen müssten ohne jede Beschäftigung. Ein Sozialarbeiter sagte mir: »Klar haben die dann Unsinn im Kopf.« Er sagte auch: »Manchmal sind wir hilflos.« Die meisten haben nicht gelernt, wie man Konflikte anders löst, dass Stärke und Gewalt nicht dasselbe sind, dass Männlichkeit nicht Überlegenheit und Macht bedeuten muss.

Jene, die sagen, es seien zu viele, die kommen, haben in den seltensten Fällen eine Lösung anzubieten. Es sind oftmals eher hilflose Ideen, zumeist rechtswidrig und in der Praxis nicht umzusetzen. Sie bekämpfen weder die Ursachen, noch versuchen sie, eine Befriedung der Debatte und der Lage in unserem Land hinzubekommen.

Irgendwo fällt immer jemand in den kommunikativen Abgrund. Es bringt uns keiner Lösung näher, wenn offene Grenzen für alle gefordert werden, und erst recht nicht, wenn Geflüchtete zur Quelle aller möglichen Probleme erklärt werden, die wir auch ohne sie haben.

—

Kann es nun sein, dass die ewige Schwarzseherei, dieses beständige Angsthaben und Angstmachen, das, was manche als »German Angst« bezeichnen, am Ende nicht nur Ausdruck einer spezifisch deutschen Seelendisposition ist, sondern eine reale Überforderung widerspiegelt? Gibt es eine Wahrheit in dieser Migrationsdüsternis, die mit den bisher wahrgenommenen blinden Flecken der Demokratie zu tun hat? Im Grunde ist der ganze Themenkomplex Migration, Zuwanderung, Ausländer und so weiter von Anfang an von Unwahrheiten durchzogen. Ob von »Gastarbeitern«, »Wirtschaftsflüchtlingen« oder »Asylanten«

die Rede war oder ist – die Abqualifizierung war stets Teil populistischer Ablenkungsmanöver. Dabei kaschiert sie letztlich nur die Unfähigkeit, eine konsistente Einwanderungspolitik zu betreiben. Solche Lebenslügen der Demokratie führen dann freilich wirklich zu einem Gefühl der Überforderung, weil man Missstände nicht aufrichtig diagnostiziert und deswegen falsch therapiert. Hinzu kommt, dass die Probleme rund um die Migration, die in meinen Gesprächen ja deutlich thematisiert wurden, mitunter so aggressiv und sachfremd bewirtschaftet werden, dass mir angst und bange wird – um unser Miteinander, um unsere Demokratie. Diese lebt schließlich davon, dass sie Herausforderungen löst und diese nicht vor sich herschiebt, ausblendet oder aber als Kampfmittel nutzt, um eine ernsthafte Diskussion abzuwürgen und jene mundtot zu machen, die nicht an einfache Antworten glauben. Das bedeutet auch: Je länger Verantwortliche und Zuständige den Kopf in den Sand stecken, desto mehr Sturm ernten sie.

Wie aber kann man Problemkonstellationen demokratisch befrieden, für die sich prinzipiell keine schnellen Lösungen finden lassen? Denn niemand wird mal eben die Sehnsucht so vieler Menschen weltweit abstellen können, ein besseres Leben in Frieden und Freiheit zu suchen. Und niemand wird die »Doublebind-Konstellation« verhindern können, nach der wir Migration gleichzeitig wollen (Arbeitskräfte) und nicht wollen. Unsere Wirtschaft braucht Arbeitskräfte, unsere Gesellschaft aber verdient keinen Missbrauch, unsere Demokratie keine Verächter. Richtig ist jedoch auch: Asylbewerber sind viel zu lange in Erstaufnahmeeinrichtungen, weil sie nicht verteilt werden, weil die Registrierung nicht stattfindet, weil die Sprache nicht während der Arbeit, sondern vor der Aufnahme einer Arbeit gelernt werden soll, weil Zeugnisse nicht anerkannt werden, weil Learning by Doing unerwünscht ist – und so weiter und so fort. Hier ist sie wieder, die deutsche Angst vor Unwägbarkeiten. Aber dass die Kommunen zu oft am Limit sind, dass Ehrenamtliche erschöpft sind, dass die Hilfsbereitschaft zu sehr belastet wird, dürfen wir eben auch nicht unbegrenzt zulassen. Natürlich: Eine demokratische Gesellschaft will und kann Menschen in Not helfen. Dafür stellt sie klare Regeln auf, die auch den Kommunen und den vielen Ehrenamtlichen bei ihrer Arbeit helfen sollen. Nur: Wir haben keine solchen klaren, nachvollziehbaren Regeln.

Ein Staat, der gesellschaftliche Probleme dauerhaft nicht überzeugend lösen kann, schwächt und demotiviert letztlich auch die Gutmeinenden und Guttuenden. Er überfordert sie beständig und vergrault so ausgerechnet jene, die die Voraussetzungen schaffen, von denen der säkulare Staat lebt. Ordnung und Humanität dürfen keine zahnlosen Tiger sein, sondern müssen eine humane Ordnung schaffen und durchsetzen, die sich gegen Zynismus und Ausnutzung wehren kann. Diese Gedanken haben nichts zu tun mit einer bloßen Law-and-Order-Politik – es geht einfach darum, dass wir noch viele überforderte Seelen gerade im Umfeld der Migrationsdebatten erzeugen werden, wenn keine Klarheit der Förderungen und der Forderungen herrscht – uns selbst gegenüber und an die, die zu uns kommen. Denn es gibt viel zu viele, die diese ungelösten Probleme als Demokratiedemontage bewirtschaften, die Misstrauen säen und Sturm ernten wollen, weil sie kein Interesse an Lösungen, sondern nur am Chaos haben. Weil sie den gewachsenen demokratischen Staat für das Problem und nicht für die Lösung halten.

5
SORGEN UND LASTEN

Anfangs hatte ich noch die Hoffnung, es wäre vor allem Unsicherheit, die so viele so wütend und einsam macht. Das Gefühl oder der Eindruck, plötzlich nicht mehr sicher sein zu können, ob Hilfe kommt, wenn man krank ist, ob Wohnung und Wege zuverlässig sind, ob der Lohn für die monatlichen Überweisungspflichten ausreicht und Ähnliches. Aber wenn der Alltag solchermaßen aus den Fugen gerät, wird man dann automatisch unsicher? Ist es das allein? Oder gibt es in uns Demokratinnen und Demokraten womöglich eine innere Unsicherheit, eine Prägung, dass nichts dauerhaft fix ist, sondern stets bearbeitet und verteidigt werden muss – ein latenter Zweifel also, den die Wutmacher nur auf ihre Weise zu bewirtschaften brauchen? Und spüren diejenigen, die »die da oben« verachten und anspucken und anschreien, instinktiv unsere Sorgen um den Zusammenhalt, um die Demokratie und die Zukunft – wie ein bellender Hund, der die Angst eines Menschen wittert? Ahnen wir selbst vielleicht, dass unsere Demokratie doch mit zu vielen Problemen, zu vielen Herausforderungen, zu vielen Krisen zu kämpfen hat?

Grund zu dieser Ahnung gäbe es genug, denn da ist nicht bloß eine marode Brücke, sondern es sind viele, nicht nur ein Zug hat Verspätung, sondern es ist inzwischen normal, dass die Züge verspätet sind. Es ist nicht bloß eine Verwaltung schlecht organisiert, es ist »die« Verwaltung, die auf allen Ebenen meist nicht wirklich funktioniert und oft viel zu kompliziert ist.

Und dann sind da noch die wirklich großen Probleme, etwa durch den Klimawandel. Zum ersten Mal dämmert uns, dass nicht alles heilbar, erreichbar, ersetzbar ist. Zum ersten Mal begreifen wir real, dass Dinge und auch Hoffnungen weniger werden. So wie etwa Pflanzen- und Tierarten.

Vielen fällt es schwer, sich in diesem allgemeinen Weniger zurechtzufinden, erst recht, weil man nicht das Gefühl hat, es selbst in der Hand zu haben. Die Laienprediger, die darauf verweisen, dass es doch ganz prima sei, sich freizumachen von zu viel Besitz, von all dem Konsum und allem falschem Genuss, sind oftmals gerade die, die sich ganz gut aussuchen können, worauf sie gern verzichten wollen. Aber wir reden hier eben nicht über souveränen, freiwilligen Verzicht, sondern über unvermeidlichen Verlust, der Sorgen weckt und Unsicherheit auslöst. »Neoasketen« nennt der Soziologe Andreas Reckwitz jene, die nicht aus religiöser Reinigungspraxis auf etwas verzichten, sondern dem »Imperativ der Mäßigung« folgen, einer Mäßigung, die zum Beispiel in Gestalt von Vegetarismus oder Flugscham, von Konsumverzicht und Minimalismus selbstgewählt auftritt.[27]

Eine solche individuelle Selbstverpflichtung kann aber in der Regel nur dann als Freiheitsgewinn verstanden und gehypt werden, wenn man sie sich leisten kann. Wird diese Askese jedoch als Forderung an andere oder an die ganze Gesellschaft erhoben, entsteht das Bild eines übergriffigen Staates oder einer Verbotsagenda, und so etwas erzeugt Widerstand (der »Veggieday« lässt grüßen).

Wenn das so ist, stellt sich die Frage, wie wir in der Demokratie dann überhaupt die durch die Klimakrise und das Artensterben so dringlich gewordene Veränderung hin zur Mäßigung erreichen können? Ich denke, wir müssen uns die Sorgen derjenigen genauer anschauen, die nicht zwischen verschiedenen Verzichtsmöglichkeiten wählen können, weil sie ganz elementare Sorgen haben, ihren bisher vertrauten Alltag weiterhin bestreiten zu können.

—

Wenn wir in diesen Zeiten über Sorge und Sicherheit reden, landet man in den direkten Gesprächen meist schnell beim Kontostand und den Preisen sowie bei der Frage, wer welche Voraussetzungen hat. Die einen sind dank Erbschaft und Rückfallvermögen gut ausgestattet, die anderen kommen trotz gleichen Bildungsstands nur mit großer Anstrengung gerade so über die Runden. Die Angst der Menschen mit mittleren Einkommen wächst, nicht mehr dazuzugehören zum gesicherten Bürgertum, sich das Leben, das sie bisher führten, nicht mehr leisten zu können. Dabei geht es nicht um den Skiurlaub oder den dritten Restaurantbesuch in der Woche, nein, es geht um den Alltag, die Lebenshaltungskosten, das Hobby der Kinder. Es geht um die Wohnkosten in den Städten, neue Kleidung für die Familie, anstehende Geburtstage, Weihnachtsgeschenke, das Beauftragen eines Handwerkers, den regelmäßigen Besuch beim Friseur. Anders gesagt: Bei den meisten geht es zwar noch nicht um die Existenz, aber beileibe auch nicht um Luxus, sondern einfach um das bisher als normal empfundene Leben, plus eben um das kleine Extra für die Kinder, für sich selbst, um eine Überraschung für die Eltern, um ein Konzert mit der Freundin.

Da muss oft viel gerechnet werden, und das strengt an. Wenn dann noch jemand ankommt und erklärt, dass man am besten nur Lebensmittel aus biologischer Landwirtschaft kaufen sollte, dann geht das mitunter über die Akzeptanzschwelle.

Geldsorgen machen etwas mit der Seele. Sie zermürben, kosten Kraft und lassen Menschen unruhig werden, nachts wach liegen. Es gehört natürlich zum Erwachsensein dazu, dass Menschen verantwortlich sind für sich und die Konsequenzen ihrer Entscheidungen, und das gilt auch fürs Finanzielle. Aber genau da ist die vielleicht größte Veränderung der Gegenwart auszumachen: Es ist vieles nicht mehr absehbar. Den einen schwimmt das Haus weg, weil das neue Normalwetter unberechenbarer ist, andere sehen ihre sicher geglaubte Branche geradewegs in den Abgrund stürzen, weil das Festhalten an der fossilen Welt eben doch nicht mehr wettbewerbsfähig ist oder die KI den gesamten Arbeitsbereich umkrempelt. Und wieder andere dachten, mit der eigenen Immobilie hätten sie eine krisenfeste Geldanlage gefunden, und dann kommt der Typ mit der Forderung nach dem Austausch der Heizung um die Ecke.

—

Der Eisenacher Heizungsfachmann Stefan Mankel ist, wie gesagt, von der Wärmepumpe überzeugt. Gerade im vergangenen Jahr habe es viele Fortschritte gegeben. Damit die Wärmepumpe funktioniere, sei ein durchgängiges Heizen auf niedrigem Niveau erforderlich, sagt der 59-Jährige. Diese neue Art des Heizens sei für einige Kundinnen und Kunden befremdlich. Umso wichtiger sei heute Kommunikation: »Der Kunde«, so Mankel, »muss mitgenommen werden. Das Heizverhalten muss geändert werden, und da fangen die Schwierigkeiten an.« Das hat auch Auswirkungen auf seine Arbeit. Er muss sich insgesamt mehr Zeit nehmen, Termine mit Kundinnen und Kunden müssen intensiver vorbereitet werden, unter anderem wegen der anhaltenden Skepsis gegenüber der Wärmepumpe. Vor Kurzem erst entschied sich ein Kunde für den Einbau einer Gasheizung, obwohl die in diesem Fall relevant teurer war. Mankel sagt, die Gasheizung komme den Menschen einfach sicherer vor. »Was fehlt, um die Akzeptanz zu vergrößern, ist, dass der Staat selbst mit seinen Gebäuden vorangehen müsste. Theoretisch müsste er jeden Kindergarten, jede Schule mit Wärmepumpen ausstatten. Da müsste viel mehr passieren. Denn wenn die Kiste da draußen steht, und da bringen jeden Tag die Eltern die Kleinen in den Kindergarten, und die sehen dann, da ist es immer schön warm – das würde was bringen.«

Wo er recht hat, hat er recht, denke ich mir. Und noch etwas würde etwas bringen, fährt Mankel fort: ein Abbau der Bürokratie. Die ganze Büroarbeit koste viel zu viel Zeit, deutlich mehr als noch vor ein paar Jahren.

Das Handwerk boomt. Stefan Mankel bildet auch deshalb gerade einen Lehrling aus. Weil es nicht genug Lehrkräfte gibt und die nötigen Gelder fehlen, macht die Berufsschule im Ort zu. Für die überbetriebliche Ausbildung muss Mankels Lehrling nun sechzig Kilometer weit fahren. »Da fährt kein Zug. Ich habe hier noch so einen kleinen Smart, den gebe ich dann immer mit. Ich wollte ihn eigentlich verkaufen, aber dann dachte ich mir, die müssen da ja irgendwie hin.« Mankel ist lösungsorientiert, jemand, der anpackt und auch mal Umwege in Kauf nimmt. Eigenschaften, die er selbst in der Gesellschaft zunehmend vermisst. »Es ist ein gesellschaftliches oder ein menschliches Problem, dass die Leute Verantwortung gern von sich weghauen und safe leben wollen.« Dienstleistungsmentalität – das begegnet auch mir immer häufiger. Von der Politik oder wem auch immer möchten viele Menschen all das geregelt bekommen, was sie aufregt, was sie gern hätten, und möglichst so, wie sie es gern hätten.

Ich denke über das Verantwortungsbewusstsein nach. Schwächelt es, weil wir das Vertrauen in die Zukunft verloren haben? Hat Andreas Reckwitz recht mit seiner Diagnose einer »Verlusteskalation«? Ich staune, wie häufig Kolleginnen und Kollegen, Politiker und Politikerinnen sagen, nunmehr Verantwortung für das Land übernehmen zu wollen. Und zwar immer gleich für das ganze Land, für alles – die selbst gemachte Erwartung steigt also massiv. Beim Bruch der Ampelkoalition im Herbst 2024 war man geradezu umzingelt von Verantwortungsübernahmen – bis hin zum Bundespräsidenten. Das Wort »Verantwortung« ist fast schon zu einer Phrase geworden, bei der viele Menschen mit einem Augenrollen reagieren.

In der Zeitung lese ich, die Deutschen würden insgesamt zu wenig Verantwortung übernehmen. In einem Artikel schreibt Marcel Fratzscher, Ökonom und derzeitiger Präsident des Instituts für Wirtschaftsforschung, davon, dass wir in unserem Land eher die Schuld bei anderen suchen würden. Er spricht sich für einen Kennedy-Moment aus, den wir dringend bräuchten: »Frage nicht, was dein Land für dich tun kann, sondern was du für dein Land tun kannst.« Deutschlands größtes Problem sei seine Depression. Die Menschen, so Fratzscher, seien zutiefst unzufrieden mit Politik und Gesellschaft, die Zukunftsängste seien größer denn je, und das Vertrauen in Institutionen sei verschwunden. Gleichzeitig sei die Zufriedenheit mit dem eigenen Leben so hoch wie noch nie.[28] Das passt auch zum Anliegerstraßenanlieger. Der wollte einfach keine Veränderung, schon gar nicht in seinem Nahfeld. Und er wollte, dass irgendjemand kommt und dafür sorgt.

Stefan Mankel ist ganz anders. Er hat Ideen, ist konstruktiv. Und doch geht es ihm oft alles viel zu langsam, dann wird es doch wieder bürokratisch. Trotzdem sind wir uns einig: Veränderung kann viel Gutes bedeuten. Dazu braucht es Offenheit, dass der andere auch recht haben könnte. Und Vertrauen in die Zukunft.

Ich denke noch einmal über die Idee mit den Wärmepumpen für Kindergärten und Schulen als Statement von staatlicher Seite nach. Stefan Mankel hat recht! Es braucht solche guten Beispiele, positive Erfahrungen, gelingende Lösungen. Sie sind besser als alle Gebote und Verbote. Nachdem ich lange dachte, ich als Politikerin müsste bei den Bürgerinnen und Bürgern doch nur Einsicht erzeugen und ihnen die Dinge erklären, wird mir nun immer klarer, dass es anders funktioniert. Wir, die wir politisch arbeiten, wissen manchmal auch quasi zu viel oder haben zu viele Eventualitäten im Kopf. Und dann wird aus einer an sich guten Idee ganz viel Gute-Ideen-Bürokratie und damit eher ein Hindernis oder etwas Schweres, Anstrengendes – und jedenfalls nichts, bei dem man gern mitmacht. Zudem verstellt das Gefühl, doch alles durch- und bedacht zu haben, natürlich auch den Blick für die Ideen anderer. Politik ist oft Stückwerk. Es wird versucht, ein konkretes Problem zu lösen, aber im Ringen um Kompromisse geht zuweilen der Blick aufs Praktische verloren. Wie etwa kommt die Mitarbeiterin im Stadtwerk oder in der Einwanderungsbehörde mit dem neuen Gesetz zurecht? Solche Fragen werden zu selten gestellt. Ein nicht einfach aufzulösender Konflikt. Schließlich möchte ich als Politikerin nicht mit einer halbgaren Lösung aufwarten. Aber wenn ich meine Idee lange genug selbst gut fand und sie mit Expertinnen und Experten diskutiert habe, sind oft diejenigen, die sie umsetzen sollen, die Letzten in der Kette, die gefragt werden. Meine Erkenntnis lautet da sehr oft: Frag lieber nicht die Verbandsvertreterinnen als Erste, sondern die, die der Verband vertritt.

–

»Ich glaube tatsächlich, diese Heizungsgeschichte war der Tropfen, der das Fass zum Überlaufen gebracht hat«, sagt Judith Borowski und bemängelt dabei vor allem die Art der Kommunikation. Ich bin mit ihr und ihrem damaligen Geschäftspartner Uwe

Ahrendt von Nomos Glashütte im Gespräch. Zusammen mit ihm und Roland Schwertner hatte Borowski bis Ende 2024 die Geschäftsführung der Uhrenmanufaktur im sächsischen Erzgebirge inne.

Der Ort Glashütte ist weltweit bekannt für die Uhrenindustrie. Mehrere Firmen haben hier ihren Sitz. Ein Drittel aller Erwerbstätigen aus dem Ort arbeitet für eine der ansässigen Manufakturen. In Glashütte herrscht quasi Vollbeschäftigung, mit guten und sicheren Arbeitsplätzen, die überdurchschnittlich bezahlt sind. Die Arbeit genießt weithin viel Bewunderung. In dieser Hinsicht unterscheidet sich Glashütte – als echter »Leuchtturm« – sehr von den meisten Orten in Ostdeutschland.

Neben den Uhrenfirmen ist allerdings nicht mehr viel los in der Stadt. Eine Oberschule gibt es nicht, das Schwimmbad verfällt, im Kino lief der letzte Film vor gut zwanzig Jahren, und der Einkaufsmarkt steht seit mehr als zwei Jahren leer.[29]

Und so fühlen sich in Glashütte und überhaupt in ganz Sachsen – wie in allen anderen ostdeutschen Bundesländern, und besonders auf Dörfern und in Kleinstädten – die Menschen ungerecht behandelt. Nach der Wiedervereinigung verloren viele ihren Job und mussten neu anfangen. Ihr Leben und Tun in der DDR fand wenig Anerkennung. Es kam außerdem zum großen Ausverkauf – Immobilien in Weimar, Greifswald, Leipzig, Dresden, Halle, Jena waren heiß begehrt. Da die Menschen im Osten weniger Eigenkapital hatten und auch noch nicht wussten, wie das neue System funktioniert, kauften vor allem Menschen aus dem Westen der Republik. Zum Glück, möchte man einerseits sagen, denn vieles wurde dadurch vor dem Verfall bewahrt. Bis heute gehört dadurch andererseits ein immenser Teil der Wohnungen in Leipzig Privatpersonen, Unternehmen, Fonds oder Pensionskassen aus Westdeutschland oder Großvermietern wie

Vonovia aus Bochum. Ähnlich verhält es sich mit den landwirtschaftlichen Flächen. Wenn ich also was von der Vermieterin oder dem Verpächter will, lande ich für gewöhnlich in Konstanz oder Kiel oder gar bei einem Konsortium ohne Namen.

Nach wie vor verdienen die Menschen im Osten weniger Geld. Ostdeutsche bekommen im Durchschnitt monatlich knapp 500 Euro weniger Lohn als Westdeutsche.[30] Das ist nicht nur ungerecht, sondern fühlt sich vor allem auch so an, als wäre die Arbeit in Rostock weniger wert als in Stuttgart. Es stimmt zwar, dass es auch in Westdeutschland regionale Gehaltsunterschiede gibt. Aber die signifikante Trennlinie bei Einkommen wie bei Erbschaften ist eben die alte Ost-West-Demarkation. Je länger diese Ungerechtigkeit andauert, je unverständlicher und je weniger sie zu begründen ist, desto mehr wird aus Unzufriedenheit erst Unmut und schließlich Wut. Die Seele sucht sich dann einen Schuldigen oder eine Schuldige, damit wenigstens klar ist, wogegen sich das Ganze richtet. Das können wahlweise »die Wessis« sein (eh arrogant), »die da oben« (haben ja keine Ahnung, wie es uns geht), »die Abgewanderten« (waren sich zu fein, hierzubleiben, leben schick im Westen und haben uns alleingelassen) oder eben »die Asylanten«(eh an allem schuld).

In einem Artikel über Glashütte lese ich, der fehlende Einkaufsmarkt verstärke das Gefühl, das Leben sei komplizierter, teurer und anstrengender geworden. Ein möglicher Grund, warum die AfD dort stärker wird: Bei der letzten Landtagswahl erhielt die Partei in Glashütte 39,4 Prozent der Zweitstimmen.[31] Uwe Ahrendt bedauert das: »Man denkt ja immer, man tut doch was, man redet mit den Leuten, man engagiert sich, bezieht Stellung – aber grundsätzlich hat sich nichts verändert. Das sind eher noch zwei, drei Prozent mehr geworden, was jetzt die AfD betrifft. Leider ist dem so.«

Ja, die Nomos-Leitung engagiert sich. Regelmäßig bietet sie in ihrem Unternehmen Workshops an und schult ihre Mitarbeitenden im Umgang mit Desinformation und Aggression. Nomos warnt seit Langem vor der AfD und kämpft seit zehn Jahren gegen rechtsaußen. Denn 2015 ging es auch in Glashütte los: Da mobilisierte *Pegida* gegen ein Asylbewerberheim. Nomos hängte damals ein Banner an seine Zentrale: »Wir ticken international. Nein zu rechtem Gedankengut. Ja zu Menschen, die jetzt unsere Hilfe brauchen!«

Kurz vor unserem Gespräch bekommt das Unternehmertrio das Bundesverdienstkreuz verliehen; für sein Engagement, für die Werte der Demokratie einzustehen und diese auch im Unternehmen präsent zu halten. Aber auch für den wirtschaftlichen Erfolg: Uhren aus Glashütte sind weltweit begehrt, die Uhrmacher sind stolz auf ihre von Hand gefertigten Uhren, zumal diese zu den wenigen Produkten aus dem Osten gehören, die es geschafft haben, sich nach der Wende einen guten Namen zu machen. Die Uhren von Nomos sind ein solides Produkt, wenn auch nicht ganz günstig. In der neuesten Kollektion sind sie auf einmal sehr bunt: pink, orange, rot, grün. Ich frage, ob das nun Mut oder Übermut war. Und ich verstehe, dass auch so etwas ein Statement sein kann. Es hat jedenfalls funktioniert, sagen die Uhrenhersteller, denn auch diese Uhren haben rasanten Absatz gefunden.

»Wie steht es um unsere Demokratie?«, frage ich Judith Borowski ganz direkt. Viele Menschen auch in Glashütte fühlten sich zu wenig gesehen, erklärt sie daraufhin. Es herrsche Parteienverdrossenheit, Demokratiefeindlichkeit oder zumindest -müdigkeit. »Demokratie ist in den vergangenen Jahren fast zum Schimpfwort geworden.« Die gebürtige Konstanzerin findet es schade, dass wir uns nicht mehr an der geglückten Wiedervereinigung erfreuen. Sie nimmt eine wachsende Feindseligkeit der Ostdeutschen gegenüber Westdeutschen wahr und einen großen Vertrauensverlust. Wir hätten es als Gesellschaft verpasst, rechtzeitig etwas zu tun. Die ständige Frage »Reicht mein Geld bis zum Monatsende?« frustriere die Menschen. In Glashütte wurden zwar erst vor Kurzem die Löhne erhöht (und zwar von allen Firmen, die hier produzieren), aber bei den dauerhaft hohen Preisen in vielen Bereichen sei das für einige immer noch nicht ausreichend. Und es gibt überdies die Sorge vor weiteren Belastungen.

Und es sei eben auch schwierig, neue Mitarbeitende zu gewinnen. Jemand aus Stuttgart, Lyon oder Bremerhaven möchte kaum nach Glashütte ziehen, und sei er oder sie auch noch so uhrenbegeistert. Glashütte als Wohnort sei einfach nicht attraktiv genug. Manche hätten auch Sorge wegen der großen AfD-Wählerschaft – da will man nicht wohnen; manche würden aber auch nicht bei Nomos arbeiten wollen, gerade weil das Unternehmen sich so klar gegen die AfD positioniert.

—

Uwe Ahrendt, der Co-Geschäftsführer von Nomos, lebt schon immer in Glashütte. Er sitzt für die Grünen im Stadtrat. Viele seiner alten Schulkameradinnen und Schulkameraden sind mittlerweile bei der AfD. Trotz seines Widerspruchs gegen sie versuche er, im Gespräch zu bleiben, bei der Bratwurst oder im Verein, sagt er mir. Auch eine gemeinsame Zigarettenpause ist drin. Das sei wichtig, man müsse miteinander reden, zum Beispiel über den Krieg in der Ukraine oder über Fragen zur Migration. Viele Haltungen dazu seien ostdeutsch geprägt. Auch in der DDR gab es Einwanderung. Anders als im Westen der Republik hießen die Neuankömmlinge Vertragsarbeitnehmer und stammten aus

Ländern wie Vietnam, Kuba oder Mosambik. Sie lebten in der Regel völlig abgeschieden von der übrigen Gesellschaft, und Begegnungen mit den Einheimischen waren im Grunde auch von offizieller Seite nicht erwünscht. Wurde eine Vietnamesin von einem deutschen Mann schwanger, musste sie in ihr Land zurück. Das alles hat nicht gerade dazu beigetragen, Weltoffenheit zu fördern. Wir wissen natürlich nicht, ob die Situation im Osten heute anders aussähe, wenn schon damals mehr an Begegnung stattgefunden hätte, zumal die Leipziger Autoritarismus-Studie 2024 auch in Westdeutschland eine gestiegene Ausländerfeindlichkeit konstatiert[32] (wie wir sie im Übrigen auch in den anderen europäischen Ländern beobachten).

Judith Borowski erzählt: »Die Identifikation der Ostdeutschen mit dem Osten hat spürbar zugenommen. Dabei könnten wir Unterschiede – ob in Sachen Herkunft, politischer Meinung oder Bildungshintergrund – ja auch als Bereicherung wahrnehmen, nicht als ein Gegeneinander.« Denn sie könnten uns helfen, Probleme von unterschiedlichen Seiten aus zu betrachten. »Dabei gibt es natürlich Grenzen, rote Linien – das Grundgesetz markiert diese für mich«, sagt die Unternehmerin. Sonst aber gelte: Man müsse andere Meinungen aushalten, immer. »Freiheit ist, wie wir wissen, immer auch die Freiheit der Andersdenkenden.« Man müsse aushalten, wenn jemand eine andere Partei wähle als man selbst, und für Gespräche wieder häufiger in der Gemeinschaft zusammenkommen.

Ich frage nach: Ob das nicht eigentlich eine fromme Gegend sei. Spiele die Kirche eine Rolle bei der Frage nach Heimat und Angebundensein, Zugehörigkeit und Identität? Die Kirche, antwortet Judith Borowski, sei ein Anlaufpunkt für einige wenige. Es gebe in Glashütte seit Kurzem sogar einen neuen Pfarrer. Das ist nicht selbstverständlich, denn auch die Kirchen müssen sparen, und Pfarrstellen bleiben immer häufiger unbesetzt. Unbedeutend sei die Kirche nicht, wirklich viele Menschen würde sie aber nicht anziehen.

Kein Kulturhaus, kein Kino, nur eine kleine Kirchgemeinde – die Orte für Begegnungen sind überschaubar, nicht nur im Osten, aber dort in verstärktem Maße. Treffen an sogenannten »dritten Orten«, an denen es auch einfach mal »nur« um die Seele oder das Leben geht, fehlen seit der Friedlichen Revolution zunehmend. Sportvereine und Feuerwehren gibt es natürlich – und die werden zugleich vermehrt zu Orten, an denen rechte Ideologen fröhliche Urständ feiern.[33] Genau diese Orte haben sich die AfDlerinnen und AfDler ausgesucht, sie zum Teil mit Geld und Personal unterstützt und Jugendlichen einen Ort gegeben, an dem sie sein können, an dem sie Identität finden. Dass diese dann oft rassistisch ist und extrem männlich-toxisch, ist eine große, oft unterschätzte Gefahr. Je mehr sich Staat und Kirche zurückzogen, umso leichter war es für die extremen Rechten, in vernachlässigte Strukturen einzudringen, etwa mit dem Camp für Jugendliche, dem regelmäßigen Treffpunkt, dem Training.

Uwe Ahrendt und Judith Borowski stellen fest, dass das Miteinander ernster und mühseliger geworden sei. Die Verbitterung nehme zu: im Betrieb, auf der Straße, in der Schule, zwischen Ost und West sowieso. Die Nomos-Leitung wünscht sich, dass es wieder ein bisschen lockerer zugeht, dass man gemeinsam lacht und so irgendwie alles andere auch ein bisschen leichter wird. Wie das gelingen könnte, will ich von ihnen wissen. »Schön und ein Zeichen von Selbstbewusstsein wäre doch, wir könnten einfach auch mal Witze übereinander machen«, findet Judith Borowski. »Ost über West und umgekehrt und überhaupt. So wie über Ostfriesen, über Bayern, über Preußen.« Aber so weit sei man halt noch nicht. Ich frage sie, ob man Witze über sie als Westdeutsche machen dürfe. »Klar, unbedingt! Her damit!« Humor als Schlüssel für eine Wiederannäherung. Eine schöne Idee.

Vielleicht kann so etwas ja tatsächlich dazu beitragen, Frieden zu schließen. Der Witz, das wussten schon die Alten, hat etwas sehr Erleichterndes. Ob es Seelenmedizin ist, weiß ich nicht. Die Comedyshows am Abend sind es vermutlich nur zum Teil. Oft fühlt man sich da in der eigenen Blase wohl und sieht sich selbst und die eigene Meinung bestätigt: die einen bei Nuhr, die anderen bei Kebekus. Auch ich bin davor nicht gefeit. Ich liebe Caro Kebekus und ihre feministische, unfassbar lustige Show sehr, während ich Nuhr und ein paar andere für unterkomplex, aus der Zeit gefallen und frauenfeindlich halte. Aber irgendjemand muss Dieter Nuhr ja offenbar gut finden, die Einschaltquoten sprechen eine klare Sprache. Trotzdem bleibt es bemerkenswert, dass es uns inzwischen sogar schwer zu fallen scheint, wenigstens über die gleichen Witze zu lachen.

—

Viele Alleinerziehende kennen das Gefühl von »Es ist zu viel«. Fragen sich ständig: Schaffe ich das? Oder: Werde ich meinen Kindern gerecht? Sorgen sind ihre täglichen Begleiter. Sie müssen allein entscheiden, allein versorgen, *good cop* und *bad cop* in einer Person sein, immer ansprechbar bleiben, haben keine Pause. Die ständige Überforderung hat zur Folge, dass sie manchmal überreizt sind und mitunter überreagieren.

Es ist freilich nicht per se ein Problem, allein zu erziehen. Viele machen das ganz wunderbar, haben oder suchen Hilfe, wenn es nötig ist, kennen Freundinnen, die sie unterstützen, wenn ein Problem nicht allein zu lösen ist, haben Paten, die mal ein Gespräch mit den Kindern übernehmen, oder Eltern, die sich selbstverständlich mitverantwortlich fühlen. Manche schaffen es auch ganz allein, weil sie es genau so wollen.

Und natürlich sind Kinder wunderbar. In den allermeisten Familien werden sie geliebt; Eltern, alleinerziehend oder nicht, setzen alles daran, ihnen das Beste zu geben. Wenn sie daran scheitern, kann das ganz unterschiedliche Gründe haben. Manchmal haben die Eltern selbst als Kind zu viel oder zu wenig Liebe erfahren, manchmal ist ihnen schlicht alles zu viel, etwa, weil die Kita schon wieder zu hat oder der Schulunterricht ausfällt. Vielleicht auch, weil das eigene Kind gemobbt wird.

Es gibt sie jedenfalls in großer Zahl, die auf Dauer allein für ihre Kinder Zuständigen, die arm sind und deren Vollzeitjob darin besteht, Hilfe zu suchen, Anträge zu stellen, jeden Cent umzudrehen, zu bitten, abgewiesen zu werden, die nicht das richtige Formular ausgefüllt haben oder das richtige falsch.

Eine meiner ersten Begegnungen für das Buch ist jene mit einer solchen alleinerziehenden Frau. Sie weiß von meiner Idee, einmal aufzuschreiben, was in ihrem Leben so los ist, warum sie manchmal wütend ist, welche Sorgen sie hat. Die Frau möchte ihren Namen nicht sagen, ich nenne sie hier daher Heike. Heike ist Mitte vierzig und Mutter von vier Kindern. Sie ist studierte Lehrerin, kann den Beruf aber aktuell nicht ausüben. Eine starke Long-Covid- und eine Epilepsie-Erkrankung seien der Grund dafür, sagt sie. Wir treffen uns im Garten der Arche Hellersdorf in Berlin. Nach der Trennung von ihrem Mann sei dieser Ort für sie und ihre Kinder eine wichtige Anlaufstelle geworden, erklärt sie. Was genau zum Scheitern der Ehe geführt hat, erzählt sie nicht. Ich erfahre nur, dass sie mit ihrem Ex-Mann und den Kindern eine Zeit lang in Norwegen gelebt hat. Inzwischen komme sie nicht mehr so oft in die Arche. Zum Elternfrühstück noch ab und zu.

Heike hat ein kleines Buch mit Notizen für unser Gespräch neben sich liegen. Lauter Sachen, die, für sich genommen, klein erscheinen. Heike ist eine kluge Frau, sie weiß, was ihren Kindern zusteht. Es geht ihr nicht gut, aber die Energie, die sie hat, versucht sie dafür einzusetzen, dass wenigstens die Kinder aus dem Schlamassel rausfinden. Natürlich sind die Kinder nicht jeden Tag total nett und zugewandt, gerade ihr gegenüber. Trotzdem versucht sie, das ganze Familienleben irgendwie zusammenzuhalten.

Heike bezieht Bürgergeld – ein heikles Thema, wie sie sagt. Die ganze Republik scheint in ihren Augen darüber zu diskutieren, wie viel das sei, dass es eine soziale Hängematte biete und dass manche Leute ihren Job sogar kündigen würden, weil das Bürgergeld gemütlicher sei. Heike kann noch nicht mal lachen über diese Debatte. Ihr ist sogar der Zynismus vergangen. Man müsse sich extrem »nackig machen«, und was da als »Einkommen« gezählt werde, empfinde sie teilweise als unfair. »Wenn ich zum Beispiel Sachen bei eBay verkaufe, die meinen Kindern nicht mehr passen, dann ist das alles Einkommen.« Deshalb würde sie alte Sachen eher wegwerfen und nicht verkaufen oder spenden, denn selbst Spenden müssen gegenüber der Arbeitsagentur angegeben werden.

Ich frage sie noch mal nach der öffentlichen Debatte über das Bürgergeld. Und da wird sie auf einmal politisch. »Wir spielen doch die Leute gegeneinander aus, darin sind wir ganz gut«, antwortet sie. Das Ausfüllen der Anträge werde immer schwieriger, zudem müsse man das mittlerweile alle drei bis sechs Monate von Neuem machen. Ob der Antrag genehmigt werde, sei jedes Mal ungewiss. Das alles führe zu einem sehr hohen Druck. »Sie wissen nicht, ob Sie zu Weihnachten was Anständiges zu essen haben. Sie wissen es nicht.«

Heike befürchtet, nach dem Auszug ihres 17-jährigen Sohnes, der gerade eine Ausbildung macht, eine neue Wohnung finden zu müssen. Ihre Freundin, ebenfalls Bürgergeldempfängerin, habe sechs Jahre lang eine neue Wohnung gesucht. Ihre Freundin hat zwar einen Vollzeitjob, muss aber trotzdem mit Bürgergeld aufstocken, weil sie selbst vier Kinder hat. Der Mann hat sich scheiden lassen, nachdem er mit seiner Sekretärin durchgebrannt ist, so erzählt es Heike jedenfalls. Er hat Heikes Freundin mit dem Haus sitzen lassen, die Raten nicht weitergezahlt, und da musste sie halt nach einer Wohnung suchen. Und am Ende ist sie da gelandet, wo sie eigentlich nicht hinwollte: am S-Bahnhof Hellersdorf. Nach sechs Jahren.

Aber die drohende Wohnungsfrage ist nur eines von vielen Problemen, mit denen es Heike zu tun hat. Sie muss beispielsweise auch regelmäßig Medikamente einnehmen. Wie sie mir sagt, müsse sie derzeit etliche Apotheken abklappern, weil ihre Medikamente nicht vorrätig seien, und die Alternativen vertrage sie nicht. »Wir reden da von lebensnotwendigen Medikamenten, die nicht verfügbar sind. Ich stand in der Apotheke, neben mir war eine ältere Dame, die hat geweint, weil ihre Krebsmedikamente nicht da sind. Sie sind nicht lieferbar. Man kriegt so eine Frustration. Ich verstehe in der Zwischenzeit, warum manche Leute das Gefühl haben, dass das alles nicht mehr lebenswert ist.«

Auch Heike kennt solche Gedanken. Sie fühlt sich alleingelassen, die Sorgen sind einfach immer da. Sie ist frustriert, trotz ihrer Kinder, die sie als hochintelligent beschreibt, auch wenn das Leben mit ihnen herausfordernd sei. Und dann erzählt sie mir völlig überraschend, dass sie 2002 am Gutenberg-Gymnasium in Erfurt war, als plötzlich Schüsse fielen. Ein ehemaliger Schüler ermordete innerhalb weniger Minuten elf Lehrer und Lehrerinnen, eine Referendarin, die Schulsekretärin, einen Polizisten und zwei Schüler. Am Ende tötete er sich selbst. Heike erzählt, sie sei vor Ort gewesen, weil sie dort ein Praktikum als Gebärden-Dolmetscherin gemacht habe.

In mir steigen Bilder aus der Heimat hoch. Bis heute ist das Attentat im Gedächtnis der Stadt präsent. Die damalige Schulleiterin habe ich nach dem Anschlag besucht, sie war auf eine bewundernswerte Art tapfer und entschlossen, alles nur Denkbare für ihre Schule, die Kinder, die Lehrerinnen und Lehrer wie auch die Eltern zu erreichen, das Trauma zu überwinden, neu anzufangen.

Diese Wunde ist geblieben. Jetzt sitzt Heike vor mir. Ich hatte nie von einer Praktikantin gehört, die dort war, und frage mich unwillkürlich, was das Erlebte wohl mit ihrer Seele gemacht hat. Hat Heike einfach Glück gehabt? Hat sie jemanden verloren? Hatte sie Beistand? Doch sie möchte nicht weiter darüber reden.

Ich frage Heike, woher sie ihre Kraft nimmt. »Im Moment habe ich sie nicht«, antwortet sie. »Im Moment ist jeder Tag ein Kampf.« Ob es denn etwas Gutes in ihrem Leben gebe, will ich zum Schluss unseres Gesprächs wissen. »Puh!«, atmet Heike erst einmal aus. Wir schweigen eine Weile. Ich lerne langsam, so ein Schweigen auszuhalten, verstehe, dass es guttun kann. Es entsteht dabei eine Verbindung, die nicht mit Worten hergestellt werden kann.

Heike ist jetzt erschöpft vom Gespräch. So viel Leben, so viel Bürde, so viel Gelungenes aber auch, das durchblitzt. Ich bin mir nicht ganz sicher, ob ihr einfach nichts einfällt, das gut ist, ob einfach all das Harte und Schwierige überwiegt oder ob sie womöglich befürchtet, ihre ganze Geschichte könnte unglaubwürdig wirken, wenn es darin auch irgendetwas Positives gäbe. Und während ich all das denke, ergänzt sie: »Also ich hatte heute Morgen Erdbeeren zum Frühstück.« Und lacht von Herzen. In dem Moment, an diesem Tag im August, hätte ich am liebsten zehn Kilo Erdbeeren für Heike und ihre Kinder gekauft. Kaum schießt mir dieser Gedanke durch den Kopf, frage ich mich, wie ich eigentlich dazu komme zu glauben, dass es sie glücklich machen könnte, wenn ich ihr Erdbeeren schenke. Ich verfluche mein falsches Gutmenschentum und merke mir nur, dass Erdbeeren im August deswegen eine große Sache sind, weil es eben für dieses kleine bisschen Luxus gereicht hat.

—

Das kleine bisschen Luxus sind für die Schulassistentin Jenny Kümmerle die perfekt manikürten Fingernägel. Und ihre Tattoos. Auf ihren Armen hat sie sich Blumen, einen Schmetterling und einen Traumfänger stechen lassen.

Jenny Kümmerle ist eine kluge und reflektierte Frau. Ich treffe sie und denke mir gleich: Die schafft das Leben und auch noch ein bisschen etwas zusätzlich. Mit dem Vater ihres Kindes war sie sechs Jahre zusammen. Als sie vor mehr als drei Jahren schwanger wurde, gingen die Probleme los, denn er wollte das Kind nicht. »Weil es mein Körper ist und mein Kind, habe ich mich entschieden, ich behalte das Kind«, erklärt Jenny. Als sie dann ihren Sohn Jamie zur Welt brachte, hatte sie gerade Corona. Anders, als sie es sich vorher erhofft hatte, kam ihr Sohn mit einem Kaiserschnitt auf die Welt. »Wir sind dann auf diese sogenannte Corona-Station gekommen. Diese Einsamkeit da war ganz, ganz schlimm.«

Wieder Corona, wieder die Einsamkeit, denke ich mir. Ich weiß, dass es auch bei Geburten strenge Regeln gab, auch wenn manche Ausnahmen gemacht wurden. Trotzdem hätte ich gedacht, die damaligen Maßnahmen wären inzwischen vergessen, vielleicht ein bisschen wie die Schmerzen während der Geburt. Aber Jenny erinnert sich ganz genau. Sie sagt, ihr habe in der Zeit niemand richtig geholfen. Ihr Partner war ein Ausfall, und ansonsten waren die Kontakte extrem beschnitten. Corona war auch hier ein Krisenverstärker.

Jenny wirkt auf gute und starke Art selbstbewusst. Als ihr endgültig klar wurde, dass der Mann das Kind nicht wirklich als Teil seines Lebens verstand, beschloss sie, dass er ausziehen musste. Das ist zum Zeitpunkt unseres Gesprächs erst ein paar Wochen her. »Das muss ich mir persönlich und meinem Kind nicht bieten lassen. Ich muss dann halt gucken, ob ich Wohngeld beantrage. Und dann muss man halt auch diese ganzen Sorgerechtssachen klären.« Unterhalt für das Kind muss das Amt bezahlen, der Vater will oder kann es nicht. Auch darum kümmert sich Jenny: Die Unterlagen liegen bereits zu Hause ausgedruckt auf dem Tisch.

Wo es für sie an Unterstützung fehlt, möchte ich wissen. »Was ich tatsächlich sehr schwierig finde, sind alle organisatorischen Sachen«, antwortet sie. »Das ist jede Woche eine Herausforderung.« Den Job hinkriegen und als Mutter da sein. Sie arbeitet in Teilzeit als Schulassistentin. Ihr Sohn ist im Kleinkinderbereich in der Arche untergebracht. Ihr Tag ist genau durchgetaktet. Als sie einmal nach der Arbeit im Stau feststeckte und einfach nicht weiterkam, geriet sie förmlich in Panik. »Da hatte ich tatsächlich das Problem, wer holt mein Kind ab? Mein Papa war arbeiten, meine Mama saß beim Arzt, und mein jetziger Ex-Freund war auch arbeiten. Meine beste Freundin hat eigentlich eine Bewilligung, den Kleinen abzuholen, die war aber auch arbeiten. Wenn alle arbeiten sind, auf wen soll ich dann noch zurückgreifen? Das war echt schwierig an dem Tag.« Es sprang dann der Freund einer Freundin ein.

Wenn das eigene Kind krank zu Hause bleiben muss, wird es für Jenny immer schwierig. »Ich finde es einfach megaungerecht, dass man dann diesen Krankenschein einschicken muss bei der Krankenkasse. Warum werden Mütter bestraft? Ich kriege dann automatisch weniger Lohn, und das ist ungerecht.«

Job und Familie unter einen Hut bekommen: Für viele Frauen bleibt das die zentrale Herausforderung in ihrem Alltag. Sich zerrissen fühlen, Selbstzweifel, die Sorge, ihrem Kind oder ihren Kindern nicht gerecht zu werden – mit alldem tragen sich weiterhin vor allem Frauen. Als ich als junge Mutter in die Politik ging, gab es nicht allzu viele, die auch so lebten – also Kinder zu haben und trotzdem einen anstrengenden, herausfordernden Job zu machen. Für mich war es als Ostdeutsche ganz normal, dass Mütter und Väter Vollzeit arbeiten, in Westdeutschland war das damals aber nicht verbreitet.

Ich arbeite seit über dreißig Jahren als Frau in einem nach wie vor stark männlich geprägten Umfeld. Ich habe in dieser Zeit viel Widerstand erfahren. Mir ist es wichtig aufzuzeigen, was sich beim Thema Gleichberechtigung verändert hat und wo wir als Gesellschaft immer noch etwas aufzuholen haben. Heute gibt es junge Frauen, die sich dieselben Fragen stellen wie ich damals: »Ich habe kleine Kinder, soll ich trotzdem in die Politik gehen? Soll ich mir das antun? Kann ich das schaffen?«

Noch heute haben es Mütter im Bundestag schwer, Kinder und Politikverpflichtungen unter einen Hut zu bringen. Männer sagen oft mit großer Selbstverständlichkeit: »Ich kann das!« Frauen sagen von sich aus: »Kann ich? Soll ich? Kriege ich das hin?« Da haben die Männer schon längst alle Plätze untereinander aufgeteilt.

Heute sage ich selbstbewusst: Ich bin gern »Quotenfrau«, weil Gleichberechtigung keine Bitte sein darf, sondern eine Selbstverständlichkeit sein muss. Dabei hilft die Quote.

Mit dem Alltag von Jenny Kümmerle hat die Quote allerdings wenig zu tun. Genauso wie die Debatte ums Gendern im Leben der meisten keine Relevanz hat. Es war Ende der 1980er-Jahre in meinem Theologiestudium, als ich mich das erste Mal mit Frauen- und Männersprache (so sagten wir damals) befasst habe. Sprache formt unsere Wirklichkeit. Alle Geschlechter abzubilden macht einen Unterschied. Das generische Maskulinum ist nicht generisch. Es erzeugt im Kopf vor allem männliche Bilder. Eine Sprache für alle macht hingegen auch andere Gruppen sichtbar. Darum geht es mir, um nicht mehr – aber um weniger eben auch nicht.

Gendern ist eine freiwillige Sache. Jeder und jede soll es handhaben, wie er oder sie es handhaben will. Ich kann hören, dass Menschen sagen, dass es für sie Wichtigeres gibt. Müssen wir deswegen aufeinander losgehen? Ist das wirklich einen Kulturkampf wert? Oder sind wir womöglich bloß auf diejenigen hereingefallen, die einfach nur das Netz und die Kaffeerunden mit nachrangigen Debatten überschwemmen wollen?

Das Gespräch mit Jenny wird, je länger es dauert, umso offener und interessanter. Jenny erwartet nicht, dass der Staat alles für sie regelt. Sie weiß, dass ihre Entscheidung, mit Jamie allein klarzukommen, Konsequenzen hat. Sie weiß auch – ohne es zu beklagen –, dass es Väter gibt, die sich zurückziehen. Fast nebenbei fällt der Satz, ein Urlaub sei gerade nicht drin. Trotzdem will sie, dass es gerecht zugeht. Wahrscheinlich weiß sie gar nicht, dass die Kinderkrankentage erhöht wurden? Es ist aber auch egal, denn sie findet es grundsätzlich falsch, dass sie – trotz Arbeit – in Geldprobleme gerät, wenn sie ihr krankes Kind betreut.

Wenn sie von dem Kleinen erzählt, werden ihre Augen hell, und die Stimme wird weich. Jamie ist nicht ihr Problem. Er ist das Kind, das sie liebt und von dem sie so viel Unheil wie möglich fernhalten will.

Ich spüre für einen Moment meine eigene Wut darüber, wie oft gerade Müttern, die auf Unterstützung angewiesen sind, vorgehalten wird, dass sie das Geld, das sie vom Staat bekommen, nur für sich ausgeben, etwa für Alkohol und Zigaretten. Als es Anfang der 2000er-Jahre um die Sozialreformen ging, habe ich mich mit einer guten Kollegin genau darüber hart gestritten. Damals war ich zum ersten Mal in der Arche gewesen und hatte Kinder getroffen, die Halt und Liebe gefunden haben. Ich hatte dort aber auch von Eltern erfahren, die alles taten, was sie nur konnten, um klarzukommen, um für ihre Kinder zu sorgen, um sich auch gelegentlich was zu leisten. So wie das die meisten Eltern tun, die mal ein zu großes Geschenk besorgen oder ins Restaurant gehen, obwohl das gerade eigentlich vom Geld her nicht drin ist. Bei Eltern, bei denen es extrem knapp zugeht, ist so etwas für den Rest des Monats existenzbedrohend. Und geht dann noch etwas im Haushalt kaputt, gerät schnell das ganze fragile System ins Wanken. Trotzdem war es dieses eine besondere Geschenk, was ihrem Kind das Gefühl gegeben hat, dazuzugehören und ihnen wichtig zu sein. Ein kleiner Junge, den ich damals traf, hatte ein teures kleines Modellauto in der Hand und war eine Dreiviertelstunde zu Fuß zur Arche gelaufen, um dort zu Mittag zu essen. Und während mir gerade der Gedanke »Das Auto muss ganz schön was gekostet haben« durch den Kopf schoss, sah mich der Junge an und sagte: »Weißt du, mein Papa hat mir das geschenkt, und niemand sonst in meinem ganzen Kindergarten und von meinen ganzen Freunden hat so ein Auto. Es ist nämlich, weil mein Papa mich sehr lieb hat.«

Der kleine Junge von damals hat viele meiner politischen Entscheidungen seither beeinflusst. Ja, es ist von zentraler Wichtigkeit, dass die Institutionen so gut sind, dass die Chancen der Kinder wenigstens einander angeglichen werden. Ja, es ist richtig, dass die Hilfe direkt bei den Kindern ankommen muss. Aber es stimmt eben auch, dass es meistens Mütter wie Jenny oder Väter wie der des kleinen Jungen sind, die eher selbst auf alles Mögliche verzichten, als dem Kind etwas vorzuenthalten.

Der eben erwähnte Streit mit meiner Kollegin hat uns damals entzweit. Sie hielt mich für zu gutgläubig. Vielleicht bin ich das auch. Vielleicht treffe ich auch andauernd nur Menschen, die meine Meinung oder Erfahrung bestätigen. Vielleicht bin ich zu weich für manche Formen der Realpolitik. Das kann schon sein. Eine Statistik, die das Alkohol- und Zigarettenargument bestätigt, habe ich allerdings auch noch nicht gefunden. Viel gefühlte Wahrheit dagegen schon. Und das gilt nicht erst, seitdem Populisten die Meinungsmaschinen angeworfen haben. Regeln, die jeglichen Missbrauch ausschließen sollen, werden überbordend – alle paar Monate ein neuer Antrag, der kaum zu bewältigen ist und bis ins kleinste Detail Informationen abverlangt. Am Ende produziert das vor allem viel Druck bei den Betroffenen und viel Aufwand bei den Bearbeitern dieser Anträge. Dass es immer Menschen geben wird, die versuchen, Schlupflöcher zu finden oder das System auszunutzen, wird man so trotzdem nicht verhindern.

Ich hänge also kurz gedanklich in der Zeit der Hartz-IV-Gesetze und frage die selbstbewusste Jenny nach dem Bürgergeld. Müßig zu erwähnen, dass ich fest damit rechne, dass sie es für zu niedrig befindet. Doch Jennys Reaktion überrascht mich. Sorgen, ob das Geld am Monatsende reicht, kenne sie natürlich, meint sie. Unterstützung durch Bürgergeld aber lehne sie ab. »Also tut mir leid, das verstehe ich überhaupt nicht, warum das jetzt schon wieder aufgestockt wird.« Sie findet, dass die meisten doch arbeiten gehen und/oder sich einschränken könnten, aber nicht rumhängen und von Bürgergeld leben müssten. Dabei ist Jenny definitiv nicht Teil einer konservativen Meinungsblase, sondern kann sich sehr gut in diejenigen hineinversetzen, die von sehr wenig leben müssen. Und sie strengt sich an, ohne staatliche Hilfe klarzukommen.

Jetzt könnte man ein bisschen psychologisieren und sagen, dass das natürlich auch eine Frage des Stolzes ist. Und was sie schafft, müssten doch andere auch hinbekommen, oder? Mich treibt aber noch etwas um, nämlich die Frage: Bekommen wir es hin, dass die, die Hilfe brauchen, welche bekommen, aber eben unter Vorgaben, die sie erfüllen können?

Ich habe mit einer ganzen Reihe von Beraterinnen und Beratern aus den Jobcentern gesprochen. Alle, wirklich alle, waren sich in einem Punkt einig: Sie wünschten sich die Möglichkeiten der Sanktionierung zurück. Nicht, um reihenweise Sanktionen zu verhängen – das hatten sie auch vorher nicht getan. Aber sie wollten deren Möglichkeit den Kunden gegenüber zumindest aussprechen können. Und sie wollten andererseits klare Finanzzusagen, um die guten und hilfreichen, aber eben langfristigen Programme anwenden zu können, die bei den komplizierten Fällen helfen.

Jenny erklärt noch einmal: »Ich kann es nicht nachvollziehen, tut mir leid.« In dem Moment weiß ich, dass sie mir im Kopf bleibt, so wie der Junge mit dem teuren Modellauto. Es ist ein Moment, in dem ich merke, wie sehr ich meine Arbeit liebe und wie ich es schätze, dass ich nicht nur Zahlen anschauen muss, sondern Menschen mit ihren Zwischentönen zuhören darf, mich aus dem Konzept bringen und eine bisherige Überzeugung infrage stellen lassen kann, bis dahin, dass ich meine Meinung manchmal gänzlich ändere. Wie in dem Gespräch mit Jenny. Ich hätte gedacht, dass diejenigen, die selbst vom Bürgergeld betroffen sein könnten, gegen Sanktionen sind. Doch gerade hier erscheint Abgrenzung umso wichtiger.

—

Nach meinen Treffen mit Heike und Jenny denke ich noch lange über die zwei Frauen nach. Beide wirken stark auf mich, trotz aller Unbill, die sie erfahren. Beide wissen, was ihnen zusteht, und setzen sich dafür ein. Beide lieben ihre Kinder, und es geht in ihren Entscheidungen erst einmal darum, was gut für sie ist. Sie tragen allein die Verantwortung. Sie nehmen sich zurück für ihre Kinder.

Ihre unterschiedlichen Haltungen zum Bürgergeld gehen mir nicht aus dem Kopf. Jenny Kümmerle ist erwerbstätig und armutsgefährdet und würde trotzdem nicht mit Bürgergeld aufstocken wollen. Heike ist krank und kann daher nicht arbeiten. Das Bürgergeld reicht hinten und vorn nicht. Sie ist in ständiger Sorge, zumal sie nicht weiß, wie ihre Situation in ein paar Monaten aussieht.

Ich kann beide verstehen. Im lauten Teil der öffentlichen Debatte herrscht allerdings die Meinung vor, dass diejenigen, die Bürgergeld beziehen, vor allem eines seien: faul. Dabei ist nur eine Minderheit von ihnen wirklich arbeitslos. Zu den größten Gruppen der Bürgergeldempfängerinnen und -empfänger gehören Kinder und Jugendliche, Alleinerziehende und sogenannte »Aufstocker«, also jene, bei denen es trotz Arbeit nicht reicht zum Leben. Weniger als ein Prozent der Bürgergeld-Beziehenden zählt zu den Totalverweigerinnen und Totalverweigerern. Diese sind also die Ausnahme – und werden in den Medien und in der öffentlichen Debatte dennoch gern als Paradebeispiele hingestellt. So etwa sieht das aus in den vergangenen Jahren:

Arbeit lohnt sich nicht mehr!

– *BILD*-Titel, 6. 9. 2023

Bürgergeld: Jeder 10. Empfänger arbeitet schwarz!

– *BILD*-Titel, 10. 8. 2024

Ist das Bürgergeld ein »Ausländergeld«?

– *Spiegel*-Kolumne, 5. 8. 2024

Interessanterweise hören und lesen wir Entsprechendes viel seltener – und schon gar nicht als Schlagzeilen – über Tausende Euro Steuerhinterziehung, über Betrug im großen Stil oder über Schwarzarbeitgeber.

Um die Diskussion auf einer sachlicheren Ebene führen zu können, fangen wir vielleicht am besten damit an, diejenigen in den Blick zu nehmen, um die es hauptsächlich geht – Jugendliche zum Beispiel. Welche Unterstützung brauchen sie? Wie gelingt Weiterbildung? Wie gelingt Motivation? Wie schaffen wir es, Bürokratie abzubauen? Und wie lässt sich ein Mitgefühl mit denen wecken, die wenig haben? Wie helfen wir Alleinerziehenden? Wie helfen wir Menschen, die nicht voll arbeiten können, weil sie krank sind oder ein Familienmitglied pflegen? Wie kommen wir weg von dem sinnlosen »Die sind doch alle faul«-Gerede und entwickeln stattdessen endlich mehr Empathie? Wobei – und das ist auch wichtig – Empathie nicht bedeutet, dass man von den Betroffenen nicht auch etwas verlangen kann. Das bedeutet im Klartext: Menschen, die arbeiten könnten, sich dem aber verweigern, müssen mit Sanktionen rechnen.

Ich will also wissen, welche Herausforderungen es beim Bürgergeld gibt, und treffe Jobvermittlerinnen und Jobvermittler und ihre Chefs und Chefinnen. In einem sind sich die Mitarbeitenden einig: Herausfordernde Fälle gibt es immer wieder, aber es sind nicht alle so. »Es ist ein Kunstwerk, überhaupt mit so wenig Geld zu leben«, meint eine Jobvermittlerin. »Manche schaffen das sehr gut, manche schaffen es nicht, weil das Bürgergeld auch eine Schuldenfalle ist.« Schuldenfalle? Das will ich genauer wissen. »Viele gehen nicht arbeiten, weil sie so viele Schulden haben und gar nicht wissen, wie sie das bewältigen können mit einem Gehalt, das dann sofort gepfändet wird«, erklärt mir die Frau daraufhin. Es gebe natürlich auch diejenigen, denen einfach die Motivation fehle, arbeiten zu gehen, vor allem bei den ganz jungen Leuten komme das häufig vor, bei denen, die mit dem Beziehen von Bürgergeld groß geworden seien, es von Eltern und gar Großeltern nicht anders kennen würden. »Wir haben Probleme damit, junge Menschen in Ausbildungen zu bringen, und wir kommen nicht so richtig weiter, wenn wir nicht auch ein Handlungsinstrument haben.« Die Jobvermittlerin wünscht sich gerade für diese Gruppe härtere Sanktionen als erzieherische Maßnahme, also vor allem die Möglichkeit, überhaupt damit drohen zu können. Denn, so sagt auch sie es: Anwenden müsse man diese Sanktionen am Ende doch eher selten.

Zum Zeitpunkt des Gesprächs ist die Regelung so, dass das Bürgergeld gekürzt wird, wenn ein Jobangebot abgelehnt oder wenn Schwarzarbeit nachgewiesen wird. Wer sich beharrlich weigert, eine zumutbare Arbeit aufzunehmen, dem kann das Bürgergeld für zwei Monate ganz gestrichen werden. Laut der Jobvermittlerinnen und -vermittler, mit denen ich spreche, ist das zu wenig und eine Zumutung für alle Steuerzahlenden. Schwarzarbeit gibt es, das Modell der Geringbeschäftigung wird ausgenutzt. Es kommt vor, dass Menschen angeben, geringbeschäftigt zu sein, und deshalb Bürgergeld aufstockend beziehen, während sie in Wahrheit in Vollzeit schwarzarbeiten. Menschen, die das System auf diese Weise kriminell ausnutzen, gibt es natürlich überall im Land. Und es gibt auch Menschen mit Migrationshintergrund, die sich in Community-Gruppen bei Telegram darüber austauschen, wie sie in der beschriebenen Kombination am meisten Vorteile aus dem Bürgergeldangebot ziehen können.

Eine Friseurin in Thüringen erzählte mir davon, wie schwer es sei, Leute unter den geltenden Bürgergeld-Regeln zu halten. Dass sie eine ihrer besten Auszubildenden verloren habe. Die Familie sah für die junge Frau mit ausländischen Wurzeln einen anderen Weg vor. Die Friseurin hatte viel investiert – nicht nur Geld in die Ausbildung der jungen Frau, sondern auch sonst viel Unterstützung, Rat und Großzügigkeit. Eigentlich ist sie ein Vorbild, hat in ihrem Laden ein gemischtes Team, in dem man sich gegenseitig hilft und zeigt, dass es sich lohnt, sich anzustrengen und sich mit seinen Fähigkeiten und Ideen einzubringen. Im Fall der Auszubildenden hatte das aber offenbar nichts genutzt. Ich fragte die Friseurin, ob sie ihr Geschäft trotzdem weiter so organisieren wolle wie bisher, also auf die Eigenmotivation ihrer Leute setzen. Ja, antwortete sie, klar. Und nur Azubis, die eine deutsche Urgroßmutter aufweisen könnten, finde sie eh nicht.

»Ist das Bürgergeld zu hoch?«, will ich also von den Jobvermittlerinnen und -vermittlern wissen. Wenn man alles zusammenrechne, könne es vorkommen, dass man mit einem Job in Teilzeit weniger verdiene, meint daraufhin eine von ihnen. »Wenn jemand natürlich mit Bürgergeld fast so viel Geld in der Tasche hat, wie er in einem Helferjob hat, ist überhaupt kein Anreiz da. Und das ist auch für die Arbeitgeber schwierig.« Müsste man dann nicht eher versuchen, die Löhne zu erhöhen, frage ich. Dabei denke ich wieder an Jenny Kümmerle und wie sehr ihr das helfen würde. Dann erzählt mir die Jobvermittlerin aber von Helferjobs, in denen man ungelernt 19 Euro pro Stunde verdienen kann. Das ist eigentlich gar nicht so schlecht.

Sie und ihre Kolleginnen und Kollegen ärgern sich, wenn es aus der Politik heißt, man müsse mit den Bürgergeld-Beziehenden auf Augenhöhe kommunizieren. Dabei, so die Jobvermittlerin, passiere das die ganze Zeit. Jemand wie sie sei heute mehr Sozialarbeiterin als früher, und das bedeute oft mehr Anstrengung. Durch die Bürgergeldreform sei der Verwaltungsakt deutlich aufwendiger geworden. Man könne nur noch mit weniger Kundinnen und Kunden im direkten Austausch zusammenarbeiten.

Damit sind wir wieder beim Thema Bürokratie, dem Dauerbrenner. Offen gestanden, habe ich bei mancher politischen Debatte gedacht, dass die Klage über zu viel Bürokratie womöglich oft nur ein Vorwand oder eine Ausrede sei. Die vielen konkreten Gespräche zu diesem Buch belehren mich eines Besseren: Wir brauchen in der Tat einen Abbau von Bürokratie. Beim Bürgergeld heißt das zum Beispiel, dass die Jobcenter-Angestellten die Möglichkeit bekommen, sich viel mehr auf die Bewerberinnen und Bewerber zu fokussieren, statt zu viel Zeit auf Verwaltungsaufgaben zu verwenden. Auch das Instrument der Sanktionen ist wichtig. Und wir, die Jobvermittlerin und ich, sind uns einig: Bei Weitem nicht alle, die Bürgergeld beziehen, sind faul.

—

Ich frage mich, was es bedeuten würde, den Mindestlohn für Arbeitnehmer und Arbeitnehmerinnen wie Jenny Kümmerle zu erhöhen. Könnte es ihre Situation spürbar verbessern und ihnen Luft verschaffen? Auch in meinem Gespräch mit Danjel Zarte landen wir irgendwann bei dem Thema. Er betreibt, wie gesagt, ein queeres Café in einer nicht gerade reichen Gegend. »Wenn der Mindestlohn jetzt auf 15 Euro geht«, meint er, »muss ich den Laden schließen, denn dann weiß ich nicht mehr weiter. Oder es läuft darauf hinaus, dass der Kaffee in Zukunft fünf Euro kostet.«

Zarte betreibt in Berlin die Darkroom-Kneipe »Große Freiheit 114« sowie die Cafés »Kleine Freiheit« und »Das Hoven«. Alle Lokalitäten sind queerfreundlich. Das heißt für Danjel, dass jeder und jede – egal, wo er herkommt oder welche sexuelle Orientierung er oder sie hat – bei ihm willkommen ist.

Danjel ist homosexuell. Der 35-Jährige will für die queere Szene sichere Räume schaffen. Vielfalt und Toleranz sind ihm wichtig, Räume, die er als Kind und als Jugendlicher am Rande der Eifel nicht hatte. Dass das Café Hoven »Queer and Friends« ist, liest man hier überall. Am Nachbartisch sitzt eine Frau, die ich in diesem Umfeld nicht unbedingt vermutet hätte: Gisela, die älteste Bewohnerin des Hauses, in dem sich das Café befindet. Sie ist über neunzig und lebt seit 62 Jahren im Kiez. »Gisela hat mich als Erstes willkommen geheißen, mit einem Blumenstrauß als neuen Nachbarn im Haus. Gisela ist Zucker. Zumindest an ihren guten Tagen. Sie ist seit Längerem krank, aber das ganze Haus ist für Gisela da, und jeder geht für sie einkaufen«, erzählt Danjel. Ein toller Zusammenhalt, den er aber nicht überall erfährt. Angestellte des »Hoven« werden immer wieder nach Schichtende überfallen und verprügelt. Zweimal wurde schon in das Café eingebrochen. Fensterscheiben wurden mit Fäkalien und Eiern beschmiert, Hakenkreuze und SS-Parolen auf die Fassade gemalt. Und nicht nur das. »Angestellte, die draußen bedient haben, wurden einfach von Passanten bespuckt. Manche, die vorbeikamen, haben ›Ihr scheiß Schwanzlutscher‹ und Ähnliches gerufen, bei den Gästen Teller auf den Boden geworfen oder sogar Tische umgeworfen.« Auch Drohmails bekommt Danjel. Darin steht, er solle in der Hölle sterben oder brennen.

Er könne mit Beleidigungen umgehen, meint er, er sei schließlich mit Ablehnung groß geworden und habe sich daran gewöhnt, sei resilient geworden. Was ihn momentan dagegen fertigmache, sei das Finanzielle: Das Hoven mache monatlich 3000 bis 4000 Euro Verlust. Allein die entstandenen Schäden wegen Vandalismus zu beheben, habe ihn bislang mehr als 10 000 Euro gekostet. Auch das Ordnungsamt macht es ihm nicht leicht. Allein im Vorjahr ist er 51-mal kontrolliert worden. Es geht immer um die Terrasse. »In der Grünflächenverordnung steht, dass nur während der Betriebsöffnung das Mobiliar, Pflanzen und Deko draußen auf dem genehmigten Gelände erlaubt sind, aber nicht, wenn das Café geschlossen ist. Das heißt, jeden Tag haben wir letztes Jahr eineinhalb Stunden rein- und rausgeräumt, nachdem sie mir mit 5000 Euro Bußgeld gedroht hatten. Was dazu führte, dass ich unfassbar hohe Personalkosten und viel Stress hatte.« Zusätzlich kommen spürbar weniger Leute ins Café, weil sie sich den Besuch nicht mehr leisten können. Viele trauen sich nicht mehr, Geld auszugeben. Auch wegen der gestiegenen Lebensmittelpreise ist man in der Gastronomiebranche in schwerer Sorge.

»Im Moment«, so Danjel, »halte ich es noch durch, aber ich muss auch sagen, dass ich dieses Jahr allein 100 000 Euro mehr Schulden habe, als ich vorgesehen hatte.« Er beschäftigt 34 Angestellte und will ein fairer Chef sein. Alle Angestellten, egal, ob Aushilfskraft, Teilzeit- oder Vollzeitkraft oder Festangestellte, bekommen bezahlten Urlaub und im Krankheitsfall weiter Lohn. Er zahlt momentan über Mindestlohn, obwohl es oft vorkommt, dass er am Monatsende selbst gar nichts mehr hat; dass er sich bei Freunden Geld leihen muss, dass Angestellte auf ihr Geld warten müssen. »Ich war dieses Wochenende spontan in Hamburg, stand im Hotel – und konnte nicht zahlen. Das war sehr unangenehm. Und dann denke ich mir so: Wow. Ich arbeite achtzig Stunden die Woche – wofür?« Er habe viele schlaflose Nächte.

Ich kann mir kaum ausmalen, wie sehr ihn die ganze Verantwortung erdrückt. Wie sehr sich die Sorgen auf seiner Seele festsetzen. Jeder Brief vom Finanzamt bereitet ihm schon vor dem Öffnen Bauchschmerzen, denn das bedeutet meistens, dass er zeitnah viel Geld überweisen muss. Geld, das er nicht hat. Als er einmal beim Finanzamt nachfragte, ob er die Umsatzsteuer in zwei Raten zahlen könne, wurde ihm mitgeteilt, das sei nicht möglich. Sein Konto wird gepfändet. »Meine Energie ist durch«, erklärt er. »Ich bin in den letzten zwei Jahren gefühlt um zwanzig Jahre gealtert. Ich hatte auch einen leichten Schlaganfall – mit 35! Dieser ganze Druck, der emotional, wirtschaftlich, betrieblich dahintersteckt.«

Ich frage ihn, warum er nicht aufhört. Warum macht er immer weiter? Warum nimmt er in Kauf, dass er nachts wach liegt und die Sorgen ihn nahezu erdrücken? Seine Antwort: »Es gibt einfach Momente, in denen ich denke: Ich habe doch eigentlich viel erreicht, auch im Sozialen. Und ich würde sagen, diese Momente und auch der Zuspruch und die Solidarität von Menschen zeigen mir dann doch, warum ich etwas tue, dass ich Anschluss bei Menschen finde und dass sie sich wirklich freuen über diese Räume.«

Als Zeichen der Solidarität hängten Nachbarinnen und Nachbarn vor Kurzem Regenbogenfahnen vor seinem Laden auf. Sie sollten eine Überraschung für ihn sein und ihm Mut machen. Als Danjel Zarte morgens mit dem Auto vorfuhr und die ganzen bunten Fahnen sah, kamen ihm vor Rührung die Tränen. Diese Form der Solidarität hat er früher nicht erlebt. Ich freue mich für ihn. Dass er auch Anerkennung für seine Arbeit bekommt. Ich merke, dass sogar ich deswegen kurz durchatmen kann. Wie steht es um den Solidaritätsgedanken in unserer Gesellschaft? Kann es sein, dass wir zwar solidarisch sein wollen, uns dafür aber oft einfach die Kraft fehlt? Oder die Entschlossenheit? Oder die Selbstverständlichkeit? Und dass auch deswegen statt eines Miteinanders immer häufiger ein von Sorgen angetriebenes Gegeneinander herrscht?

—

Bleibt bei so vielen persönlichen Problemen überhaupt Raum, sich größeren Fragen zu stellen? Wenn ich als Cafébetreiber oder Alleinerziehende ständig Kontostand und Ende des Monats miteinander ins Verhältnis setzen muss, habe ich dann Ressourcen, mich mit Dingen zu befassen, die noch größer sind als mein Alltag? Ich kann nachvollziehen, wenn jemand sagt: Hör mir auf damit, ich muss erst mal selbst klarkommen, diese Probleme kann ich nicht auch noch lösen.

Die zentrale Aufgabe unserer Generation ist die Bekämpfung der Klimakrise. Es geht um den Schutz der Menschen durch den Schutz des Klimas, unserer Natur und mithin unserer Heimat. Man kann versuchen, drum herumzureden, man kann meinen, es sei ja nur Wetter, wenn etwa Menschen infolge von Starkregenereignissen ums Leben kommen oder Tier- und Pflanzenarten mit den zunehmenden Dürren und höheren Temperaturen nicht zurechtkommen. Aber müssen wir wirklich alle die Klimafrage immer als Erstes nennen?

Nein, *müssen* tun wir das nicht. Aber es hängt nun einmal sehr viel von dieser Klimafrage ab – ob wir ein soziales Miteinander gestalten können, wie sich die weltweite Migration weiterentwickelt, wie wir in unseren Städten leben, wovon wir leben, welche Rohstoffe nutzbar sind, was wir essen und noch sehr vieles mehr. Bernd Ulrich und Hedwig Richter haben sich in einem Buch gefragt,[34] ob denn Klimaschutz und Demokratie zusammengehen. Ihre Antwort lautet, dass selbst »radikale Veränderungen

[…] innerhalb einer Demokratie möglich« seien; sie rekurrieren dabei einerseits auf den Rechtsstaat, der keineswegs einfach nur Mehrheitsmeinungen umzusetzen habe, und andererseits auf die Erfahrungen mit der Ostpolitik Willy Brandts, die jahrelang gegen eine Mehrheit durchgesetzt werden musste. Doch bleibt auch bei diesen klugen Erwägungen insgesamt der Eindruck, dass die Demokratie ihr existenzielles ökologisches Problem nicht mit der eigentlich nötigen Geschwindigkeit anzupacken vermag. Am Ende bleibt den beiden Autoren denn auch nur übrig, an die »Erwachsenen unter Erwachsenen« zu appellieren.

Was wir erleben, ist eine Mischung aus Klimaangst auf der einen Seite und die von rechten TikTok-Kanälen generierte Klimaleugnung auf der anderen. Nur, dass die Klimaangst eben sehr reale Grundlagen hat und die Klimakrisenleugner sehr bewusst die Realität verdrehen, Rücksichtslosigkeit zelebrieren und so leben, als gäbe es kein Morgen. Junge Männer schwelgen in Verbrennereuphorie als Ausdruck von Männlichkeit. Junge Frauen fragen sich indes, ob sie angesichts bevorstehender Klimakatastrophen überhaupt noch Kinder bekommen wollen.

Ich treffe junge Menschen, die zudem eine immer größer werdende Interessenskluft zwischen Alt und Jung konstatieren. Längst haben wir es mit einem Generationenkonflikt der eigenen Art zu tun: Aus Sicht der Jungen wird zu wenig und zu langsam gegen die Klimakatastrophe vorgegangen, ja manche stellen sich sogar die bange Frage: Geschieht überhaupt noch etwas? Andere – Junge wie Alte, freilich eher Alte und weniger Frauen – fühlen sich schnell belehrt oder bevormundet und sind sich sicher, dass schon noch irgendeine neue Erfindung alles lösen wird. Das ist eine Mischung aus Verdrängung einerseits und andererseits der Sorge, die eigene Lebensweise, ja, das ganze Leben infrage gestellt zu bekommen und sich mit Boomer-Vorwürfen konfrontiert zu sehen: Ihr habt Städte gebaut, die man bei Hitze schwer bewohnen kann. Ihr seid dauernd Auto gefahren, anstatt euch für den Ausbau der öffentlichen Verkehrsmittel einzusetzen. Ihr habt euch über zu hohe Benzinpreise beschwert und ansonsten die fossile Lobby machen lassen, was sie wollte. Ihr seid wie selbstverständlich durch die Welt geflogen, und zu Hause sollte das Schweineschnitzel möglichst billig sein.

Natürlich lösen solche Vorwürfe Unbehagen aus, manchmal eben auch Ablehnung oder gar Wut. Kaum etwas ist schließlich so schlimm wie Probleme, von denen man weiß, dass man sie mitverursacht hat, für die man aber nun auf gar keinen Fall und schon gar nicht allein verantwortlich und zuständig sein will.

Diese Abwehrhaltung verhindert die Auseinandersetzung mit dem eigenen Handeln. Das spürt auch Luisa Neubauer immer wieder. Kaum eine Klimaschutzaktivistin in Deutschland strahlt so viel Begeisterung, Engagement und Kraft aus und wird zugleich mit so viel Unbehagen, Ablehnung oder gar Hass konfrontiert wie sie. Sie wird ständig bedroht und angegriffen, weil sie sich fürs Klima einsetzt. Weil sie sich um unsere Zukunft sorgt und diese gestalten will. Dafür ist es aber nun einmal unvermeidlich, auch unbequem zu sein, immer wieder die kritischen Klimapunkte zu benennen und darauf zu pochen, dass die bisherigen Bemühungen, die Erderwärmung zu begrenzen, einfach nicht reichen.

Nun lebt die Demokratie von Debatte und Widerspruch. Sonst kämen wir nicht weiter. Wo keine Reibung erzeugt wird, entsteht nichts Neues. Die politische Bilanz der vergangenen Jahre in Bezug auf den Kampf gegen die Klimakrise ist angesichts der zuvor herrschenden Langsamkeit und Unentschlossenheit gar nicht so schlecht, aber angesichts der realen Entwicklungen geschieht noch immer zu wenig, und das auch noch zu langsam. Obendrein stellt sich inzwischen sogar die Frage, ob überhaupt noch Mehrheiten für mehr Menschenschutzklimapolitik zu erwarten oder zu erringen sind, zwischen Erschöpfung und Leugnung, zwischen immer neuem Bemühen oder andauernder Warnung und Kreativität. Ohne neue Strategien, ohne Überzeugungskraft, ohne die Perspektive eines guten Lebens und eine ehrliche Antwort auf die verständliche Frage »Was ist für mich drin?« wird es für die Klimabewegung wie auch für die Klimapolitik und für die Menschen, die damit leben müssen, schwer bis unmöglich, hoffnungsvoll und positiv an unserer Zukunft zu arbeiten.

Luisa Neubauer ist natürlich enttäuscht, wenn sie auf all das schaut, was notwendig wäre, aber bislang nicht erreicht worden ist. Doch sie gibt nicht auf, trotz aller Rückschläge. Sie hat ein Buch mit dem Titel *Der Klima-Atlas* veröffentlicht, und wenn sie darüber redet, denkt man, es sei wirklich eine lustige Angelegenheit gewesen, diese ganzen Daten zusammenzutragen. Im Kern aber bringt sie Menschen zuerst zum Staunen, dann zum Erkennen und am Ende – im Idealfall – zum Tun. Es gibt noch eine ganze Reihe mehr unglaublich kreative und kenntnisreiche Klimabotschafterinnen und -botschafter. Mich inspirieren zum Beispiel auch Maja Göpel, Harald Lesch oder Eckart von Hirschhausen. Sie und viele andere haben viel dafür getan, um die Menschen aufzuklären, mitzunehmen und ihnen positive Geschichten zu erzählen.

Natürlich lehnen längst nicht alle Babyboomer umweltbewusstes Handeln ab. Viele sind einfach nur verunsichert. Ich spreche mit einem Mann, der in einem kleinen Ort in Ostdeutschland wohnt. Er wirft mir entgegen: Ja, seinen großen Diesel-Pick-up würde ich ja bestimmt total problematisch finden. Da ist sie wieder, die Erwartung an mich. Ich, die wahlweise als vermeintliches Ordnungsamt oder schlechtes Gewissen angesprochen wird. Ich entgegne dem Mann (den ich ganz gut kenne): »Du hast einen Garten, in dem du dein eigenes Gemüse und Obst erntest, bringst mit deinem großen Auto Werkzeuge und Maschinen da hin, wo du dann für andere was reparierst, das dann nicht weggeschmissen wird. Du fliegst nie in den Urlaub, den machst du hier in der Umgebung. Fahr dein Auto, solange es geht.«

Viele haben das Klima im Blick, wollen eine Veränderung, denken dann aber: Klimaschutz ja, aber bitte ohne, dass ich etwas davon merke. Wenn es konkret wird und eigene Einschränkungen in Sicht sind, nehmen die Einwände zu, und die Zustimmung sinkt. Ist das nicht logisch, verständlich? Ja, wäre ich geneigt zu sagen – wenn das nur nicht so existenzbedrohend wäre. In den Alpen konnte man schon lange beobachten, wie die Gletscher schmelzen. Und man muss auch nicht in Naturwissenschaften promoviert haben, um zu verstehen, dass das sehr konkrete Auswirkungen hat. Ein ganzes Dorf verschwand unter Geröll. Menschen verlieren ihre Heimat, auch hier, mitten in Europa.

Wie also kann eine faire, klimaneutrale Welt aussehen? Wie können wir sie realisieren? Und wie kriegen wir den Mut zusammen, den es dazu braucht? Bei der Klimakrise sehen wir oft nur Probleme. Bei deren Benennung bleibt das meiste oft unkonkret, und auch, was Lösungen angeht, ist vieles nur schwer greifbar. Die Klimafrage haben sich nicht die Grünen als Hobby ausgesucht, nein, sie ist blanke Realität – und sie geht uns alle etwas an. Wir haben nur diese eine Erde. Sie zu bewahren und unseren Planeten lebenswert zu erhalten, darum geht es. Wir können die Klimakrise nur gemeinsam lösen. Dazu gehört: erklären, zuhören, Sorgen ernst nehmen – auch die, ob die nötige Veränderung in mein Leben passt und ob ich sie mir leisten kann. Unser Leben wird gerade auch durch die Klimakrise teurer. Der Preisanstieg bei einigen Lebensmitteln ist enorm. Der Kampf gegen die Klimakrise muss aber für alle funktionieren, nicht nur für Menschen mit gutem Einkommen. So oder so wird er jedoch nicht ohne Zumutungen, Umstellungen, Einschränkungen und Belastungen zu gewinnen sein. Wer behauptet, der Umbau zur Klimaneutralität sei ohne individuelle Einschränkungen machbar, nimmt die Enttäuschung gleich mit in Kauf. Sind wir bereit, die Zumutungen, Einschränkungen und Belastungen anzunehmen und auszuhalten – gemeinsam, solidarisch, fair?

Ich finde es nachvollziehbar, dass nicht in jedem Alltag Platz für all diese Entscheidungen ist. Umso wichtiger finde ich, dass die, die in der Verantwortung stehen, Sorge für eine klimagerechte Welt tragen. Politiker und Politikerinnen müssen zwanzig Jahre und weiter vorausdenken, nicht immer bloß bis zum nächsten Wahltag. Im Jahr 2019 gab es noch Rekordzahlen bei den Teilnehmenden an Klimastreiks, ein Jahr später sprachen nur noch die sowieso schon Überzeugten übers Klima. Einer von ihnen ist der Bestsellerautor Frank Schätzing.

Ich treffe ihn zum gemeinsamen Mittagessen in Berlin. Kurz zuvor hat er einen Vortrag auf dem FORUM Wärmepumpe gehalten, einer Veranstaltung für Branchenvertreterinnen und -vertreter, politische Akteure und die Wissenschaft. Die Stimmung dort sei gut gewesen, sagt er, trotz des Hin und Her rund ums Heizungsgesetz. Schätzing engagiert sich seit Jahren für das Klima. Als er feststellte, dass das Interesse an Klimafragen immer weiter zurückging, beschloss er, ein Buch darüber zu schreiben. »Ich wusste, ich muss etwas tun, ich muss meine Leserschaft mobilisieren«, erzählt der gebürtige Kölner. Sein Buch *Was, wenn wir einfach die Welt retten? Handeln in der Klimakrise* kam 2021 auf den Markt. Schätzings klare Botschaft: Uns bleibt kaum mehr Zeit. Die Energiewende zu vollziehen erfordert von uns Opfer. Sie nicht zu vollzuziehen kostet die Zukunft.

Er findet, dass wir einander viel zu wenig zutrauen. »Jeder Mensch hat einen Gestaltungsspielraum. Zukunft ist somit das, was jeder Mensch daraus macht.« Nicht umsonst heißt sein jüngstes Buch *Helden* – im Plural. In den 1970er-Jahren, so Schätzing, habe es einen Willen gegeben, sich mit der Zukunft zu beschäftigen. Man wollte etwas Gutes schaffen – vor allem für die Kinder. Heute sei Zukunft ein Angst-Ort geworden. Schätzing stellt eine innere Abkehr bei den Menschen fest und glaubt, viele suchten die Zukunft in der Vergangenheit. Das erkläre auch die Zuwächse bei den Wählerstimmen für die AfD.

Auch die Zukunftsforscherin und Politikwissenschaftlerin Florence Gaub stellte in einem Gastbeitrag für den *Spiegel* fest,[35] eine neue Zukunftsgeschichte könne nur geschrieben werden, wenn es gelinge, die deutsche Vorliebe für den Pessimismus zu überwinden. Obwohl die Deutschen »kulturell eine Tendenz zum Langzeitdenken« hätten, werde diese doch »immer wieder durch ihr profundes Unwohlsein mit der Ungewissheit und einer weitverbreiteten Kultur der Angst gebremst«. Das Alleinstellungsmerkmal der Zukunft sei das Neue, das, was anders sei. Eine neue Zukunft verabschiede sich also zwangsläufig von dem, was war, und breche mit der Vergangenheit. Es sei wichtig zu verstehen, dass die Welt von gestern nicht zurückkomme, aber das sei auch nicht schlimm, denn in der Zukunft verberge sich viel Positives.

Frank Schätzing sagt nun, die Menschen müssten aus der Zukunftsangststarre herausgeholt werden. Dazu brauche es eine andere Ansprache, vor allem seitens der Politik. Der 67-Jährige zeichnet das Bild von einem einst grünen Tal, in dem wir momentan leben, in dem wir uns bislang wohlfühlten, in dem aber mittlerweile alles leer gefressen sei. Hinter schneebedeckten hohen Bergen liegt ein neues grünes Tal. Das Gras dort sei sogar grüner, die Umgebung anders, das Leben dort wäre in vielerlei Hinsicht gut. »In der Klimadebatte diskutieren Politik und Medien immer nur über den schweren Weg des zu erklimmenden Berges, über Herausforderungen, die der hohe Berg mit sich bringt, und nicht über die Vorteile des neuen grünen Tals. Und das ist ein Problem. Wir brauchen ein positives Narrativ für Nachhaltigkeit und Transformation.«

Aber wie motiviert man die Menschen für die Phase der Bergbesteigung? Man müsse laut Schätzing den Prozess so unterhaltsam wie möglich erklären. Das probateste Mittel gegen die Angst ist für ihn Wissen. Ängste müssten weggenommen werden, denn die stünden dem Prozess der Transformation im Weg. »Wir sind Angst-Weltmeister. Wir sind nicht mehr das Land, das unermüdlich versucht, Dinge gut zu machen, sondern wir sind ein Land, das unermüdlich versucht, so wenig wie möglich verkehrt zu machen.« Wir müssten Zumutungen transparent kommunizieren und offen dazu stehen, wenn wir einen Fehler gemacht haben. »Des Deutschen größte Utopie ist die Absichtserklärung«, sagt Frank Schätzing in Bewertung der Ära Merkel. Wir bräuchten jedoch weniger »Wollen« und mehr »Machen«. Und wir dürften die Menschen nicht als homogene Masse bewerten, sondern müssten jeden Einzelnen mit seinen individuellen Themen sehen. Man spürt Schätzings Wurzeln in Werbung und Marketing. Städter und Städterinnen, erklärt er, stünden beispielsweise vor anderen Herausforderungen als Menschen, die auf dem Land lebten. Da müsse also differenziert werden. Politiker und Politikerinnen bräuchten eine Erzählung für jeden Einzelnen und müssten zugleich nahbar sein, aber auch eine Art heroische Ausstrahlung haben. Wer die Menschen ins neue grüne Tal führen wolle, müsse ein Stück weit »überlebensgroß« erscheinen, denn nur dann seien sie bereit, die mühsame Erklimmung des Bergs auf sich zu nehmen.

Die Botschaft, so Schätzing, müsse ganz klar sein: Die Energiewende bedeutet eine Anstrengung, aber ohne sie haben wir keine Zukunft und keinen Wohlstand, wobei dieser in Zukunft nicht mehr bloß aus Gewinnmaximierung, sondern auch aus Unterbrechung und Ruhe, Schutz und Schönheit der Umwelt, Erholung und Entlastung bestehen wird. Wir können die schneebedeckten Berge noch besteigen – wir brauchen nur den gemeinsamen Willen dazu.

Ich gebe zu, dass ich Schätzings Zuversicht bewundere, seinen Glauben daran, dass durch bessere Erklärungen, zielgerichtete Ansprache und »moderates Heldentum« der Weg in die Zukunft leichter fallen wird. Sosehr ich seine drängende Sorge hinsichtlich der Umweltkrisen teile, frage ich mich aber auch, ob wir nicht schon längst in einem postheroischen Zeitalter angekommen sind. Ob die Möchtegern-Helden auf TikTok wirklich ein Wegweiser in die Zukunft sein können. Gelten heute in der Regel nicht gerade diejenigen als Helden, die Komplexität lösen, indem sie sie leugnen? Andererseits ist Frank Schätzing ein bewundernswert engagierter Mann, der seine Wortmächtigkeit einsetzt, um nicht bloß vor dem FORUM Wärmepumpen, sondern an vielen anderen Orten für jenen mühsamen Aufstieg zu werben, der uns ins grüne Tal führt.

Ich bleibe skeptisch. Gut möglich, dass ich nach so vielen Jahren in der Politik die allermeisten Gegenargumente schon kenne, mit denen ich ja selbst sofort widerlegt werden soll. Gut möglich auch, dass ich zu klein denke. Nur: Alle Versuche, vom besseren oder auch nur vom guten Leben zu reden und über die Wirklichkeit zu sprechen, die uns droht, wenn wir uns nicht ändern, waren in den vergangenen Jahren nicht sonderlich erfolgreich. Apokalyptisches Reden führt offenbar eher dazu, dass ein Gefühl von Ohnmacht entsteht, anstatt den Drang zum Handeln zu wecken. Auf Wissen folgt Erschrecken, dann Debatte, dann Flug-, Diesel- und Gasheizungsscham. Und irgendwann spielt die Ausgangsfrage kaum noch eine Rolle. Als hätte die Seele alles verstanden, ja gefühlt – und dann doch wieder den Rückwärtsgang eingelegt, nach dem Motto: Gehen Sie zurück auf Los und tun Sie so, als wäre die Welt noch wie damals, als angeblich alles gut war.

Vielleicht ist es für einen Science-Fiction-Autor wie Frank Schätzing leichter, optimistisch zu bleiben. Heute zu versuchen, über das gelobte Land hinter dem Berg zu reden, erscheint mir dennoch nur bedingt glaubwürdig, und außerdem funktionieren gute Visionen nur dann, wenn es einen emotionalen Anknüpfungspunkt gibt. Genau der scheint zumindest im Moment für die meisten verschüttgegangen zu sein, was das Thema Klima angeht.

Woran mag das liegen? Nun werden bestimmt einige kommen und sagen: Die Politik war eben so schlecht, unausgereift, ungerecht und unwirksam. Das trifft sicher alles im einen oder anderen Fall auf seine Weise zu. Trotzdem komme ich zu einem anderen Schluss: Meiner Meinung nach sind wir es nicht gewohnt, dass die Dinge länger dauern – dass wir nicht sofort eine Wirkung sehen, es nicht wenigstens tags darauf ganz viele Likes gibt und dass die Welt eben nicht sofort besser wird, wenn ich dreimal im Regen Fahrrad fahre. Der Börsenkurs der individuellen Klimainvestitionen ist negativ, oder? Carsharing, sich annähernd vegetarisch ernähren, die Richtigen wählen, Photovoltaik aufs Dach, Freunde überzeugen, auf Alle-for-Future-Demos gehen, Bäume pflanzen, mit den Kindern am Strand Plastikmüll sammeln – alles, wirklich alles haben wir doch versucht, oder? So ungefähr zwei, drei Jahre lang. Und was ist das Ergebnis? Die Erde erhitzt sich weiter …

Ich weiß, es geht natürlich nicht darum, nur mit individuellem Verhalten die Welt zu retten. Es geht um politische, systemische Entscheidungen, die ganze Strukturen betreffen. Die aber benötigen Mehrheiten. Der Vorschlag, es so zu machen, dass alle mitmachen können und zumindest ihren Beitrag leisten, kann ein guter Anfang sein. Nur haben wir doch schon längst angefangen – und auch Erfolge vorzuweisen. Noch nie zum Beispiel wurden so massiv Kapazitäten an erneuerbarer Energie in so kurzer Zeit ausgebaut (und zudem diverse bürokratische Hindernisse abgebaut). Es gibt endlich ein Mehrweggebot beim Imbiss, es ist Schluss mit Plastetrinkhalmen, und die Moorvernässung kann die CO_2-Bilanz etwas verbessern.

Regression in der Klimaseele kann nur leider dazu führen, dass die fossilen Erbschleicher wieder zu viel Macht bekommen und die Debatte und die Luft gleichermaßen verpesten. Die Sorge also bleibt – genauso wie das alternativlose Ringen darum, unverzagt zu bleiben, immer wieder neu anzufangen und nach dem fruchtbaren Tal Ausschau zu halten.

—

Manchmal, wenn der Tag lang war und die Ereignisse Kraft gekostet haben, schaue ich abends auf dem Sofa Filme, wobei es fast egal ist, welche, denn innerlich bin ich dann immer noch bei der Verarbeitung des Tages. Und doch staune ich manchmal über all die Superheldinnen und Superhelden, die da auftreten, oft ausgestattet mit übernatürlichen Kräften, einer imposanten Muskelkraft oder einer schnellen Pistole. Allermeistens lösen die Filmhelden die jeweils anstehenden Probleme – im Allgemeinen geht es ja um nicht weniger als um die Rettung der Welt – souverän und schnell. Ich denke, dass uns diese Filme beruhigen und glauben machen wollen, es könne schnelle, einfache Lösungen geben. Sie führen uns Abend für Abend vor Augen, dass sich Sorgen und Probleme zügig lösen ließen, wenn sich nur die richtigen Menschen – eben Heldinnen und Helden – ihrer annähmen.

Schnelle, einfache oder martialische Lösungen für komplexe Probleme einer demokratischen Gesellschaft sind jedoch immer falsch, sie sind nie nachhaltig. Auch die Rosskur eines Kettensägen-Durchgriffs oder der schnelle Griff zur Pistole kann nie und nimmer die Antwort auf die vielen Sorgen sein, denen ich in meinen Gesprächen begegne. Während autoritäre Staaten und Menschen sich dennoch zunehmend solcher Mittel bedienen, scheinen Demokratien dagegen in die Gefahr zu geraten, zu viele Herausforderungen und Probleme gar nicht erst lösen zu wollen, sondern nur noch vor sich herzuschieben. Wie viel Lösungskompetenz hat die Demokratie in Bereichen, die zur Daseinsvorsorge und zur Überlebensfähigkeit einer Gesellschaft gehören? Wie viele der oben erzählten Sorgen wären lösbar, wenn die Demokratinnen und Demokraten sie gemeinsam angingen? Oder müssen wir einsehen, dass unsere Demokratie auch eine Verdrängungsgemeinschaft ist, eine Blinde-Flecken-Unkultur, eine Meisterin des Verleugnens, unfähig, weiträumige Perspektiven und weitsichtige Strategien zu entwerfen und Letztere dauerhaft zu verfolgen? Ist der Wahlrhythmus der natürliche Tod jeder langfristig angelegten Politik?

6
MUT

Auch wenn in unserem Land gerade keine gute Grundstimmung herrscht und viele meinen, dass alles viel schlechter läuft als in diesem unbestimmten »Früher«, dass die Zukunft noch düsterer aussieht, dass die Wirtschaft den Bach runtergeht und auch die Ämter nichts hinbekommen, gibt es hier Menschen mit Zuversicht und Optimismus. Und mit Mut.

Mut ist überhaupt das Wichtigste, denn nur mit ihm können wir es uns erlauben, groß zu denken. Veränderung gelingt nur, wenn wir mutig sind. Wenn wir auch mal ins Risiko gehen, ausprobieren, Enttäuschungen verkraften, noch mal neu probieren. Wenn wir uns und anderen mehr zutrauen.

Zukunft wird aus Mut gemacht. Auch und gerade Widersprüche erfordern Mut. Denn für Demokratien gilt nach wie vor der berühmte und viel diskutierte Satz des früheren Verfassungsrichters Ernst-Wolfgang Böckenförde: »Der freiheitliche, säkularisierte Staat lebt von Voraussetzungen, die er selbst nicht garantieren kann.« Und zu diesen Voraussetzungen gehören zweifellos mutige Menschen, die anpacken und mitwirken, die nicht nur fordern, sondern auch helfen, aufbauen, stärken, die andere im Blick haben und nicht nur die eigenen Interessen. Denn es gibt ja nicht bloß den Mut in außergewöhnlichen, gefahrvollen Situationen, sondern auch den Alltagsmut, und dieser ist mehr denn je gefragt. Er ist die Seele der Demokratie – dieser ganz gewöhnliche Mut, um die nötigen Dinge des Lebens anzugehen: die Kinder zu fördern, eine Arbeit aufzunehmen, ein Ehrenamt zu übernehmen, einer Frau beizustehen, die in der U-Bahn angegriffen wird, oder beim Elternabend den Mund aufzumachen, wenn nötig und selbst dann, wenn man die Sorge hat, es könnte für Unmut sorgen. In meiner Kindheit in der DDR wurden »Helden der Arbeit« gepriesen, was letztlich nur eine hohle Propagandaformel in einer desolaten Wirtschaftsform war. Trotzdem wage ich davon zu sprechen, dass wir »Helden des Mutes« brauchen, denn Demokratie lebt von mutigen, verantwortungsbewussten Menschen, die gerade im Kleinen und im Alltag mithelfen, dass sie funktioniert.

Ich bin etlichen solcher mutigen und mutmachenden Menschen begegnet. Zu ihnen gehören auch Jutta und Marcus Höhn, von denen ich schon berichtet habe. Die beiden, Mutter und Sohn, leiten das Demenzzentrum in Meiningen. Sie haben den Schritt in die Selbstständigkeit getan, auch wenn es dafür in ihrem Umfeld keine Vorbilder gab, und dies in einem Bereich, der nicht gerade einfach ist und oft unterfinanziert. Wie die meisten Menschen im Osten der Republik haben sie kein Vermögen oder eine große Erbschaft als Rückversicherung.

Das Demenzzentrum in Thüringen ist eine Einrichtung für Betreutes Wohnen, für die Intensivpflege, die Tagespflege und den ambulanten Pflegedienst. Demenz und Alzheimer, die großen Krankheiten des Vergessens, werden oft individuell beschrieben, zugleich liegen sie dennoch in einer kollektiven Tabuzone. Vielleicht auch deswegen wurde nur mühsam ein wenig mehr im Pflegesatz zugestanden und hinsichtlich der Pflegestufen.

»Wir haben Leute, die wohnen hier vom Beginn ihrer Demenz an. Das sind zehn, elf, zwölf Jahre«, erzählt Jutta Höhn. Zwölf Jahre lang im Pflegeheim. Die Vorstellung bedrückt mich. Was bedeutet es, wenn man seine Erinnerungen verliert und die eigene Familie und Freunde nicht mehr erkennt? Wie einsam ist man dann? In jedem Fall ist es eine Riesenlast für die Betroffenen und Angehörigen.

Ablenkung, sagen sie, schafft Musik. Mitten am Tag wird im Zentrum ab und zu die Musik laut aufgedreht. Schlager aus den Siebzigern gehen immer. Selbst an die Texte können sich die Patientinnen und Patienten oft noch erinnern. »Die alten Lieder, ja, das ist das Letzte, was in der Demenz wahrscheinlich weggeht«, sagt Marcus Höhn. Und weiter: »Was oftmals geht, ist das Vaterunser. Das haben auch viele immer noch drauf.«

Marcus und Jutta Höhn zeigen mir das Haus. Ich bin froh, dass es diesen Raum für Demenzerkrankte gibt. Ich treffe eine Patientin, bei der die Demenz weit fortgeschritten ist. Sie möchte ein Stück mit mir gehen, hält sich an mir, der Unbekannten, fest. Aber wer weiß das schon? Vielleicht bin ich auch jemand, den sie sehr gut zu kennen glaubt. Viel sagt sie nicht, aber sie nimmt fest meine Hand, und wir gehen los. Runde um Runde drehen wir im Flur des Demenzzentrums – und schweigen. Ich würde gern mit ihr darüber reden, wie es ihr geht. Sie fragen, ob heute ein guter Tag ist. Aber ein Gespräch ist nicht möglich. Ich frage sie, ob wir beten wollen. Ja, sagt sie, ist auf einmal wach, ganz da, im Hier und Jetzt. Psalm 23? Ja. Den kennt sie – wie ich – auswendig. Vielleicht auch inwendig. In der Seele ist der Herr mein Hirte und mir wird nichts mangeln im finsteren Tal.

Wir beten also zusammen und drehen dabei weiter unsere Runden. Sie ist textsicher und betet mit klarer Stimme bis zum Schluss mit. Es ist, als würde sie hierbei Heimat fühlen. Und ich bin in diesem Augenblick getröstet, spüre Halt für uns beide. Es macht Mut, dass es noch den einen oder anderen kleinen Lichtstrahl gibt für die alte Frau, und sei es, dass – wahrlich nicht das Schlechteste – ein Psalm helfen kann.

Vielleicht lacht jetzt jemand in Süddeutschland, weil man dort das doch nun schließlich lange schon weiß, dass die alten Kirchenlieder und Psalmen am Ende des Lebens und selbst mitten in der Vergessenheit eine Brücke bilden können. Mag sein, aber gerade in einem Landstrich, der über die Generationen durchsäkularisiert worden ist und in dem die Kirchenmitgliedschaft unter 20 Prozent liegt, ist so eine Erfahrung viel wert. Die Kirchen hier müssen mitunter schon Mut aufbringen, um als wichtige gesellschaftliche Kraft wahrgenommen zu werden. Der Versuchung, allzu tagespolitisch zu werden, zu widerstehen und sich als Ort zu etablieren und zu halten, an dem die Seele Heimat findet, kostet Kraft. Schon in der Schulklasse zu sagen, bald stehe die Konfirmation oder Firmung an, kann bei den Umsitzenden Stirnrunzeln hervorrufen. Und für manche in den Gemeinden ist die Mitarbeit in einer schrumpfenden Kirche schon deswegen mutig, weil sie vor Ort mutmaßlich zu allem herangezogen werden, wofür sonst kein Personal mehr vorhanden ist.

—

Wenn es Menschen wie viele meiner Gesprächspartnerinnen und Gesprächspartner gibt, bin ich zuversichtlich, dass der Mut-Aufbruch gelingen kann. Es sind Menschen darunter, die das Leben in unserem Land mitgestalten, die sich einbringen und weitermachen, auch wenn sie nicht mit allem, was »die da oben« entscheiden, einverstanden sind. Die kompromissbereit sind und sich auch mal zurücknehmen können. Die Ideen haben. Alles Eigenschaften, die wichtig sind in der Gemeinschaft.

Die meisten, mit denen ich zu Treffen verabredet bin, haben sich im Vorfeld unseres Gesprächs konkrete Gedanken darüber gemacht, wie ein besseres Miteinander gelingen kann. Einige haben Notizen dabei. Sie sind oft konstruktiv und lassen sich nicht vom »Alles-wird-schlechter«-Strudel herunterziehen. Sie wollen sich einbringen für ein besseres Wir. Sie reden mit mir, auch wenn längst nicht alle ein Fan von mir und meiner Politik sind oder der meiner Partei, ja selbst wenn sie die Dinge ganz anders sehen. Und das ist auch gut so, denn nur so gelingt gegenseitiges Verständnis. Ich bin noch immer überzeugt: Die Mehrheit der Menschen in unserem Land ist solidarisch und am Gemeinwohl interessiert. Die Mehrheit ist zudem bereit für nötige Veränderungen. Wir müssen wieder mehr auch auf diese Mehrheit blicken und sie darin bestärken, mutig zu sein und weiterhin engagiert zu bleiben, für die Gemeinschaft einzustehen.

Die Schulleiterin Karina Jehniche ist für mich solch eine mutige Persönlichkeit, so, wie sie die Dinge an ihrer Schule angeht. Dabei hatte sie selbst keinen leichten Start ins Leben. Sie wuchs bei Pflegeeltern auf, denn ihre leibliche Mutter war nicht in der Lage gewesen, sich um sie zu kümmern. Die Mutter zog mit Karinas Bruder nach Berlin, sie selbst blieb in Magdeburg. »Das war das Glück meines Lebens«, sagt sie heute. Denn ihre leibliche Mutter war schwere Alkoholikerin. Bei ihren Pflegeeltern fand Karina ein liebevolles, behütetes Zuhause. Ihre Pflegemutter war Schulrätin. Durch sie fand sie einen Zugang zum Beruf als Lehrerin.

Ich verstehe besser, warum Karina Jehniche den Begriff »Brennpunktschule« ablehnt. Warum sie Kinder mit schwierigen Elternverhältnissen nicht in eine Schublade stecken will. Denn auch sie ist einmal ein solches Kind gewesen. Sie will, dass die Kinder an ihrer Schule die gleiche Chance bekommen, die sie selbst durch ihre Pflegeeltern bekommen hat. Sie will ihnen einen behüteten Ort schaffen. Oft arbeitet sie dafür mehr, als sie müsste. Sie überlegt ständig, wie sie ihre Schülerinnen und Schüler motivieren kann, auch wenn viele von ihnen nicht den Sprung in ein anderes Leben schaffen. Als ich sie frage, ob es eine Erfolgsgeschichte einer Schülerin oder eines Schülers an ihrer Schule gibt, zögert sie erst mit einer Antwort und antwortet dann: »*Stern TV* wollte irgendwas über die Schule machen, und zufälligerweise sind wir einem Konfliktlotsen aus meiner Matheklasse begegnet, der gerade dabei war, ein Problem zu lösen. Der Reporter hat dann einen Beitrag über die Schule und über die Konfliktlotsen gemacht. Wir wurden daraufhin eingeladen bei *Stern TV*, und dieser Junge hat am Ende beim ZDF eine Rolle in einem Kinderfilm bekommen.«

Es ist nicht ganz das Beispiel, was ich erwartet habe. Absolventinnen oder Absolventen ihrer Schule, die heute erfolgreich sind, kennt Karina Jehniche nicht. Sie sagt, dass sie sich über jedes Kind freut, das regelmäßig in die Schule kommt und im Lernen einen Sinn sieht. »Ich glaube, das ist die größte Herausforderung für die Kinder: diese Selbstmotivation zum Lernen. Von den Eltern bekommen sie diese Motivation nicht. Ein Großteil unserer Eltern sieht in der Schule keinen Sinn.«

Karina Jehniche will, dass es ihre Kinder schaffen, dafür setzt sie sich jeden Tag ein. Das erfordert Mut und Durchsetzungskraft. Denn sie eckt an. Nicht allen Eltern gefallen ihre Ansichten und Vorgaben. Aber das ist ihr nicht wichtig, für sie geht es stets um die Kinder. Als wir uns verabschieden, bin ich gleichermaßen beeindruckt von ihrem Mut, ihrer Stärke und ihrem Einsatz. Und zugleich fühle ich so etwas wie Resignation, weil es offenbar dennoch nicht wirklich viele Erfolgsgeschichten von Schülerinnen und Schülern an ihrer Schule gibt.

—

Über Mut zu sprechen ist für die meisten nicht leicht. Zu behaupten, dass man besonders mutig war oder ist, ist für viele unangenehm und fühlt sich wie Prahlen an.

Mir selbst fällt es schwer, meine Mut-Momente vor anderen zu schildern. Frank Schätzing meint ja, wir bräuchten mutige Heldinnen und Helden, vor allem in der Politik. Menschen, die als mutiges Beispiel vorangehen und andere mitziehen. Als »Heldin« würde ich mich aber nun wirklich nicht bezeichnen. Aber als ich mit meinem Team über Mut spreche, nennen die anderen in der Runde mir einige Beispiele aus meiner Vergangenheit, die ich schon das eine oder andere Mal erzählt habe, die ihrer Meinung nach Mut erfordert haben. Ein Rentenvorschlag aus dem Jahr 1999, bei dem es um mehr Gerechtigkeit zwischen den Generationen ging, zählt zum Beispiel dazu. Ich wollte eine leichte Absenkung des Rentenniveaus erreichen (heute sind wir weit unter dem damaligen Level). Ich war zu dem Zeitpunkt ein Jahr im Bundestag, und die Hassreaktionen auf meinen Vorschlag ließen mich annehmen, dass ich nie wieder ein Bein auf den Erfolgsboden der Politik setzen könnte. Manche fanden es auch mutig, direkt in die Flüchtlingslager auf den griechischen Inseln zu gehen; andere, ins Kriegsgebiet nach Afghanistan oder in die Ukraine zu fahren.

Viel relevanter aber ist es für mich immer gewesen, mich direkt Menschen auszusetzen, mich betrachten, begutachten, »abhören« lassen zu können. Nicht immer erzeugt das, was ich für besonders beifallsgeeignet oder gar lustig halte, die erhoffte Resonanz. Manche Rede, manches Tun, manches Hinstehen in heiklen Momenten brauchte für mich mehr Mut als alles oben Erwähnte.

Es gibt einen Schlüsselmoment in meiner Kindheit, der mir für später sehr geholfen hat: das erste Mal in Stöckelschuhen quer durch den Saal – und das mit gerade mal zwölf Jahren. Das werde ich wohl nie vergessen. Es mag nicht sonderlich beeindruckend klingen, aber ich kann mich noch genau an den Moment erinnern, kurz vor dem Auftritt in der Tanzschule meiner Eltern vor all den Jugendlichen, die zwei oder drei Jahre älter als ich waren. Ich gucke an mir herunter und denke: Wird das gut gehen? Schaffe ich das? Das Laufen in Schuhen mit Absätzen ist mir fremd. Ich bin unsicher und habe, auf beiden Beinen stehend, keinen Halt. Diese Unsicherheit darf ich mir aber auf gar keinen Fall anmerken lassen. Ich weiß, dass es meinem Vater wichtig ist, dass ich es hinkriege. Er beobachtet genau, wie ich mich anstelle. In der DDR bringt er Schülerinnen und Schülern unter anderem gutes Benehmen bei. Ich weiß: Ich muss mich benehmen. Ich muss funktionieren. Ich bin nervös.

Dann ist es so weit, und ich schaffe es irgendwie in Stöckelschuhen einmal quer rüber und wieder zurück. Vermutlich hat mich niemand der Tanzschülerinnen und -schüler beachtet, die waren mit sich selbst beschäftigt. Aber ich hatte es geschafft, und Auftritte waren von da an jedenfalls möglich. Das ist wie mit allem, was man mal geschafft hat: Das zweite Mal ist es leichter.

Wirklich mutig wurde es für viele von uns aus der Bürgerrechtsbewegung der DDR, als es um den Widerstand gegen das System der DDR-Diktatur ging. Manche landeten im Gefängnis, andere durften ihre Wunschberufe nicht erlernen oder ausführen. Diktatur – das ist ihr Wesen – bedeutet, dass sie immer einen Grund finden oder erfinden kann, um einen anzuklagen, auszustoßen oder zu bestrafen.

Das Mutigste bei meinem Beitrag zur Friedlichen Revolution war es wohl, mit meinem gerade geborenen Sohn in der Trage auf die Demos in Erfurt zu gehen. Die Wasserwerfer standen in den Seitenstraßen, und ich bin immer etwas früher weg von den Veranstaltungen, um das Baby zu schützen. Natürlich hätte ich zu Hause bleiben können. Aber es ging eben auch um die Zukunft meines Kindes, nämlich um die Frage, ob es in einer freien Welt, in einem demokratischen System aufwachsen kann.

Es war für mich damals wie heute eine Freiheit, die einschließt und nicht ausschließt. Freiheit bedeutet für mich Freiheit von Diktatur, Freiheit, zu lieben, wen man will, und Freiheit, saubere Luft zu atmen. Mich hat die Kraft der Freiheits- und Umweltbewegungen in der DDR und in Osteuropa geprägt, die schließlich in die friedlichen Revolutionen mündeten. Ich habe gelernt, dass wir sehr viel bewegen können, wenn wir zusammenhalten. Von den Menschen im Osten und ihren Lebensgeschichten kann unser vereintes Land lernen. Gerade wenn es um Veränderung geht.

—

Mut ist eine lebenswichtige Eigenschaft, der große wie der kleine Mut. Großen Mut erlebe ich in dieser Zeit nicht weit weg von unserem glücklicherweise friedlichen Land. Schon vor zwanzig Jahren stand ich vor Tausenden von Menschen auf dem Maidan in Kyiv – eines der bewegendsten Erlebnisse meines politischen Lebens. Die Menschen campierten dort, mitten in der Hauptstadt der Ukraine, und demonstrierten für Demokratie und Freiheit, gegen die Korruption in ihrem Land, dafür, nicht länger Anhängsel Russlands zu sein, und für eine europäische Zukunft. Von der Bühne aus blickte ich in die Gesichter der vor allem jungen Menschen, die schon seit Tagen für ihre Rechte kämpften. Ich versicherte ihnen damals: Wo Freiheit und Demokratie auf dem Spiel stehen, könnt ihr euch unserer Solidarität sicher sein. Zur Wahrheit gehört aus heutiger Sicht aber auch: Wir haben nicht immer genau hingesehen. Nach dem ersten russischen Überfall 2014 und dem darauf folgenden Diktatfrieden haben wir uns zurückgelehnt.

Der Mut und der Wille der Menschen damals auf dem Maidan sind heute noch immer in diesem kriegsgeplagten Land zu spüren und der Grund, warum wir die Menschen in ihrem Kampf für Freiheit und Demokratie weiter unterstützen müssen. Denn die Ukraine verteidigt unsere gemeinsamen Werte. Und sie verteidigt auch unsere europäische Sicherheit. Mutige Menschen wie sie, die sich für die Freiheit starkmachen, werde ich immer unterstützen. Auch wenn es bedeutet, dass ich mir nicht nur Freunde mache.

Nie habe ich übrigens so viele positive Reaktionen erhalten wie nach dem (für meine Partei leider erfolglosen) Wahlkampf im Sommer 2024 in Thüringen. Ein Journalist der *Süddeutschen Zeitung* hatte mich an Haus- und Wohnungstüren begleitet und dann darüber geschrieben. Offenbar las sich das in Hamburg, Stuttgart, München oder auch Dresden wie eine Heldinnentat. Sicher, man weiß beim Klingeln nicht, wer einem da in welcher Verfassung öffnet. Eine Familie erwartete sehnlichst den Pizzaboten, und bei Temperaturen von 38 Grad im Schatten traf ich auf manches Feinripphemd. Über den Hass hinter den Haustüren wird viel geschrieben. Oft wurde ich zum Ventil dieses Hasses. Es gab Menschen, die einfach losbrüllten, die Flyer vor meinen Augen zerrissen und mich zum »Die da oben«-Feindbild erklärten. Aber an der Haustür waren sie nicht die Mehrheit.

Natürlich ist es eine Überraschung, wenn ich beim Haustürwahlkampf plötzlich vor der Tür stehe. Die allermeisten haben eher Respekt davor. Es gab sehr viele freundliche Begegnungen mit Leuten, denen ich sagte: »Ich bin hier, weil es besonders wichtig ist.« Manche waren dankbar, dass ich zuhörte. Eine neunzigjährige Frau erzählte mir in fünfzehn Minuten ihr ganzes Leben und etwas über ihren Glauben. Situationen wie diese sind sehr schön, dafür bin ich dankbar.

Es mag mutig sein, einfach irgendwo zu klingeln. Vor allem aber ist es im Grunde ganz normal. Das, was Kampagnenmanager in den Vereinigten Staaten erfunden haben, ist eigentlich nichts anderes als normale Nachbarschaft: ins Gespräch kommen mit Fremden, aber eben gezielt.

—

Es geht darum, Menschlichkeit zu zeigen – in der Politik wie im alltäglichen Leben. Von Angesicht zu Angesicht. Das bleibt elementar, und es betrifft selbstverständlich auch den Umgang mit Flüchtlingen – noch so ein Thema, mit dem man hierzulande schnell aneckt und bei dem man inzwischen leider Mut braucht, um eine humane Position zu vertreten.

So sieht es auch die Pfarrerin Christina Brudereck. Es sind Menschen, über die wir reden. Wenn man Sorge vor der Flüchtlingsbewegung hat, sollte man die unbedingt benennen und keine Angst davor haben, etwas zu kritisieren. Man muss die »Obrigkeit« hinterfragen dürfen. Aber, so Christina Brudereck, die ausschließliche Konzentration auf Defizite, auf das, was nicht gut laufe, nehme in unserer Gesellschaft zu. Stattdessen sollten wir den Fokus auf das lenken, was gut läuft. Und uns gegenseitig Halt geben.

Sie erzählt mir noch einmal vom Wert der Gemeinschaft und nimmt als Beispiel ihre Hausgemeinschaft. Es ist nicht lange her, dass sie in ihrem Haus einen Freund von Christina Brudereck aufnahmen. Alle wussten, dass er nicht mehr lange leben würde, denn er hatte Bauchspeicheldrüsenkrebs. »Er hat sein letztes Weihnachtsfest hier gefeiert, hat seine Eltern noch hergeholt, die haben mitgefeiert, und das hat sehr das Leben gewürdigt.« Nicht nur Christina Bruderecks Hausgemeinschaft gab dem Freund Halt, sondern auch der Freund umgekehrt der Gemeinschaft.

Denn er lenkte den Blick für alle auf das, was gut ist in ihrem Leben. Sie spürten Dankbarkeit.

Als der Freund starb, war er bei seinen Eltern. Auf der Gedenkfeier erzählte eines der Kinder der Hausgemeinschaft dann: »Ich stelle mir das so vor: Wenn du früher als Kind eingeschlafen bist, dann hat die Mama dich ins andere Zimmer getragen. Gott hat das so mit unserem Freund gemacht.«

Es erfordert Mut, das Sterben eines Freundes zu begleiten, aber es kann daraus eine enorme Stärke erwachsen. Es kann den Blick aufs Wesentliche lenken. Es entsteht eine neue Kraft, »Trotzkraft!« sagt Christina Brudereck dazu. Wir alle erleben Schweres, aber wir können dennoch versuchen, diesem zu trotzen. Indem wir ehrlich sind, Gefühle zulassen, mutig sind und uns anderen zumuten. Indem wir aushalten, erzählen und uns verbinden und verbinden lassen. Gegenseitige Unterstützung und Liebe sind entscheidend für uns als Gesellschaft.

Ich werde die letzten Tage der Begleitung eines sterbenskranken Freundes, eines Pfarrers, nicht vergessen. Es war eine kleine Gruppe, die sich mit seiner Familie immer wieder abwechselnd bei ihm traf, mit ihm und, wenn er schlief, ohne ihn, über das Leben redete, über die Kinder und was wohl einmal aus ihnen werden würde. Und es gab einen fast heiteren Moment, in dem der todkranke Freund sagte, er habe wahnsinnige Lust auf Thüringer Klöße, Sauerbraten und Rotkohl. Ich überlegte kurz und schlug vor, Klöße zu besorgen und sie dann so zu zerkleinern, dass er sie auch hätte essen können. Am Ende haben wir es doch nicht gemacht, aber er fand nun den Mut, über das zu sprechen, was ihn erwartete: »Weißt du«, sagte er – ich werde den Satz niemals vergessen –, »es ist doch völlig ausgeschlossen, dass es beim lieben Gott keine Thüringer Klöße gibt.« »Völlig ausgeschlossen«, antwortete ich, und wir wiegten uns ein bisschen in einem

Kinderglauben, den wir als Erwachsene bis zu diesem Moment nicht zugelassen hatten.

Ist es mutig, an Gott zu glauben? Und wie soll man überhaupt glauben können angesichts all der schlimmen Erfahrungen, der Bedrohlichkeiten, der Gewalt und der Kriege auf der Welt? Dazu haben unzählige Theologinnen und Theologen kluge Überlegungen angestellt, die ich hier nicht näher ausführen kann und will. Stattdessen möchte ich selbst zwei kleine Gedanken äußern. Der erste Gedanke: Gott ist wie Rhabarber. Als ich mit meiner Enkelin, sie wird vier Jahre alt gewesen sein, einmal einen Nachmittag mit Marmeladekochen verbrachte, stellte sie irgendwann die Frage, wie es denn so sei mit dem Gott. Nun gibt es viele pädagogisch gut durchdachte Möglichkeiten, wie man Kindern darauf antworten könnte, aber wir waren eben gerade beim Marmeladekochen. Also sagte ich: »Gott ist wie Rhabarber. Wenn wir die Marmelade fertig haben, dann sieht man den Rhabarber nicht mehr, sondern nur das Rot der Erdbeeren, aber wir wissen, der Rhabarber ist drin, und wir schmecken ihn auch, obwohl wir ihn nicht sehen.« Es hat später bei den Eltern für etwas Verwirrung gesorgt, als das Kind ohne weitere Erklärungen meine These mit nach Hause brachte, dass Gott wie Rhabarber sei. Aber die Erklärung gehört nun zum anekdotischen Familienschatz.

Der zweite Gedanke betrifft mich selbst. Aufgewachsen bin ich mit einer Art politischer Frömmigkeit, weil beides zusammen in mein Leben trat: einerseits die Begegnung mit Menschen, die den DDR-Staat als Diktatur infrage stellten, bekämpften, verbessern wollten, und andererseits das Zugehörigkeitsgefühl zu Kirche und Gemeinde. Das war in den Verhältnissen der DDR nicht ungewöhnlich. Es hat mich aber eine Sache gelehrt, die mir später das Leben als Politikerin immer mal wieder erleichtern sollte: Ich wusste, es gibt noch etwas Größeres, etwas, das nicht verfügbar ist, nicht für mich, nicht für den DDR-Staat, für niemanden – und das ist Gott. Honecker und seine Granden konnten also gar nicht die Größten, die Allmächtigen sein. Glaube bedeutete für mich somit auch: Freiheit. Und dank ihm konnte ich mutig sein – im Frühjahr 1987 beim Olof-Palme-Friedensmarsch, 1988 als Studentin in kirchlichen Oppositionsgruppen und schließlich 1989 in der Revolution, von der wir damals nicht wissen konnten, dass sie friedlich bleiben würde.

—

Auch die mutigen Seelen, die sich ehrenamtlich engagieren, sind für unsere Gesellschaft unverzichtbar. Laut der Deutschen Stiftung für Engagement und Ehrenamt betätigen sich 29 Millionen Menschen in Deutschland ehrenamtlich.[36] Egal, ob im Sport- oder Kulturverein, bei der Freiwilligen Feuerwehr oder bei der Arbeit mit Geflüchteten oder Wohnungslosen, Ehrenamtliche halten unsere Gesellschaft zusammen. Ihr Engagement ist von unschätzbarem Wert.

Ehrenamt – oder, wie wir besser sagen sollten, bürgerschaftliches Engagement – ist wahrhaft systemrelevant. Und zwar nicht, weil die Engagierten das tun, was der Staat nicht schafft, sondern weil sie die Dinge in die Hand nehmen, die sie persönlich für das Gemeinwesen relevant finden. Es sind genau diese Haltungen, auf die unsere Gesellschaft angewiesen ist.

Ich denke noch einmal an den Feuerwehrmann Sven Wolfram, der fast dreißig Jahre bei der Freiwilligen Feuerwehr war, bevor er eine Ausbildung zum Berufsfeuerwehrmann gemacht hat. Das Gefühl, gebraucht zu werden, steht für ihn bei der Arbeit seit jeher im Vordergrund. Mit Anfang zwanzig sollte er zum Wehrdienst eingezogen werden, doch er entschied sich für die

Feuerwehr als Ersatzdienst. »Das sind ganz, ganz viele Stunden, die die Kameradinnen und Kameraden in der Freiwilligen Feuerwehr gerade in den ersten Jahren leisten müssen«, erklärt er mir. »Diejenigen, die die Feuerwehrgrundausbildung machen, müssen ein halbes Jahr lang jeden Samstag, jeden Sonntag hier sein. Unsere Freiwillige Feuerwehr ist jeden Montag von 18 bis 21 Uhr zum Übungsdienst hier.«

Trotz der intensiven Ausbildung und der wenigen Freizeit, die einem verbleibt, gibt es bei ihm an der Wache momentan keine Nachwuchsprobleme. In anderen Teilen des Landes sieht das anders aus. Der Brandschutz in Deutschland steht vor einer unsicheren Zukunft. Mehr als 90 Prozent der Feuerwehrleute sind ehrenamtlich organisiert, und oft fehlt der Nachwuchs. Dennoch sagt Sven Wolfram, dass es nach Veranstaltungen oder nach einem Tag der offenen Tür immer neue Bewerbungen gebe. »Gerade Medizinstudenten, von denen wir ja ganz viel im Einzugsgebiet haben, kommen und sagen: ›Ich war früher schon in der Jugendfeuerwehr‹ oder ›Ich bin noch dort in der Freiwilligen Feuerwehr, muss jetzt aber wegen des Studiums hier sein und suche Anschluss‹.«

Eine Dienstpflicht könnte laut Sven Wolfram dazu beitragen, dass sich mehr Menschen für ein ehrenamtliches Engagement entscheiden, einfach, weil sie eine Alternative finden müssen, wenn sie keinen Wehrdienst leisten wollen. »Ein Feuerwehrmann freut sich immer, wenn er rausfahren und helfen darf. Wenn er einen umgestürzten Baum wegräumen und Wasser auspumpen kann.« Nach seiner Beobachtung sind die Menschen sogar dankbarer als früher. Oft bekomme man heute ein Glas Wasser während der Arbeit gereicht, das sei eine Zeit lang anders gewesen. Ob das an der Pandemieerfahrung liegt, weiß er nicht. Sein Eindruck steht zumindest im Widerspruch zu vielen anderen Erzählungen und auch zu offiziellen Zahlen über Angriffe auf Feuerwehrleute und Notfallsanitäter, Polizistinnen und Polizisten. Sollte es in der Provinz in dieser Hinsicht besser ausschauen? Es würde mich freuen.

—

Claudine H. vom Freiwilligen Besuchsdienst der »Grünen Damen« an der Charité ist eine beeindruckende Persönlichkeit und hätte für ihr jahrelanges Engagement längst das Bundesverdienstkreuz verdient. Ich bin mir ziemlich sicher, dass viele Patientinnen und Patienten mit ihr an der Seite das Gefühl haben, dass es besser wird. Claudine H. strahlt eine wohltuende Ruhe aus.

Zum Thema Dankbarkeit erzählt sie mir von ihren Erfahrungen auf der Transplantationsstation, auf der sie auch ab und zu ist. Gerade dort sei es wichtig, dass es die »Grünen Damen« gebe. »Es gibt einen Organspender und einen Organempfänger, und die sind meistens erst einmal im selben Zimmer. Sehr oft sind es Mutter und Sohn, Ehemann und Ehefrau. Am Anfang warten sie auf die OP, und es herrscht viel Optimismus und auch Dankbarkeit.« Gerade der Empfänger oder die Empfängerin bedanke sich sehr oft bei der anderen Person für deren Bereitschaft und Mut zur Organspende. »Dann kann man beobachten, dass der Spender oder die Spenderin merkt, dass er oder sie sich nicht nur einer OP unterzieht, sondern anschließend auch eine Zeitlang viele Medikamente nehmen muss.« Es könne eine angespannte Stimmung entstehen. In dem Fall, so Claudine H., sei es wichtig, zu hinterfragen, wie die beiden Beteiligten die Transplantation erleben. Es müsse einen Raum für Unsicherheiten und Ängste geben. Nur dann könne man diese überwinden.

Ich denke sofort, dass die Situation in einem solchen Krankenzimmer sehr heikel werden kann. Dass es schwierig wird, wenn der Fokus vor allem auf dem Empfänger oder der Empfängerin liegt, auf der Hoffnung, dass die Transplantation sein oder ihr Leben retten wird. Den Spender oder die Spenderin mit seinen oder ihren Sorgen kann man dabei schnell aus dem Blick verlieren.

Eine Organspende kann Angst machen, aber sie rettet Leben. Noch immer ist die Zahl der Organspenderinnen und Organspender in Deutschland viel zu niedrig. Das ließe sich ändern, indem man beispielsweise Volljährige bei der Beantragung oder Verlängerung eines Personalausweises grundsätzlich nach ihrer Organspendebereitschaft fragen würde. Aber es scheint für viele eben auch eine sehr emotionale Frage zu sein. Kommt am Ende jemand, der meine Organe will, und ich bin noch gar nicht tot? Werde ich womöglich nicht ausreichend behandelt, weil ich als willkommene Organspenderin gelte? Derlei Befürchtungen sind zwar unbegründet, aber Fakten und Informationen helfen gegen Gefühle zuweilen wenig. Vertrauen, darum geht es auch hier.

Einer Person wie Claudine H. vertrauen Menschen. Weil sie einfach da ist, keine eigenen Ansprüche stellt oder sich Vorteile erhofft. Sie ist, wie erwähnt, die Leiterin der hiesigen »Grünen Damen«. Der Job sei nicht immer einfach und erfordere Mut und Stärke, sagt sie. Die Konfrontation mit dem Tod sei herausfordernd. Oft bekomme man etwas zu sehen, mit dem man nicht leicht umgehen könne. Frisch operierte Wunden zum Beispiel. »Auf den chirurgischen Stationen kann es für Anfängerinnen sehr schwierig werden, weil die Patientinnen und Patienten irgendwie stolz sind, dass sie eine große Wunde haben. Es ist eine Kunst, ihnen nur in die Augen zu schauen und nicht auf die Wunde.«

Die »Grünen Damen« sind auf der Suche nach neuen Kolleginnen. Claudine H. will die Leitung des Besuchsdienstes bald abgeben und als gewöhnliches Mitglied des Teams weitermachen. Ganz aufgeben kann und will sie das Engagement nicht. Zum Schluss unseres Gesprächs sagt sie, sie sei dankbar, dass man ihr das Ehrenamt erlaube. »Das ist ein Zeichen des Vertrauens, auch seitens der Patientinnen und Patienten, die wir besuchen, und der Verantwortlichen im Krankenhaus, die uns besuchen lassen. Es ist auch ein Zeichen dafür, dass der Bürger ehrenamtlich etwas machen darf. Er kann etwas unternehmen, sich engagieren.«

Auch Politik lebt vom Ehrenamt. Laut des letzten Freiwilligensurveys des Bundesfamilienministeriums engagieren sich knapp drei Prozent der Menschen in Deutschland ehrenamtlich in der Politik – in Parteien, in Gemeinderäten oder als Bürgermeisterinnen und Bürgermeister.[37] Und ich sage voll Demut: Danke allen Ehrenamtlichen, die bereit sind, etwas zu tun! Und meine Bitte: Verausgabt euch nicht. Zieht Grenzen, sucht Hilfe, wenn es nicht mehr weitergeht, sucht Verbündete, wenn Angriffe kommen.

—

Ich bin noch einmal bei Dr. Andreas Schießl, dem Münchner Infektiologen. Er hat einen Verein für Ärzte und Ärztinnen gegründet, der sich mit den spezifischen Belastungen beschäftigt, die deren Job mit sich bringt. Es soll eine Anlaufstelle für alle sein, die aufgrund von Dauerdruck oder traumatischen Erfahrungen nicht einfach so weitermachen können. Wir sprechen darüber, wie er auf die Idee für seine Initiative kam.

»Es gab für mich ein Schlüsselerlebnis, obwohl ich zum Glück selbst nie wirklich traumatisiert worden bin.« Er erzählt, dass er einmal als Notarzt gerufen wurde, weil sich ein Mensch vor die U-Bahn geworfen hatte. Als er auf den Gleisen ankam, war ihm schnell klar, dass er der Person nicht mehr helfen konnte. Der

U-Bahn-Fahrer, der mit diesem traumatischen Erlebnis konfrontiert war, war noch in der Nähe, und Schießl ging zu ihm. Der Fahrer war im Gespräch mit einem Mann. »Das war ein Kollege, auch U-Bahn-Fahrer, der mir dann erklärte: ›Wir haben inzwischen ein kollegiales Unterstützungssystem aufgebaut, weil wir wissen, das passiert ein- bis dreimal im U-Bahn-Fahrer-Leben. Und es ist individuell unterschiedlich, was die Leute brauchen. Der Gedanke ist, dass sie möglichst gesund bleiben.‹ Im Erstgespräch versuchen die Kolleginnen und Kollegen des Betroffenen herauszufinden, welche Unterstützung jetzt passend ist. Braucht der Fahrer oder die Fahrerin eine Pause, oder möchte er oder sie möglichst schnell zurückkehren in den Job?«

Danach sprach Andreas Schießl mit einem der anwesenden Feuerwehrmänner, der ihm sagte, dass es ein solches Programm auch bei der Feuerwehr gebe: »Heißt bei uns ›SKB‹ für Stressbearbeitung Kollegiale Beratung. Wichtig ist: Man darf nicht im Gefühl baden, aber die Emotion darf man benennen.«

Sich gemeinsam hinsetzen und den Tag und die Gefühle reflektieren. Jemanden haben, der sich genau auskennt mit den Herausforderungen des Jobs und der zuhört: Genau darum geht es auch im Verein »Psychosoziale Unterstützung in der Akutmedizin«, den Andreas Schießl kurz nach dem erwähnten Schlüsselerlebnis ins Leben gerufen hat. Die zuhörenden Kolleginnen und Kollegen müssen für ihre Arbeit eine Weiterbildung zum kollegialen Unterstützer oder zur kollegialen Unterstützerin machen. Sie nennen sich »Coaches«. Das Zwischenmenschliche, das durch die Arbeit entstehe, sei extrem wichtig, betont Schießl. »Es braucht Zeit, etwas rund zu machen. Das kennt man aus der Gestalttherapie. Das, was rund ist, kann man besser verarbeiten, als wenn was offenbleibt.« Diese Zeit, um etwas abzuschließen, bekomme man, wenn man sich an den Verein wende.

Es ist wichtig, dass wir zuhören, wenn jemand den Mut aufbringt und sagt, dass er erschöpft ist. Ausgebrannte Menschen brauchen Menschen um sich herum, die sie wahrnehmen. Einer aktuellen Studie zufolge fühlt sich mehr als die Hälfte der Deutschen erschöpft. Gerade bei Wählern und Wählerinnen von Parteien abseits der demokratischen Mitte sei die Erschöpfung besonders ausgeprägt, heißt es.[38] Die Belastung durch die Arbeit sei ein Grund für diese Entwicklung, aber auch die politische Situation gewinne als Ursache an Bedeutung.

—

Die Nachrichtenlage erdrückt die Seele. Meine auch. Manchmal ist es ein vermeintlich kleines Ereignis, das mir keine Ruhe lässt. Dieser eine komplizierte Fall, für den es kein Formular gibt, aber der dennoch Hilfe braucht. Die Geflüchtete, deren Trauma die Seele auffrisst und für die es keinen Therapieplatz gibt. Der Krieg in der Ukraine, die Menschen dort, die mir ans Herz gewachsen und zu Freundinnen und Freunden geworden sind. Manchmal frage ich mich auch fast panisch, wie wohl meine Enkelkinder leben werden, wenn sie groß sind. Was, wenn wir die Erderwärmung nicht stoppen können? Werden sie dann unter einer Kuppel leben, in der man noch einigermaßen gut atmen kann, oder werden sie »draußen« bleiben müssen, weil sie sich das Leben in der Kuppel nicht leisten können oder weil sie durch irgendein Raster gefallen sind? Ich weiß, ich lese viele Zukunftsromane. Aber ich weiß auch, dass es keine gute Idee ist, zu denken, es werde alles schon irgendwie gut.

Es spräche also vieles dafür, sich ent-mutigen zu lassen. Finden sich dennoch genug Mutige – auch ehemals Mutlose, die sich haben ermutigen lassen –, um »der Stadt Bestes« zu erreichen, wie es in der Bibel heißt? Und zwar trotz der gleichgültigen Nachbarn oder der wütenden Mitmenschen? Die Formulierung »Suchet der Stadt Bestes« stammt aus dem Buch Jeremia, und sie bedeutet nicht, dass alles gut wird, es heißt nicht, dass man schon alles (besser) weiß, sondern, dass das Beste zu suchen sei. Auch frühere Generationen haben (mitunter fest) daran geglaubt, dass die Welt bald untergeht. Martin Luther wird der Satz zugeschrieben, dass er am Tag vor dem Weltuntergang noch einen Apfelbaum pflanzen wolle – gegen die Ausweglosigkeit.

–

Über die Mutigen in diesem Land ließe sich noch viel erzählen. Es gibt sie in hoher Zahl – Gott sei Dank. Und vielleicht sollten wir uns klarmachen: Wenn man genau hinschaut, läuft hier vieles besser, als wir meinen. Wir sollten vom Schubladendenken wegkommen, denn es gibt nicht *das eine Problem* oder *die eine Lösung*. Und es ist auch in Ordnung, wenn man nicht *sofort* eine Lösung hat.

Tatsächlich habe ich in all meinen Gesprächen immer wieder Menschen gefunden, die mutig sind und sich einbringen. Was mir aber auch deutlich geworden ist: Selbst die Mutigen können mitunter aggressiv werden, so wie umgekehrt manchmal die Wütenden und Grollenden Verantwortung übernehmen und Mut zeigen.

Mag man auch in einigen Regionen Deutschlands vor allem Menschen finden, die nur noch enttäuscht sind, keinerlei Vertrauen in »die da oben« mehr haben und sich nicht bloß von der Politik, sondern von der Demokratie insgesamt abwenden, gilt es, im Gespräch zu bleiben und herauszufinden, ob ihr Mut und ihre Zuversicht womöglich nur verschüttet sind und wieder aktiviert werden können.

Die Mutigen wissen, dass sich Sorgen – tiefe, echte, schwere, existenzielle Sorgen – niemals schnell und in den meisten Fällen auch nicht gänzlich vertreiben lassen, sondern dass es darum geht, eine Seelenhaltung zu finden, die erwachsen genug ist, um mit den Sorgen umzugehen. Denn diese Art Sorgen und Ängste sind gar nicht von der Gemeinschaft, vom Staat oder von der Politik zu lösen, sondern liegen auf einer anderen Ebene, die viel mehr mit innerer Resilienz, Zuversicht und Verantwortungsgefühl zu tun hat. Der demokratische Staat lebt von diesen Mutigen, die zu unterscheiden wissen zwischen dem, was ein demokratischer Staat leisten kann, und dem, was er gar nicht können soll. Ein Staat, der verspricht, einem alle Sorgen abzunehmen und jegliche Zumutung zu ersparen, ist totalitär. Er macht seine Mitglieder unmündig.

Deswegen beschäftigt mich zuletzt auch diese Frage: Was macht einen mutigen Demokraten, eine mutige Demokratin aus? Umgekehrt: Welche Seelenhaltung braucht eine stabile Demokratie, damit sie selbst in herausfordernden Zeiten demokratisch bleibt? Was macht einen erwachsenen, reifen, resilienten und verantwortlichen »homo politicus« in unseren Tagen aus?

7
UNVERZAGT UND FROHGEMUT

Kann unsere Demokratie so funktionieren, dass auch ihre durchschnittliche, kompromisshafte, oft am Zweitbesten orientierte Arbeit »gut genug« für eine Mehrheit der Menschen ist? Ich schreibe diese Zeilen im Winter 2024, mitten in einem Wahlkampf. Wieder wird das Blaue vom Himmel versprochen, der Friede, der Wohlstand, die soziale Gerechtigkeit oder die brummende Wirtschaft scheinen gleich um die Ecke zu liegen, wenn denn nur diese oder jene Partei gewählt würde. Und dies, obwohl wir alle wissen, dass wir in Zukunft schlicht mit weniger auskommen müssen. Die großen Verheißungen und Versprechungen sind ohne Substanz, weil das jahrzehntelang funktionierende Geschäftsmodell der Bundesrepublik – billige Energie aus Russland und erfolgreiche Marktanteile in China – an sein Ende gekommen ist. Das Dauerwachstum nach den alten Maßstäben des Bruttoinlandsproduktes und das Nettomehrgefühl sind nicht mehr realistisch. Jeder weiß das, aber kaum jemand spricht aus, dass dieser Kaiser keine Kleider mehr anhat.

Aber ist die ständige Wohlfahrtsteigerung wirklich das einzige Mittel zur Wahl, der einzig funktionierende Weg für die Demokratie? Erkauft sich unsere Demokratie etwa damit ihre Unterstützung? Muss sie denn alles Mögliche, vor allem auch alles Unmögliche versprechen? Ist sie so etwas wie ein Dienstleister für individuelle Wünsche, bei dem man insgeheim denkt, man könne im Notfall »den Anbieter wechseln«? Nach dem Motto: »Die da oben« sollen gefälligst machen, und wir überlegen uns dann, welchen Wunsch wir als Nächstes erfüllt haben möchten?

Einer solchen Haltung bin ich in vielen, allzu vielen politischen Gesprächen begegnet. Aus ihr heraus werden jede Menge Forderungen gestellt und Ansprüche erhoben, wohingegen die Erwartung, in Zeiten des Weniger erst recht das Gemeinsame, das Miteinander zu unterstützen, als Zumutung empfunden wird. Diese Gespräche waren ein Anlass, der Seelenlage des Landes auf den Grund zu gehen. Ich wollte wissen, wie oft und wo wir es gleichsam mit »Finsternis-Bewirtschaftern« zu tun haben, denen es an Selbstbewusstsein fehlt, weil sie sich immer nur als Opfer und Verlierer fühlen, denen man übel mitgespielt hat. Und stets sind es die anderen, die Schuld daran haben. Die »Finsternis-Bewirtschafter« können auch nichts für ihren, wie sie finden, berechtigten Groll und ihren dauernden Pessimismus, denn schließlich sind ihre Wünsche, Erwartungen und berechtigten Forderungen nie zur Gänze erfüllt worden. Immer findet sich etwas, das ihren Jammer bestärkt und bestätigt, stets werden aus ihrer Sicht die Schatten länger und die Leiden berechtigter.

Mit ihren uneinlösbaren Forderungen unterspülen diese Verbitterten den demokratischen Diskurs und letztlich die Demokratie selbst. Die Erwartung einer Rundumversorgung zur Lösung aller denkbaren Herausforderungen durch »die da oben«, die zudem dafür sorgen sollen, dass man von allen Zumutungen, Einschränkungen und Begrenzungen verschont bleibt, ist deswegen so praktisch, weil ihre vorhersehbare Nichterfüllbarkeit den Groll legitimieren und verstärken kann. Das gute Grollgefühl also bleibt.

Das Wunschdenken lautet, dass vieles doch ganz einfach wäre, wenn man nur wollte. Billiges Gas und weniger Gendern und Ähnliches, und schon ginge es uns allen besser.

Diesen vergrämten Menschen ist es leider egal, dass sie im Grunde wissen, dass ihre Vorstellungen nicht funktionieren können – es gibt ihnen einfach ein gutes Gefühl, diese einzufordern. Dafür jedenfalls haben sie oft erstaunlich viel Energie: im Familien- und Freundeskreis, bei der Arbeit, in Briefen an Zeitungen und an Politikerinnen und Politiker. Viele von ihnen sind laut und unermüdlich am Grollen.

Doch auch wenn es manchmal, ja immer häufiger den Anschein hat, als bildeten diese Grollenden in Deutschland die Mehrheit – dem ist nicht so. Der Groll donnert zwar durch das Land, quillt aus den sozialen Medien und beherrscht Talkshows, die wirkliche Mehrheit aber kümmert sich darum, dass viele Dinge doch funktionieren: dass die Nachbarin den Einkauf hochgetragen bekommt, der Schwimmunterricht stattfinden kann, die Solaranlage aufs Dach geschraubt wird. Man könnte sagen, dass wir uns zu viel mit den Negativgefühlen von wenigen befassen.

Nur: Wen berühren oder emotionalisieren schon Grafiken und Zahlen? Wer teilt schon ein Säulendiagramm, aus dem hervorgeht, dass mitten im Winter die erneuerbaren Energien eine Überproduktion an Strom generiert haben? Dass man sich heute neben den Fotos der Kinder auf dem Smartphone auch die aktuelle Produktionsleistung der heimischen Photovoltaik-Anlage anzeigen lassen kann, ist da schon interessanter, reizvoller. Aus einem einfachen Grund: Es gibt einem ein gutes Gefühl. Die Sonne scheint und produziert den eigenen Strom. Deshalb ist zwar nicht gleich alles in Ordnung, und längst sind noch nicht alle Wünsche erfüllt, aber doch immerhin schon mal einer: der nach etwas mehr Unabhängigkeit – von Energieträgern, die jemand anderes aus der Erde holt und die dann tonnenschwer in Form von CO_2 über uns hängen. Es geht also um gute, anerkennende, bestärkende Gefühle, nicht nur beim Weihnachtsfilm oder der ersten Livemusik nach der Pandemie. Groll, Hass und Wut haben keine Vorfahrt vor Glück, Dank und Zuversicht. Und es ist weder unangemessen noch verwerflich, diese positiven Gefühle bewusst anzusprechen und zu verstärken.

Und damit bin ich bei einem anderen wichtigen Thema, das sich anschließt: dem Kompromiss. Er ist schwer in Verruf geraten. Aber warum eigentlich?

Der Kompromiss ist einerseits ein Weniger und andererseits ein Mehr, denn er ist gemeinschaftlich angelegt. Ein Kompromiss, der viele verschiedene Anliegen mitnimmt, beteiligt und es für alle besser macht, ist im Ganzen klüger, akzeptabler und erfüllender als einer, der es nur einem Teil gut gehen lässt.

Demokratische Politik ist niemals etwas anderes als die Organisation von Kompromissen. Eine Politik und eine Gesellschaft, die dem und der Einzelnen keine Kompromisse zumuten wollen, kennen bald kein demokratisches Miteinander mehr. Die Tatsache, dass im Osten Deutschlands die Saat des Populismus stärker aufgeht als im Westen, hat womöglich damit zu tun, dass die Älteren dort damit groß geworden sind, dass der Staat alles für sie erledigt und organisiert hat, ihre Meinung oder Kompromissfähigkeit dabei gar nicht gefragt war, sie aber mit umso größerer Leidenschaft gegen die gefällten Entscheidungen sein konnten. Es mag auch an den Enttäuschungen liegen, die der Übertritt in das westliche Lebensmodell mit sich gebracht hat, und an Unsicherheit. Vielleicht aber auch einfach an der Bequemlichkeit, sich nicht auf andere einzulassen.

Nun hat natürlich jede und jeder das Recht, nicht mitzumachen, wobei auch immer. Daraus jedoch eine Pflicht der Mehrheit abzuleiten, es einem dennoch recht zu machen, wird nicht funktionieren, auch nicht in Zukunft und erst recht nicht, wenn Populisten eines Tages die Macht übernehmen sollten.

Aber auch für die Mehrheit, die zugewandt bleibt, die mittun will, die findet, dass die Demokratie vielleicht nicht vollkommen ist, aber immer noch die beste Form des Zusammenlebens, die wir kennen – auch für diese Mehrheit wird es nicht einfach sein, angesichts einer langen Liste von Versäumnissen, bewussten Unterlassungen und lähmenden Entscheidungsängsten begeisterte Gefühle zu entwickeln. Niemand kann eine jahrzehntelang vernachlässigte Infrastruktur – von Brücken und Schienen über die Digitalisierung bis zur Bundeswehr – mal eben erneuern; aber jeder und jede kann zu Recht Klage führen, dass da zu lange nichts geschehen ist und man die Dinge einfach so laufen ließ.

Unsere Demokratie muss sich gerade in dieser zunehmend schwierigen Situation beweisen. Wir müssen gemeinsam lernen, mit geringeren Mitteln und Möglichkeiten gut umzugehen: gerecht und fair, aber auch fordernd und anspruchsvoll. Denn der freiheitliche, säkulare Rechtsstaat lebt davon, dass Menschen ihn stützen, mittragen und mitgestalten – über die eigenen unmittelbaren Interessen hinaus. Er lebt davon, dass Menschen ihn nicht ausnutzen und missbrauchen, sondern ihn hegen und pflegen. Unsere Demokratie ist mehr denn je auf Menschen angewiesen, die auch dann für sie eintreten, wenn die Lage dadurch nicht sofort und umfassend besser wird, sondern, im Gegenteil, womöglich sogar erst einmal herausfordernder und konfliktreicher.

Können wir das? Halten wir es aus, weniger Geld zu haben, weniger Güter zu produzieren, weniger Weltspitze zu sein – und zwar ohne gesellschaftliche Verwerfungen, ohne grollendes Jammern, ohne florierende Angstbewirtschaftung? Können wir reifer, erwachsener, gar weiser werden durch die neuen Herausforderungen, mit weniger Gebrüll gegeneinander und uns gleich auf den Boden zu schmeißen wie kleine Kinder, die ihren Willen nicht bekommen? Mit mehr Gelassenheit auch im Mühevollen, mit mehr Lebenslust auch in der 2. Liga? Mit mehr Dankbarkeit auch für etwas kleinere Brötchen?

Tatsache ist doch: Wir klagen im Vergleich auf allerhöchstem Niveau. Natürlich: Jeder Rückbau, jede Reduzierung muss sozial gerecht, fair und erträglich gestaltet werden. Gleichwohl bin ich mir sicher, dass es nicht ohne Zumutungen gehen wird. Und ich bin überzeugt, dass wir gemeinsam eine andere innere (Gefühls-) Haltung einnehmen sollten – und können: eine gelassenere, eine weisere, eine angstfreiere.

Doch wie speisen wir diese Haltung, die den säkularen, freiheitlichen Rechtsstaat stützt? Genau den Rechtsstaat, der den Unterschied ausmacht zur Diktatur der Mehrheit?

—

Manchmal, wenn mich jemand fragt, wie es mir geht, antworte ich: »Gut genug.« Diese Antwort gab mir vor einiger Zeit Altbischof Axel Noack, als ich unser Zufallstreffen mit der Frage »Wie geht es dir?« startete.

Wie geht es dir? Vermutlich wird kaum eine Frage von uns allen so häufig so unwahr beantwortet. »Gut« oder »Alles gut« ist oft die typische Antwort darauf – auch dann, wenn gerade gar nichts gut ist. »Persönlich gut« ist neu hinzugekommen. Ein »Gut« kann man so stehen lassen, ein »Mir geht es nicht gut« provoziert hingegen Nachfragen und verpflichtet das Gegenüber, das nur Small Talk wollte, nachzuhaken oder zumindest eine mitfühlende Reaktion zu zeigen.

Aber es ist nun mal so, dass man sich nicht immer gleich öffnen oder darüber reden möchte, wie es einem wirklich geht. Politikerinnen und Politiker geben sich quasi berufsmäßig sehr gern sehr stark. Über Schwächen wird öffentlich nicht geredet. Das passiert allenfalls, wenn es darum geht, dass man eine Pause braucht, so wie bei Kevin Kühnert, der im Oktober 2024 aus gesundheitlichen Gründen als SPD-Generalsekretär zurücktrat. Vor ein paar Jahren sagte er in einem Podcast: »Politiker wollen vieles, aber sie wollen nicht als schwach wahrgenommen werden.«[39]

Vielleicht liegt die eigentliche Stärke aber gerade darin, Schwächen zu zeigen. Ich stelle immer wieder fest, dass ich vor allem den Menschen nahekomme oder diejenigen sympathisch finde, die offen auch über ihre Schwächen reden. Schon deswegen will ich es selbst wenigstens versuchen. Ich will offen sagen, wenn ich einen Fehler gemacht habe. Das war und ist nicht leicht. Ich musste es regelrecht lernen.

Was bedeutet nun »gut genug«? Wenn man diese Frage in die Google-Suche eingibt, steht in der Ergebnisliste: »Ich komme aus«, »es reicht aus« und »es genügt«. Mir kommt das Bild vom Glas, das halb voll beziehungsweise halb leer ist, in den Sinn. So kann auch »gut genug« sowohl für »So toll ist es in Wahrheit gerade nicht« stehen, als auch für »Es läuft doch mehr gut als schlecht«. »Gut genug« hat also viele Farben – wie das Leben selbst –, und folglich gibt es auch nicht die eine Wahrheit über ein gutes Zusammenleben in unserem Land. Für die einen ist »gut genug«, wenn sie am Monatsende noch Geld für den Café-Besuch haben, für die anderen erst, wenn der Lieblingsverein gewonnen hat. Und wieder für andere bedeutet es, dass es der Familie gut geht – auch das in aller Verschiedenheit.

Es ist ja Unsinn, zu denken, es gäbe nur die eine gute Form von Familie. In der Regel ist der Status kompliziert, offen, wahlverwandtschaftlich. Meine eigene Patchworkfamilie hat wieder zig Formen in der nächsten Generation, bei den dazugewonnenen Herzensmenschen. Es ist eh eine gute Frage, wie man das sieht, wer zur Familie oder zur Wahlverwandtschaft gehört, um wen ich mich sorge, mit wem ich mitfiebere, für wen ich mich freue. Als Erstes sind da natürlich die Kinder und mein Mann. Aber dann sind drumherum noch eine ganze Menge anderer, mal mit großer Nähe und eng verbunden, mal lose und mit Abstand. In manchen Phasen weiß ich mehr von ihnen als von allen Teilen der Familie, oder sie wissen mehr von mir als meine Kinder und mein Mann. Freunde sind das sicher, aber sie sind oft eben auch fast wie Familie.

Gut genug? Die Frage habe ich mir selbst unzählige Male gestellt. Bin ich eigentlich gut genug für die, die mir nah sind? Bin ich nah genug, bin ich nahbar genug? Wann lege ich den Funktionsmodus ab? Wann höre ich auf zu sagen, dass ich schon alles im Griff habe und es sowieso gut läuft? Ich bin ja nicht zwei Personen: die eine, die nach außen prima funktioniert, halbwegs erfolgreich ist, heitere Gelassenheit versprüht, und die andere, die zu Hause ins Sofakissen weint. Die allgemeine Funktionstüchtigkeit der »KGE« ist bekannt, aber schon ein einfacher grippaler Infekt führt bei mir zu einer Mischung aus Ungeduld, schlechtem Gewissen und manchmal Panik, nicht alles aufholen zu können, was ich wegen der Krankheit verpasse. Es nervt mich selbst. Ich weiß, dass es ganz in Ordnung ist (auch für andere), mal den Normalzustand der begrenzten Funktionsfähigkeit vorzuzeigen. Dieses Wissen hilft nur leider nicht viel. Es ist gar nicht so sehr die Frage, was die anderen wohl denken würden, wenn ich mal nicht »funktioniere« wie sonst, nein, es ist mehr der Anspruch an mich selbst. Manche mögen das irgendwie protestantisch nennen und würden von Verantwortungsethik sprechen. Ich würde sagen, es gehört einfach zu mir. Ich bin nun einmal gern für andere da. Oder für die Sache.

Und natürlich haben mich genau diese beiden Dinge oft genug zerrissen. War ich genug für meine Kinder da, als sie klein waren? Sicher nicht. War ich genug für das politische Leben da? Sicher auch nicht. Habe ich es versucht? Ja. Hatte ich Glück? Ja. Da war der Vater der Kinder, mein damaliger Mann, der vieles aufgefangen hat. Da waren Freundinnen und Freunde. Und da waren meine Kinder, die sich selbst für Politik interessierten und manches Gespräch am Küchentisch genießen konnten. Sie lernten beim Zuhören, verstanden, wie es ist, sich für etwas einzusetzen, und wie schwer es ist, damit aufzuhören. Die begriffen, dass Macht nichts Schweres oder Schlimmes ist, sondern hilfreich, um etwas Gutes durchsetzen zu können. Die mit ansahen, dass Niederlagen nicht bedeuten, dass man sich niederlegt, sondern dass man noch mal anfängt, vielleicht ganz anders, vielleicht aber auch genau so wie zuvor. Die gelegentlich auch mitfieberten. Es war nie perfekt, nie gut genug, gemessen an den Erwartungen, die ich einerseits an mich selbst habe und die andererseits regelmäßig von außen formuliert werden.

»Wann endlich macht die Politik …?«

»Ist doch nun wirklich ganz einfach …«

»Der gesunde Menschenverstand sagt einem doch ganz klar …«

»Die eigentlichen Probleme der Leute seht ihr gar nicht mehr …«

Die Reihe solcher Anforderungen und mehr oder weniger deutlicher Vorwürfe ist schier unendlich. Sie wurden in den 1990er-Jahren noch auf Postkarten geschrieben oder an Kneipentischen ausposaunt und verstärkt. Und es gab wirklich nur ganz gelegentlich jemanden, der fragte: Okay, aber wie können wir es *zusammen* gut genug hinbekommen? Kann ich etwas beitragen? Wenn man aber den Übererwartungen aller einsam Grollenden und ihren Bewirtschafterinnen nicht ausgeliefert sein will, dann ist es erste Politikerinnenpflicht, für Realismus zu sorgen: Was können wir überhaupt verändern, in welchem Zeitraum, mit welchen Mitteln? Hat man dies im Blick, ist ein »Gut genug« gar nicht mehr allzu weit entfernt.

—

Unsere Demokratie lebt davon, dass Menschen sie stützen, mittragen und mitgestalten, über die eigenen unmittelbaren Interessen hinaus. Zu diesen Menschen gehört zweifellos auch die schon erwähnte Şirin Tiryaki. »Eine Gesellschaft ist nur so gut, wie man sich um die Schwächsten in der Gesellschaft kümmert«, sagt sie. Sie verdient mit gerade mal 26 Jahren ein sehr gutes Gehalt im Management eines Tech-Unternehmens. Aufgrund ihrer Herkunft und ihres Geschlechts habe sie immer eine Extrameile gehen müssen, sagt sie, habe sich doppelt anstrengen müssen für den Erfolg. Şirin ergatterte vier Stipendien, studierte, arbeitete kurzzeitig als Lehrerin und schaffte es dann fast zufällig in den Managementjob.

Geldsorgen und die Frage »Schaffe ich das?« kennt sie nur zu gut. Sie ist damit groß geworden. Deshalb ist es ihr Anliegen, dass man sich vernünftig um sein Geld kümmert, egal, wie groß das Einkommen ist. Gerade als migrantisch gelesene Frau sei das wichtig. Die 26-Jährige will Vorbild sein, weil ihr selbst als Jugendliche Vorbilder fehlten. »Das ist tatsächlich der Grund, weshalb ich gesagt habe: Ich mache mich und meine Geschichte sichtbar – weil ich gern die Person sein möchte, die ich damals gebraucht hätte.« Şirin hat bei LinkedIn viele Followerinnen und Follower. Auch in meinem Umfeld gibt es Menschen, die ihr folgen und sie bewundern, weil sie so viel schafft, obwohl die Voraussetzungen dafür nicht gut waren. »Nicht wegen des Systems, sondern trotz des Systems!«, bringt es Şirin selbst auf den Punkt, wenn es um ihren Erfolg geht.

Mit Blick auf die Gesellschaft findet Şirin, dass es uns in Deutschland im internationalen Vergleich gut geht. Dass wir näher zusammenstehen, als wir denken. Auch wenn die Shitstorms auf Social Media sie manchmal etwas anderes fühlen lassen.

Die junge Frau hat ihre Schwester zum Gespräch mitgebracht. Die beiden sind ein Team. Es rührt mich zu sehen, wie die Jüngere ihrer Schwester erklärt, welche Pose für den Post am besten wäre. Die beiden kann nichts trennen: Die eine lernt vom Erfolg der anderen und sieht, was alles geht. Weil sie weiß, dass sie auch ihre Freundinnen zu ihrer großen Schwester schicken kann, wenn sie Rat brauchen.

Ich denke an Düzen Tekkal, die Menschenrechtsaktivistin, die sich für jesidische Frauen einsetzt – für Jesidinnen wie sie, die dem Terror, den Vergewaltigungen, dem Morden des Islamischen Staates im Nordirak zu entkommen versuchten. Düzen setzt sich im Kleinen wie im Großen für Menschlichkeit und für eine widerstandsfähige Demokratie ein. Wenn ich sie treffe, ist auch sie fast nie allein. Ihre Schwestern, oft auch ihre Eltern, sind dabei. Die Töchter haben alle ihre eigenen Karrieren gemacht. Aber das Wichtigste scheint zu sein, dass sie für andere kämpfen, für die, die es nicht allein schaffen.

Düzens Schwester Tugba ist Fußballtrainerin. Die von ihr betreuten jungen Sportlerinnen werden dank ihr als Vorbild vermutlich selbstbewusster und resilienter als andere. Rassistische Bemerkungen und Übergriffe, wenn die Mädchen ein Kopftuch tragen (oder auch, wenn sie eben keines tragen), sind für sie Alltag. Genau deshalb brauchen sie Vorbilder, Vorbilder wie Düzen, Şirin, Tugba, Songül. Dennoch sagt Şirin: »Wir denken ja immer, wir sind gespalten, und jeder lebt sein eigenes Leben. Ich glaube, wir müssen uns viel öfter begegnen und zusammenkommen. Dieser Community-Gedanke ist für mich sehr wichtig.«

Gemeinsam und nicht gegeneinander. Räume schaffen, in denen Distanzen aufgebrochen werden können. So wie Danjel Zarte in seinen Cafés Räume schafft, in denen sich jeder und jede willkommen fühlen soll. Räume, in denen man sich nicht klein oder anders oder ängstlich fühlt. Räume, in denen man Sorgen teilen kann.

Von diesen Orten, an denen sich unterschiedlichste Personen in Sicherheit und Halbdistanz treffen können, brauchen wir mehr. Diese, fachlich sagt man dazu, »dritten Orte« lassen Unterschiede zu und fördern gerade dadurch die Neugier aufeinander.

Die spannende Frage ist: Gibt es irgendein Bindemittel, das zusammenhält und dennoch das je Eigene eigen sein lässt? Definitiv gibt es das! Manchmal sind es gemeinsame Aufgaben: das Retten der alten Dorfschänke etwa oder des Kirchturmes. Manchmal sind es gemeinsame Schicksale: der Trauerkreis, eine Selbsthilfegruppe.

Sehr oft ist aber der Weg dorthin versperrt. Weil die Information fehlt, weil man sich nicht aufraffen kann oder weil man befürchtet, enttäuscht zu werden. Da können weder der Staat noch die Nachbarschaft helfen. Was aber gelingen könnte: von vornherein viel mehr Orte schaffen, an denen man sich automatisch begegnet, begegnen muss, wo es nichts kostet, da zu sein, und es doch selbstverständlich und gewollt ist, dass Begegnung stattfindet. Es kann das Foyer des Rathauses sein oder der Springbrunnen, um den herum Bänke stehen, die anregen, einander ins

Gesicht zu sehen. Es kann der Trinkbrunnen sein, der in der Sommerhitze zum Abkühlen und Erfrischen anregt. Es können die Tänzerinnen und Tänzer sein, die in der Fußgängerzone oder im Park ihre Box rausholen und dazu einladen, beim Tango mitzutanzen oder staunend danebenzustehen. Es gibt eigentlich immer etwas, was wir gemeinsam tun können. Wichtig ist, dass wir neugierig bleiben und über den Tellerrand blicken.

Manchmal ist es auch eine klassische Demonstration, ob aus Erschütterung oder aus dem Wunsch, sich zu zeigen und für eine Sache einzutreten. Als sich im Herbst 2024 abzeichnete, dass die AfD bei den Landtagswahlen in Sachsen, Thüringen und Brandenburg stark abschneiden würde, gab es viele solcher Demonstrationen, und nicht wenige Teilnehmende nahmen überhaupt zum ersten Mal an einer solchen teil. Eine Achtzigjährige fragte mich, ob das in Ordnung sei, sie habe so was ja noch nie gemacht. »Ein echter Neuanfang«, sagte ich. »Schön, dass Sie da sind!« Es wurden Schilder gemalt: »Der Unterschied zwischen 1933 und heute bist du«, war auf einem zu lesen. Dieses Schild wurde sehr häufig fotografiert und mit Zustimmung bedacht.

Gut genug? Ja, ich bin, du bist, wir sind der »Gut-genug-Unterschied«. Denn zusammen mit vielen anderen wird aus »gut genug« ein Bollwerk gegen all jene, die unsere kompromissorientierte Demokratie herunterwirtschaften wollen.

—

Mit einer Muslima habe ich geredet, mit einem Juden, einer Jüdin und mit Menschen, die mit Religion ungefähr so viel anfangen können wie ein Sinfonieorchester mit einer Vuvuzela. Dennoch scheint auch bei Letztgenannten der Wunsch nach etwas Verbindendem groß zu sein, nach etwas, das mehr ist als man selbst, das in gewisser Weise unverfügbar ist. Das bestätigt auch der

Journalist Tobias Haberl, wenn er in seinem Buch *Unter Heiden* schreibt: »Die Menschen suchen Orientierung, etwas, woran sie sich festhalten können, aber da ist nichts, alles wandelt sich immer rascher. Und eigentlich bräuchten wir eine Pause oder jemanden, der uns in den Arm nimmt, aber alles, was wir kriegen, ist schnelleres Internet.« Haberl ist überzeugt davon, dass »der moderne Mensch [...] Sehnsucht nach etwas hat, das er sich nicht erklären kann«.[40]

Diese Sehnsucht möchte mehr als Solidarität, mehr als Ausgleich von Interessen und mehr als ein gelegentliches Aufeinander-Achten.[41] Darüber rede ich oft mit Menschen, die religiös musikalisch sind. Mich interessiert, was sie hält, was dieses Unverfügbare für sie bedeutet und was es mit ihnen macht. Das geschieht immer wieder, auch weil die Leute, denen ich begegne, meist wissen, dass ich ein frommer Mensch bin und kirchlich engagiert.

Von so einem Zufluchtsort in Momenten, wenn nichts mehr geht, erzählt mir, ganz unabhängig von unserem eigentlichen Gespräch, dann auch Andreas Schießl. Vor Jahren war er im OP und wollte mit dem Team ein viel zu früh geborenes Kind retten. Es wog nur 700 Gramm. »Das ist hochkomplex und extrem herausfordernd. Da stehen zehn Menschen zusammen und retten dieses Leben. Und eine halbe Stunde später habe ich noch einen Anruf aus der Gynäkologie bekommen, dass es eine Spätabtreibung bei einem Down-Kind gebe.« Schießl musste also direkt weiter in den nächsten OP. Bei einer Frau sollte ein Schwangerschaftsabbruch durchgeführt werden. Ihr ungeborenes Kind hatte das Down-Syndrom, deshalb wollte sie es nicht bekommen. »Ich bin in diesem Zimmer gewesen, die Eltern waren da. Es war eine ruhige Stimmung, und in einer Nierenschale lag dieses Kind. Es war fast genauso groß wie das, bei dem wir gerade versucht haben, alles dafür zu tun, dass es überlebt. Und gleichzeitig wusste ich, diese Mutter ist auch in einer schwierigen Lage, und ich muss jetzt für sie da sein und muss meine Bewertung oder was auch immer draußen lassen.«

Als Schießl Feierabend hatte, war es mitten in der Nacht. »Ich bin dann auf dem Weg nach Hause an der alten Kirche vorbeigekommen, die Tür war offen. Das ist ein Zusammenkommen von Dingen, die kann ich selbst nicht begreifen. Die muss ich da hinlegen und sagen: Ich weiß nicht, damit umzugehen. Das ist schon gut, wenn man nicht alles selbst verstehen und tragen muss.«

Andreas Schießl gibt es Halt, glauben zu können, und auch Kraft, weiterzumachen. »Das ist für mich Stärkung und hat auch mit Demut zu tun. Das ist etwas, was nicht viele verstehen.«

Verstehe ich, was er meint? Am selben Tag gehe ich noch zum Oktoberfest und rede mit dem Wiesn-Chef Clemens Baumgärtner. Am nächsten Tag erwischt mich ein heftiges Virus. Ich rufe zum ersten Mal in meinem Leben den Notarzt. Ein paar Wochen zwischen Bett und Sofa folgen. Die beiden Kinder, von denen Schießl erzählt hat, dringen immer wieder in meinen Kopf. Und das Bild von ihm in der dunklen Kirche. Die Kraft, die von ihm ausgeht, der alle Bitternis, das eigene Fragen, die Haltung, die Meinung, das Besserwissen mitgenommen hat vor den Altar.

Ich merke, wie schwer es mir fällt, in diese Demut hineinzukommen. Mich treibt vielmehr die Frage um, was wir nur für ein Land sind, dass hier Mütter und Väter überlegen müssen, ob sie es schaffen können, für ein Kind mit Trisomie zu sorgen. Was sind wir für ein Land, dass hier diese grundfröhlichen, zugewandten Menschen eine Last zu sein scheinen? Eine Frau mit Trisomie 21 hat ein paar Wochen nach meinem Gespräch mit Andreas Schießl ihr Jurastudium absolviert: Ann Victoria Espino

De Santiago aus Mexiko. Auf einem Foto sieht man, wie sie stolz den Absolventenhut trägt. Sollten wir Eltern, die fürchten, es nicht schaffen zu können, ein Kind mit Down-Syndrom großzuziehen, künftig dieses Foto zeigen?

Sosehr ich verstehen kann, dass Eltern, die ein Kind mit Behinderung erwarten, Angst vor Überforderung haben – zumal unsere Gesellschaft sie in der Regel damit ziemlich alleinlässt –, tue ich mich doch schwer mit der Möglichkeit der Spätabbrüche. Und das nicht, weil ich auch nur ein einziges Paar oder eine Mutter dafür kritisieren würde. Ich tue mich schwer, weil es offensichtlich nicht in unser Bild von einem gelingenden Leben passt, dass ein Kind mit einer Beeinträchtigung auf die Welt kommt.

Ich denke an Raul Krauthausen, einen Aktivisten mit der Glasknochenkrankheit. Raul hat mit Humor und selbstverständlichem Selbstbewusstsein gezeigt, dass Menschen nicht *behindert sind*, sondern *behindert werden*; dass sein Rollstuhl ihn nicht zu einem bemitleidenswerten Menschen macht, sondern zu einem, der mobil ist und Freiheit erfährt.

Menschen wie Raul erinnern uns sicher mitunter daran, wie gut es uns geht, weil wir auf zwei Beinen laufen können. Woran wir vor allem denken sollten, ist, dass man einen Beitrag leisten kann, damit andere ebenfalls am Leben teilnehmen können und mit dem Rollstuhl, dem Rollator oder dem Kinderwagen problemlos durch die Stadt kommen. Politisch geht es hierbei stets um Selbstbestimmung, dafür wurden Gesetze gemacht. Das ist richtig so, aber ich glaube nicht, dass das reicht. Gut genug sind wir erst, wenn Raul nicht mehr tagelang planen, anmelden und um Hilfe bitten muss, wenn er mit der Bahn fahren will. Gut genug sind wir erst, wenn wir mit Staunen wahrnehmen, dass ein Kind mit Down-Syndrom die Nachrichten des Tages in einfacher Sprache vielleicht besser versteht als wir mit unseren eingebürgerten Floskeln. Vielleicht gerade weil ich selbst Expertin für Floskelsprache bin, liebe ich die Nachrichten in einfacher Sprache oder die vom Kinderkanal, weil sie mich daran erinnern, wie elementar und mitunter einfach die Wahrheit und die Wege zum Gut-genug-Leben sind.

Gut genug sind wir erst, wenn wir um die vielen elementaren Zerreißproben wissen, in die unser modernes Leben uns immer wieder stößt und die wir ohne Demut und Trost nicht tragen könnten. Ich jedenfalls bin zutiefst dankbar, dass meine Verankerung im Glauben und meine Frömmigkeit meinen politischen Weg zumindest mit antreiben und mich immer wieder unverzagt, heiter und zuversichtlich machen.

–

Bei mir war es – neben der Jungen Gemeinde in der DDR als Hort des freien Denkens und Redens – sicher auch der frühe Tod meiner Mutter, der mich geprägt hat. Ein Verkehrsunfall bei Glatteis hat sie mitten aus dem Leben gerissen, als ich 17 war. Eine Woche lag sie im Koma, hat meine Hand gedrückt. Das war ein Reflex, ich weiß, aber einer der guten Reflexe. Es war vor allem das einzige bisschen Abschied, das ich nehmen konnte. Abschied von dem Menschen, der mir am nächsten stand. Aber eben eigentlich kein richtiger Abschied. Keine Gelegenheit mehr für Fragen, die ich noch hätte stellen wollen, keine Backrezepte und keine Herkunftsgeschichten, die ich gern gewusst hätte. Wenn jemand sagt oder in der Traueranzeige steht: »aus dem Leben gerissen«, weiß ich jedenfalls, was gemeint ist und dass das keine Floskel ist. Aus dem eigenen Leben gerissen, aber eben auch aus dem der anderen. Meine Mutter wurde aus der Familie herausgeschnitten, in der der Ausgleich nur durch sie funktionierte, in der Nähe nur durch sie möglich war.

Der zweitwichtigste Mensch war für mich dann meine Großmutter Alice. Sie wurde meine große Stütze, nachdem meine Mutter gestorben war. Niemand hat mir so verständig zugehört wie sie. Sie hat Fragen gestellt, deren Antworten sonst niemanden interessierten. Sie hat mir beigebracht, Dinge zu tun, die mir wichtig sind, egal, was andere denken oder sagen. Sie hat mich ernst genommen und mir viel zugetraut. Und sie hat mit mir gestaunt, wenn etwas Neues und Überraschendes geschah, auch wenn nur wir beide es neu oder überraschend fanden. Sehr wahrscheinlich habe ich von ihr gelernt, mich an kleinen Dingen groß zu erfreuen. Die Sommersprossen habe ich von ihr geerbt und die Neigung zu Lachfältchen an den Augen – und das Selbstbewusstsein, beides gut zu finden. Seit ihrem Tod fühle ich mich ihr immer noch sehr verbunden und bin mir sicher, dass sie noch heute bei mir ist. Nicht nur wegen der Sommersprossen.

In den Jahren, die meiner Großmutter noch blieben, habe ich versucht, vieles zu fragen, zu erfahren, zu verstehen. Sie, 1898 geboren, hatte für vieles nicht wirklich Worte. Sie war ungeübt im Aussprechen von Gefühlen. Eine »einfache Frau« nannte sie sich selbst. Es war sehr berührend, dass sie dennoch versucht hat, von ihren Gefühlen zu erzählen – davon, wie es war im Krieg und in den ersten Jahren der DDR, und warum es so wichtig war, einen Garten zu haben und Erdbeeren darin, weil man sich den Luxus sonst nicht hätte leisten können. Vom kleinen Glück mit Mann und drei Kindern.

Die Art und Weise, wie eine Gesellschaft mit dem Altwerden und dem Sterben umgeht, zeigt, wie ernst es ihr mit dem Miteinander ist. Früher, als die Kirchen noch viele Mitglieder hatten, war der Umgang mit Trauer ritualisierter und selbstverständlicher. Man trug ein Jahr lang Schwarz, verliebte sich nicht neu, und irgendwann brachte man die Sachen des Toten weg. Vor der

Beerdigung wurden die Toten im Wohnzimmer aufgebahrt, die Fenster aufgemacht, fromme Lieder gesungen, wurde gebetet, und alle konnten Abschied nehmen.

Heute mag einiges anders sein, aber echte Trauer ist noch immer möglich, und viele wissen, dass ein Abschied unerlässlich dazugehört und auch, dass es dafür Hilfestellung braucht. Das feste Netz von Notfallseelsorgern und Menschen, die sich um Trauernde kümmern, in Selbsthilfegruppen, in Kirchengemeinden und Vereinen, ist eine wichtige Errungenschaft. Dass Kinder, die im Mutterleib sterben, auch beerdigt werden können, gehört ebenfalls zu diesen Errungenschaften. Abschiednehmen kann tröstlich sein.

Beim Stichwort Trost komme ich – in meiner biblisch geprägten Tradition wohl wenig überraschend – auf Psalmen zu sprechen. Bei den Gesprächen für dieses Buch und während ich es geschrieben habe, begleitete mich insbesondere ein Vers aus Psalm 27: »Ich glaube aber doch, dass ich sehen werde die Güte des Herrn im Lande der Lebendigen.« Der Psalm stammt aus einer Sammlung von insgesamt 150 Gebeten aus dem Alten Testament, mit denen sich zuerst die Juden und später dann auch die Christen an Gott gewandt haben. Mich berührt immer wieder die Vorstellung, dass unzählige hoffende, verzweifelte, suchende, fragende und glaubende Menschen schon vor mir diese Worte gebetet haben. Es ist wie eine unsichtbare geistliche Atmosphäre, die lange vor mir entstanden ist und in der nun auch ich ein- und ausatmen kann, Luft und innere Ruhe schöpfe.

Die Psalmen spiegeln aber zugleich einen Trotz, eine Widerständigkeit, die ich bewundernswert finde. Natürlich sind die Lebensumstände der Betenden über die vielen Jahrhunderte sehr unterschiedlich; und doch können Männer und Frauen, Kleine und Große, Mutige und Feige, Laute und Leise sich dadurch öffnen für eine Kraft, die die Seele ermutigt und das Herz stärkt: »Ich glaube aber doch, dass ich sehen werde ...«

Man muss kein übertrieben religiöser Mensch sein, um zu spüren, dass damit die Hoffnung auf ein Mehr als Alltag, ein Mehr als Berechenbarkeit, ein Mehr als Planbarkeit angesprochen wird – eine Hoffnung, die wir in unserer durchrationalisierten und durchorganisierten Welt allzu oft vermissen lassen. Doch eine Gesellschaft, die diese Seelenkraft der Ermutigung und des Widerstands gar nicht mehr aufzubringen weiß, wird irgendwann durch Mutlosigkeit und Verzagtheit porös werden. Unsere Welt könnte durchaus gütiger und gerechter, solidarischer und barmherziger, fairer und neugieriger werden, wenn sie diese Sehnsucht nach Transzendenz nicht im Alltag ganz und gar aus den Augen verlöre. Denn es geht um einen Trost, der die Seele stärkt und reifen lässt. Trost, echter Trost hat nichts mit Vertröstung zu tun. Echter Trost, ob religiös gegründet oder anders, ergibt sich daraus, dass man sich im Unverfügbaren, im Unvollkommenen, im Scheitern und im Schicksal zurechtfindet. Der echte Trost ist, so meine ich, das, was uns auch menschlich sein lässt, wenn wir ihn geben oder annehmen können.

Eine der größten Schmerzensgeschichten, gleichsam die Urschmerzensgeschichte der Menschheit, wird im Buch Hiob im Alten Testament erzählt. Hiob ist ein reicher Mann, verwöhnt von großer Familie, wirtschaftlichem Erfolg und guter Gesundheit. Aber plötzlich verliert er alles und wird elend, und so klagt er Gott ob seines Unglücks an. Es kommen drei Freunde zu ihm und versuchen, ihn zu trösten: Sie schweigen mit ihm, hören seiner Klage zu und reden weise mit ihm: »Ist nicht deine Gottesfurcht dein Trost und die Unsträflichkeit deiner Wege deine Hoffnung?« (Hiob 4,6) Aber Hiob bleibt untröstlich und hält sein Schicksal gegen alle Rationalisierung und Psychologisierung der Freunde für ungerecht. Und so drängt sich die Frage auf, wer überhaupt trösten kann, wer es darf und wer es sollte. Denn nichts im Kummer ist schwerer zu ertragen als unglaubwürdiger Trost.

Hiob fand schließlich glaubwürdigen Trost, indem er Gott unmittelbar ansprach; wir erfahren Trost heute eher diesseitig bei den Menschen, die uns nahe sind, aber auch vermittelt in tröstlicher Musik, in Gedichten und Geschichten und natürlich in echter Gemeinschaft. Trost spenden bedeutet, ein Stück mitzugehen, wenn ein Teil der Welt zusammengebrochen ist, mitzufühlen, verstehen zu wollen. Trost spenden ist mitunter auch die Zusage, dass es nicht gleich und sofort weitergehen muss und der oder die Trauernde nicht alsbald wieder zu funktionieren hat. Trost spenden bedeutet, gerade nichts zu machen oder aufzudrängen – erst recht nicht Erklärungen wie die, dass der Kummer doch der Beginn eines neuen Aufbruchs sei oder die Krankheit eine Chance. Trost spenden kann Ohnmacht zwar nicht wegzaubern, wohl aber die Seele des Getrösteten stärken und seine Resilienz festigen.

Eine trostlose Gesellschaft ist im Umkehrschluss folglich eine, die allen Jammer ausbeutet, indem sie Schuldige benennt und alle Ängste bewirtschaftet. Starker Trost dagegen lebt von einer Vertrautheit, von Heimat, von einer Gemeinschaft, einer Atmosphäre, die über unsere Interessen hinausgeht und sich unabhängig gemacht hat von unserem Wollen und Können. Früher hätte man gesagt: von einer Gemeinschaft, die Gott noch mehr zutraut als dem eigenen Machen.

—

Eine Gesellschaft, die der Verzagtheit, der Finsternis und dem schlechten Reden die Macht gibt, wird sich immer selbst schwächen. Wenn aus Kritik an den anderen und an den Verhältnissen blanke Respektlosigkeit wird, kommen wir nicht zusammen. Wenn wir nicht mehr in der Lage sind, uns auch mal nicht so wichtig zu nehmen oder gar über uns selbst zu lachen, wenn wir immer nur das Schlechte sehen und gar nicht mehr davon ausgehen, dass das eine oder andere doch gelingen könnte, wird genau das eintreten, was wir befürchten: Dann werden diejenigen recht behalten, die mit dem Abgründigen Abgründe schaffen und uns in Angststarre versetzen wollen. Ob sie dann auch die Retter sein wollen oder können, bleibt dahingestellt.

Aber es geht eben nicht darum, gerettet zu werden, sondern darum, selbst etwas zu tun – gemeinsam zu handeln, zu wissen, was ich kann und was du kannst und was wir zusammen hinkriegen. Das ist keine naive Schönrednerei, sondern schafft gesellschaftliche Resilienz gegen Populisten, die das Schlechte so lange bewirtschaften, bis nichts mehr »gut genug« ist. In fast allen Gesprächen, die ich geführt habe – für dieses Buch, aber auch sonst im politischen Alltag oder im Privaten –, gab es Momente des »Gut genug«. Manchmal war es eine ganze Erzählung, manchmal ein ganzes Leben, manchmal auch nur ein kleines Stück Glück. »Gut genug« bedeutet, trotz aller Unbill am Guten festzuhalten; es bedeutet, dass jede und jeder einen Teil beitragen kann und dass manchmal die größten Krisen unseres Lebens das Beste von dem, was in uns ist, hervorbringen können.

Der Installateur und die junge Managerin, der Arzt und die Unternehmerin, der Musikproduzent und die Alleinerziehenden, die Schulleiterin und der Wiesnwirt, die Psychiaterin und der Clubbesitzer, die Jüdin, die Muslima, die Pfarrerin, die Polizistin, die Wissenschaftlerin, der Feuerwehrmann, der Ostdeutsche und die Altländerin – Kalle, Stefan, Şirin, Charlotte, Birgit, Raul, Heidrun, Jenny, Andreas, Songül, Martin, Daniel und all die anderen haben mich auf einen so banalen wie revolutionären Gedanken gebracht: Es ist möglich, gemeinsam neu anzufangen.

Ich bin mir darüber im Klaren, wie schwer das in der Wirklichkeit ist, denn alle Änderungen, jeder Umsturz des Alltags, der Gewissheiten von Gestern und Heute lösen große Unsicherheit aus. Auch ich will lieber genau wissen, wie es höchstwahrscheinlich künftig werden wird. Ich will am liebsten planen können, was ich in drei Monaten mittags um 12 Uhr mache. Wenn ich allerdings feststelle, dass der Mittag um 12 Uhr in drei Monaten tatsächlich schon für mich verplant ist, ist mir das auch nicht angenehm, denn Freiheit sieht anders aus.

Wenn ich von »gemeinsam neu anfangen« spreche, dann liegt die Betonung nicht auf »neu«, sondern auf »gemeinsam«. Wir fangen neu an, weil wir es wollen oder weil wir es müssen. Denn die Zeiten sind nicht so, dass wir es uns wirklich aussuchen könnten.

Wir können dafür sogar künstliche Intelligenz zu Hilfe nehmen, weil dann die Unterschiede der Fähigkeiten weniger sichtbar werden. Wir können es aber womöglich auch ohne Algorithmus schaffen und uns an unseren Unterschieden erfreuen.

Das ist kein Anfangen bei null. Wenn die oben erwähnten Menschen, an denen ich jeweils Unterschiedliches mag, interessant finde oder auch kritisch sehe, allesamt in dieses Buch passen, dann passt unser Land im Großen und Ganzen auch zu ihnen. Jede und jeder von ihnen hatte mindestens eine Sache – eine Idee, einen Gedanken –, die die Welt besser macht. Oft dachten sie, es würde sich niemand dafür interessieren, oft waren sie untröstlich über die Abgründe des Lebens, der Misserfolge, der Schlechtwelt. Aber immer gab es auch das andere, das »Gut genug«. Am Ende habe ich den großen Wunsch, sie einmal alle zusammenzubringen. Ich bin sicher, sie hätten einander noch so viel mehr zu erzählen als mir. Und vermutlich könnten sie über die verschiedenen Herkunfts- und Lebenswelten hinweg viel miteinander anfangen.

Was nun die Wut da draußen angeht: Ich habe verstanden, dass mehr Zuhören produktiv ist und nicht nur den Groll beruhigt; dass Ideen da sind, auch wenn sie sich mitunter hinter Missmut und Zorn verstecken; und dass Wünsche und Hoffnung berechtigt sind. Womöglich hat mich die Arbeit an diesem Buch zu einer anderen Politikerin gemacht. Ich bin jetzt selbst jedenfalls weniger wütend und außerdem mehr davon überzeugt, dass dieses Land ein gutes ist, dass die Mehrheit der Menschen das auch weiß und will, dass Angst und Groll zwar mitunter berechtigt sind, dass aber unbedingt und immerzu belichtet gehört, was dahinter noch zu finden ist.

Je länger und lauter wir uns von der Wut und dem Geschrei übertönen lassen, umso bedeutsamer wird die schöne Seite der Seele unseres Landes. Ist das Pathos? Ja – und ohne dieses Stück Leidenschaft ist alles nur schwarz oder weiß. Denn eines ist mir auch klar geworden: Wir können mit vielen Argumenten, mit eindrücklichen Zahlen und imposanten Diagrammen versuchen, uns einander zu erklären – also mit Logik und nüchterner Sachlichkeit. Wir können es mit Moral und mit Vorbilden und Normen versuchen – also mit Ethos. Aber all das wird niemals genügen, um die Seele der Republik zu erreichen. Wenn wir nicht den Wert erfassen und würdigen, den unser Leben, unsere Demokratie, unser Wohlstand und unsere Rechtsstaatlichkeit, unsere Institutionen und unser Alltag haben, dann gewinnen am Ende diejenigen, die der Finsternis Macht geben wollen.

Wer das Erreichte trotz aller Kritik nicht auch staunenswert findet und dafür dankbar sein kann, wird die Republik sturmreif schießen – wie es einst die Weimarer Republik erfahren hat. Deswegen braucht es eben unter anderem ein wenig Seelenpathos, also große, ergreifende Gefühle und große, ergreifende Bilder für unser Land, für unsere Demokratie und für unser Miteinander. Und das nicht nur bei Länderspielen. Denn ohne den Stolz, den Respekt und die Demut, die so zum Ausdruck kommen, werden wir immer nur ums kleine Karo kämpfen, im Recht-haben-Wollen stecken bleiben und im Vorwurfsgestus verharren. Ohne Pathos wird auch das Noch-einmal-von-vorn-Beginnen nicht gelingen.

Es gibt in diesem Land ungezählt viele wunderbare Menschen, die trotz aller Angst vor dem anstehenden Wandel frohgemut bleiben, aus welchen Quellen sich ihre Zuversicht und ihr Mut auch immer speisen. In jedem Fall sind beide zusammen die wohl wichtigsten Seelenressourcen für das weite, echte Morgen.

Dank

Durch die Arbeit an diesem Buch habe ich viel gelernt – und das ist keine Floskel. Über die Menschen, mit denen ich geredet habe, über unser Land, aber auch darüber, was es ausmacht, wenn »die« Politik nicht gleich immer alles besser weiß und Lösungen präsentiert, sondern versucht, Verbindungen zu schaffen. Hatte ich zum Beispiel gedacht, dass allzu viele Menschen in ihrer Wut schmoren und Politik als Dienstleistungsapparat missverstehen, dann wurde mir mit den Gesprächen immer klarer, dass das meist nicht stimmt und höchstens an der Oberfläche kratzt. Keiner und keinem meiner Gesprächspartnerinnen und -partner ging es etwa um ein reines Wünsch-dir-was. Ja, manche haben mir ihren Groll vor die Füße gekippt, doch fast alle wurden irgendwann konstruktiv, während wir zusammensaßen. Sie hatten klare, differenzierte Meinungen. Und sie waren oft darüber erstaunt, dass ich ihnen wirklich zuhören wollte, ohne sofortigen Kommentar – was wiederum mir zu denken gibt. Für all diese Erfahrungen bin ich dankbar.

Einen weiteren, sehr großen Dank möchte ich abschließend ausdrücken: zuerst gegenüber all denen, die ohne Umschweife bereit waren, mit mir zu reden, sich Zeit zu nehmen, mich ein Stück ihrer Seele mit bewohnen zu dürfen. Zuzweit Waleska Niermann, die einen Großteil der Gespräche angebahnt und das Gesagte sortiert hat. Beim Ullstein-Verlag, besonders bei Christoph Steskal und Ludger Ikas für ihre Nachfragen und den Ost-West-Dialog, der dabei entstand. Ich danke sehr Franziska Birnbach, die die strengste und beste Sparringspartnerin ist, die ich kenne, die wider- und zugesprochen hat und deren Klugheit das Buch besser gemacht hat. Mehr als allen aber danke ich Thies Gundlach, meinem Mann, denn ohne ihn würde es dieses Buch, zumindest so, nicht geben. Er hat mich ausgehalten, aber vor allem mitgedacht und mitgemacht, Gedanken mit mir sortiert und Fragen gestellt. Er hatte Verständnis – für mich, aber oft auch für meine Gesprächspartnerinnen und Gesprächspartner, wenn ich nicht mehr folgen konnte. Manch Kluges hat er beigesteuert und zugleich Klügliches verhindert.

Die Unverzagten, mit denen ich reden durfte, lassen mich frohen Mutes in das Künftige schauen, und die geneigten und kritischen Lesenden hoffentlich auch.

Anmerkungen

1 »Landtagswahl Brandenburg 2024, Ergebnisse: Cottbus.«, *rbb24 Online*, 23. 09. 2024, https://www.rbb24.de/politik/wahl/Landtagswahl/ergebnisse-2024/landkreise-brandenburg/cottbus-D12052.html [24. 06. 2025]

2 Helena Ott: »Die Liebe kennt eine Grenze«, *Zeit Online*, 09. 11. 2024, https://www.zeit.de/gesellschaft/2024-11/ost-west-beziehungen-romantik-grenze-mauerfall [24. 06. 2025]

3 Ilko-Sascha Kowalczuk: *Freiheitsschock. Eine andere Geschichte Ostdeutschlands von 1989 bis heute*, C.H. Beck, München 2024

4 Andreas Reckwitz: *Verlust. Ein Grundproblem der Moderne.* Suhrkamp, Berlin 2024, S. 360

5 Ebd. S. 328 f. u. 341 f.

6 »Nach Terrorüberfall auf Israel: Antisemitismus in Deutschland nimmt zu«, *Tagesschau Online*, 25. 01. 2024, https://www.tagesschau.de/inland/gesellschaft/antisemitismus-straftaten-102.html [24. 06. 2025]. Dort zitiert nach Felix Klein, Beauftragter der Bundesregierung für den Kampf gegen Antisemitismus, unter Berufung auf Zahlen des Bundeskriminalamtes (BKA).

7 Giovanni di Lorenzo: »Merkt ihr eigentlich nicht, dass es gegen euch geht?«, 15. 11. 2023, *Die Zeit*, 48/2023, https://www.zeit.de/2023/48/igor-levit-pianist-linke-israel-hamas [24. 06. 2025]

8 Katherine Rydlink: »›Queerfeindlichkeit ist wieder salonfähig geworden.‹ Deutlich mehr Angriffe aus LGBTIQA+«,

Spiegel Online, 22. 05. 2024, https://www.spiegel.de/panorama/justiz/politisch-motivierte-kriminalitaet-deutlich-mehr-uebergriffe-auf-lgbtiqa-a-a17527ad-6ded-425b-828a-5f7c728f730b [24. 06. 2025]

9 »Oktoberfest: Weniger Straftaten dieses Jahr«, *zdf heute*, 06. 10. 2024, https://www.zdf.de/nachrichten/panorama/kriminalitaet/straftaten-oktoberfest-bundespolizei-zieht-positive-bilanz-100.html [24. 06. 2025]

10 »Mehr Straftaten gegen Bahn-Mitarbeiter und Bundespolizisten«, *Spiegel Online*, 14. 01. 2025, https://www.spiegel.de/panorama/justiz/deutsche-bahn-laut-sahra-wagenknecht-anfrage-mehr-straftaten-gegen-mitarbeiter-und-bundespolizisten-a-f46a8295-06c1-4d16-b90c-a0cb21c7d47d [24. 06. 2025]

11 »Angriffe auf Zugpersonal: Züge der Süd-Thüringen-Bahn laut Unternehmen deutlich sicherer geworden«, *mdr Online*, 28. 10. 2024, https://www.mdr.de/nachrichten/thueringen/sued-thueringen/suhl/zug-sicherheit-suedthueringenbahn-bahn-100.html [24. 06. 2025]

12 »Sind Ausländer wirklich krimineller?«, *Deutschlandfunk*, 03. 04. 2025, https://www.deutschlandfunk.de/kriminalitaet-polizei-kriminalstatistik-auslaender-100.html [24. 06. 2025]

13 Institut für Arbeit und Gesundheit der Deutschen Gesetzlichen Unfallversicherung: »Gewalt und Belästigung durch Mitbürgerinnen und Mitbürger der Mitglieder von Feuerwehren und Leitstellen«, 2024, https://www.feuerwehrverband.de/app/uploads/2024/12/Einsatzkraefte-Gewaltbefragung-DFV_2024_final.pdf [24. 06. 2025]

14 »Fakten rund ums Klima: Nachhaltig heizen mit Wärmepumpen«, *Helmholtz Klima Dialog-Plattform*, 11. 09. 2023,

https://www.helmholtz-klima.de/klimawissen/fakten-rund-ums-klima-nachhaltig-heizen-mit-waermepumpen [24. 06. 2025]

15 Laut Dirk Notz und Julienne Stroeve (2016) korreliert jede ausgestoßene Tonne CO_2 mit einem Verlust von etwa 3 m^2 arktischem Sommermeereis (Dirk Notz, Julienne Stroeve: »Observed Arctic sea-ice loss directly follows anthropogenic CO_2 emission«, *Science* 354, S. 747–750, DOI:10.1126/science.aag2345 [24. 06. 2025]). Gleichzeitig spart laut dem Bundesverband Wärmepumpe (BWP) eine Wärmepumpe im Vergleich zu einem fossilen Heizsystem jährlich durchschnittlich 2620 kg CO_2 ein. Multipliziert man diese Einsparung mit dem genannten Faktor, ergibt sich eine gerettete Eisfläche von knapp 8 m^2 pro Jahr.

16 »Anzahl der Beschäftigten im Sanitär-Heizung-Klima-Handwerk in Deutschland in den Jahren von 2004 bis 2024«, *statista*, https://de.statista.com/statistik/daten/studie/154694/umfrage/beschaeftigte-im-sanitaer-heizung-klima-handwerk/ [24. 06. 2025]

17 »Diese Jobs sind brutal«, *Spiegel »Spitzengespräch«*, Folge vom 08. 10. 2021, https://www.spiegel.de/politik/deutschland/omid-nouripour-zu-meiner-jobbeschreibung-gehoeren-hassmails-a-c44efc8c-79f5-4687-9dba-2f6b5117222c [24. 06. 2025]

18 Christiane Habermalz: »Wer löscht die Hassreden?«, *Deutschlandfunk Kultur*, 11. 09. 2015, https://www.deutschlandfunkkultur.de/facebook-wer-loescht-die-hassreden-100.html [24. 06. 2025]

19 »Was ist ME/CFS?«, *Deutsche Gesellschaft für ME/CFS e. V. Website*, https://www.mecfs.de/was-ist-me-cfs/ [25. 06. 2025]. Dort zitiert nach Scheibenbogen et al.: »Chronisches Fatigue-

Syndrom/CFS – Praktische Empfehlungen zur Diagnose und Therapie«, *Ärzteblatt Sachsen*, 2019, S. 26–30

20 Mathias Albert et al.: *Jugend 2024–19. Shell Jugendstudie*, 2024, S. 13–32, https://www.shell.de/about-us/initiatives/shell-youth-study-2024/_jcr_content/root/main/section/simple/call_to_action/links/item0.stream/1730903501282/d8b545435fc2799eb6044e48b4a9fccc80b95b2d/ap-shell-jugendstudie-zusammenfassung-barrierefrei.pdf [25. 06. 2025]

21 »Eine Bilanz der Corona-Pandemie. Drosten: ›Das bereue ich im Nachhinein schon‹«, *NTV Online*, 07. 07. 2024, https://www.n-tv.de/wissen/Drosten-Das-bereue-ich-im-Nachhinein-schon-article25067065.html# [25. 06. 2025]

22 Statistisches Bundesamt: »Bis 2049 werden voraussichtlich mindestens 280 000 zusätzliche Pflegekräfte benötigt« (Pressemitteilung Nr. 033), 24. Januar 2024, https://www.destatis.de/DE/Presse/Pressemitteilungen/2024/01/PD24_033_23_12.html [25. 06. 2025]

23 Noah Platschko: »›Sind ein Land, das viel zu viel in Tristesse verfällt‹«, *t-online*, 06. 07. 2024, https://www.t-online.de/sport/fussball/em/id_100442706/-ein-land-das-zu-viel-in-tristesse-verfaellt-nagelsmann-mit-appell-dfb.html [17. 07. 2025]

24 EKD: »›Gott ist wie Rhabarber‹, Katrin Göring-Eckardt über ihren Zugang zum Glauben und die Themen, die man 2017 diskutieren sollte«, 07. 04. 2017, https://www.ekd.de/reformationsbotschafter-goering-eckhardt-14534.html [25. 06. 2025]

25 »Neue Langzeitstudie: Steigende Preise machen vielen Menschen Angst«, *zdf heute*, 09. 10. 2024, https://zdfheute.de/panorama/aengste-der-deutschen-100.html [25. 06. 2025]

26 R+V-Studie: »›Die Ängste der Deutschen‹ im Langzeitver-

gleich«, https://www.ruv.de/newsroom/themenspezial-die-aengste-der-deutschen/langzeitvergleich [25. 06. 2025]

27 Reckwitz, a. a. O., S. 395 f.

28 Marcel Fratzscher: »Das Jammern wird gefährlich«, *Die Zeit Online*, 25. 10. 2024, https://www.zeit.de/wirtschaft/2024-10/wirtschaftslage-pessimismus-verantwortung-abschieben-unzufriedenheit [25. 06. 2025]

29 Felix Dachsel: »Unter Ureinwohnern«, *Der Spiegel*, 31/2024, https://www.spiegel.de/panorama/afd-hochburg-glashuette-in-sachsen-unter-uhreinwohnern-a-da86d7a0-da43-433c-a787-1e7c74e7d41b [25. 06. 2025]

30 Der Beauftragte der Bundesregierung für Ostdeutschland: *Ost und West. Frei, vereint und unvollkommen. Bericht 2024*, Stand September 2024, https://www.publikationen-bundesregierung.de/resource/blob/2277952/2310968/34e86346b0ef75cd501c5890e4ae8515/zum-stand-der-deutschen-einheit-2024-download-bkamt-data.pdf?download=1 [25. 06. 2025]

31 Statistisches Landesamt des Freistaats Sachsen: »Landtagswahl 2024 – Direkt- und Listenstimmenverteilung in der Gemeinde Glashütte, Stadt – Endgültige Ergebnisse«, https://wahlen.sachsen.de/landtagswahl-2024-wahlergebnisse.php?wahlkreis=49&gemeinde=14628130 [25. 06. 2025]

32 Heinrich-Böll-Stiftung: Leipziger Autoritarismus-Studie 2024, 13. 11. 2024, https://www.boell.de/de/leipziger-autoritarismus-studie [25. 06. 2025]

33 Ruben Gerczikow: »Rechtsextremismus und Fußball. Von Fußballritualen zu Gewalttaten«, Center für Monitoring, Analyse und Strategie (CeMAS), 29. 04. 2025, https://cemas.io/blog/fussball-und-rechtsextremismus-2025/ [25. 06. 2025]. Vgl. auch Markus Frenzel: »Brandgefährlich. Wie Rechts-

extreme und AfD-Mitglieder die freiwillige Feuerwehr unterwandern«, *Stern Online*, 10. 03. 2023, https://www.stern.de/gesellschaft/freiwillige-feuerwehr--wie-rechtsextreme-gezielt-wachen-unterwandern-33259638.html [25. 06. 2025]

34 Hedwig Richter, Bernd Ulrich: *Demokratie und Revolution. Wege aus der selbstverschuldeten ökologischen Unmündigkeit.* Suhrkamp, Köln 2024, S. 269

35 Florence Gaub: »Und ewig grüßt der Untergang«, *Der Spiegel,* 49/2024, https://www.spiegel.de/politik/deutschland/zukunft-in-deutschland-warum-eine-mehrheit-pessimistisch-ist-und-wie-wir-uns-retten-koennen-a-8d1f9da5-b793-4b8f-abb4-71afe0d6cacd [25. 06. 2025]

36 Deutsche Stiftung Engagement und Ehrenamt: »Aktuelle Umfrage der deutschen Stiftung für Engagement und Ehrenamt zeigt: Bürokratie belastet Ehrenamtliche in deutschen Vereinen«, 20. 02. 2025, https://www.deutsche-stiftung-engagement-und-ehrenamt.de/pressemeldungen/dsee_umfrage_buerokratiebelastung_im_ehrenamt/ [25. 06. 2025]. Die Zahl ist sehr hoch, weil die Definition weit gefasst ist.

37 Bundesministerium für Bildung, Familie, Senioren, Frauen und Jugend: »Freiwilliges Engagement in Deutschland. Zentrale Ergebnisse des Fünften Deutschen Freiwilligensurveys (FWS 2019)«, 18. 03. 2021, https://www.bmfsfj.de/bmfsfj/service/publikationen/freiwilliges-engagement-in-deutschland-176834 [25. 06. 2025]

38 Auctority (Hrsg.): »Erschöpfung 2024. Ein Problem von gesellschaftspolitischer Dimension«, Freiburg, https://www.auctority.net/wp-content/uploads/2024/09/AUCTORITY_Studie-Erschoepfung_2024.pdf [25. 06. 2025]. Die Daten zu

dieser Studie wurden in Zusammenarbeit mit Civey im Juni 2024 erhoben. Befragt wurden 5000 Personen aus der bundesdeutschen Gesamtbevölkerung und vertiefend 2500 Erwerbstätige in Deutschland.

39 Hotel Matze: »Kevin Kühnert – Glaubst du alles, was du sagst?«, Podcast-Folge vom 06. 04. 2022, YouTube, https://youtu.be/J2g8SwjWyVE?feature=shared [25. 06. 2025]

40 Tobias Haberl: *Unter Heiden*. btb, München 2024, S. 16, 21

41 Vgl. Bertelsmann Stiftung: »Religion stärkt Solidarität in der Gesellschaft«, *Religionsmonitor*, 21. 03. 2024, https://www.bertelsmann-stiftung.de/de/unsere-projekte/religionsmonitor/projektnachrichten/religion-staerkt-solidaritaet-in-der-gesellschaft [25. 06. 2025].